五矿信托
MINTRUST

NIFD
国家金融与发展实验室
National Institution for Finance & Development

家族财富管理调研报告
THE RESEARCH REPORT OF FAMILY WEALTH MANAGEMENT

老龄化进程中信托的普惠担当与破局
THE INCLUSIVE RESPONSIBILITY AND BREAKTHROUGH OF TRUST INDUSTRY IN THE PROCESS OF AGING

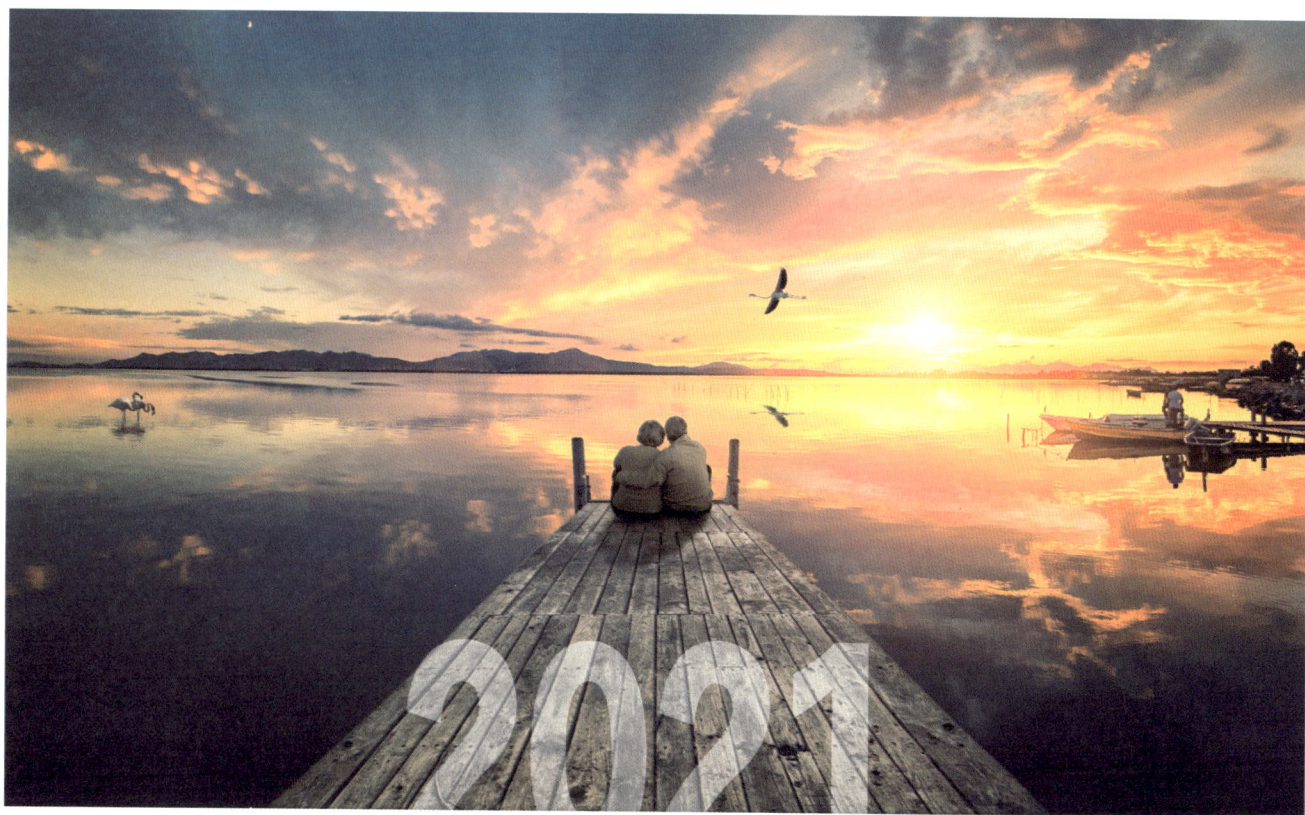

2021

家族财富管理调研报告课题组　著

社会科学文献出版社
SOCIAL SCIENCES ACADEMIC PRESS (CHINA)

编写团队

顾 问

李 扬 国家金融与发展实验室理事长
朱可炳 中国五矿集团有限公司副总经理

指 导

殷剑峰 国家金融与发展实验室副主任
刘国威 五矿国际信托有限公司董事长
王 卓 五矿国际信托有限公司总经理

成 员

王增武 国家金融与发展实验室财富管理研究中心主任
夏小雄 中国社会科学院法学所副研究员
王 涛 五矿国际信托有限公司总经理助理
尹 璐 五矿国际信托有限公司家族办公室总经理
方 烨 五矿国际信托有限公司家族办公室副总经理
唐嘉伟 国家金融与发展实验室财富管理研究中心特聘研究员
张晓东 中国社会科学院大学
赵萌萌 五矿国际信托有限公司家族办公室
张 凯 五矿国际信托有限公司家族办公室
周 正 五矿国际信托有限公司家族办公室

PREFACE
▶ 序 言
从国家资产负债表看中国养老问题

2012 年，由我、中国银行首席经济学家曹远征博士、德意志银行大中华区首席经济学家马骏博士分别牵头的三支研究队伍，几乎同时展开了对中国国家资产负债状况的研究，并先后发表了长篇分析报告。在中国研究界，多支研究队伍不约而同地对一桩纯属"帝王之术"的枯燥论题展开探讨，实属罕见。那是因为，自 2011 年底开始，很多国外研究机构和投资银行，借中国地方政府融资平台债务问题浮出水面且经济增长率有所下滑之机，此起彼伏地唱衰中国；少数国际评级机构甚至据以调降了中国的主权级别。中国经济学家自然不能坐视瓦釜雷鸣。编制中国的国家资产负债表（特别是政府资产负债表），深入剖析中国各级政府债务的源流、现状、特征及发展前景，评估主权债务风险，我们责无旁贷。

资产负债表原本是企业实施科学管理不可或缺的基本工具。基于权责发生制，资产负债表通过一套精心设计的平衡表，在负债方，反映企业某一时点的负债总额及其结构，揭示企业现今与未来需要支付的债务数额、偿债紧迫性和偿债压力；在资产方，反映企业资产总额及其构成，揭示企业在某一时点所拥有的经济资源、分布情况及赢利能力。将负债和资产结合起来，可据以评估企业的绩效，分析其财务的弹性和安全性，考量其偿债能力及经营的稳定性。

20 世纪中叶，美国经济学家戈德施密斯开始尝试将资产负债表的独特分析功能引入国家治理，并试编了分部门及综合的国家资产负债表。其后，发达经济体纷纷效法。至今，大部分 OECD 成员国家至少公布了不含有实物资产的金融资产负债表。

国家资产负债表在国家治理乃至经济分析领域中令人刮目相看，还是在 20 世纪 90 年代拉美危机之后。与过去的危机不同，拉美危机主要由过度借债引发，因而显现出债务危机的典型特征。如此，资产负债表作为一种能准确刻画一国债务风险、评估其偿债能力的分析框架，理所当然地获得了国际社会的青睐。

资产负债表被引为主流分析工具之后，迅速取得了一系列新成果。其中尤其令人耳目一新者，在于对过去危机的重新解释，特别是对危机的传导过程以及恢复过程中若干特别现象的解释。在这方面，日本野村综合研究所首席经济学家辜朝明的研究最为著名。在辜朝明看来，主流经济学对 20 世纪大萧条和 20 世纪 90 年代后日本"失去的 20 年"的原因的解释不得要领。他认为，危机的问题不在于货币的供给方，而在于货币的需求方。经济的衰退，是由于股市以及不动产市场泡沫破灭之后，市场价格的崩溃造成在泡沫期过度扩张的企业资产大幅度缩水，其资产负债表失衡，负债规模严重超过其资产规模。因此，企业即便仍然运作，也已陷入技术性破产的境地。重要的问题在于，在这种情况下，多数企业将自己的经营目标从"利润最大化"变为"负债最小化"，即企业在减少乃至停止借贷的同时，倾向于将其能够利用的所有现金流都用于偿还债务，即不遗余力地"修复资产负债表"。倘若很多企业都奉行这种"负债最小化"对策，整个社会就会形成一种不事生产和投资、专事还债的"合成谬误"。于是，即便银行愿意提供贷款，也不会有企业去借。全社会的信用紧缩局面，就此形成。危机的恢复过程，也因此延缓。这一分析，很快就在经济界和学术界获得广泛共识，"资产负债表冲击"作为解释经济危机的原因及发展过程的理论，也正式进入人们的视野。事实上，由伯南克提出并加以系统论证的著名的"金融加速器"理论，其核心环节也是环绕资产负债表冲击而展开的。

国民养老资金的筹措及其使用，也可以在国家资产负债表的框架内加以研究。我们在 6 年前的一项研究显示，如果我国继续执行现行养老保险体系，到 2023 年，全国范围内职工养老保险将出现资金缺口；到 2029 年，累积结余将消耗殆尽；到 2050 年，职工养老金累计缺口占当年 GDP 的比例将达到 91%。另外，到 2050 年，中国全社会总养老金支出（包括职工和居民养老保险）占 GDP 的比例将达到 11.85%，这一水平与当前欧洲一些高福利国家的水平大致相当。

我们还在多种情境下分析了某些政策措施和养老金制度设计对养老保险财务的可持续影响，发现提高退休年龄和提高领取居民基础养老金年龄，可以起到很强的作用，能够大幅降低养老金缺口程度。同时，提高养老保险的投资收益率，当然也有一定帮助，但作用相对较小。而维持高的养老保险替代率将明显提高养老保险潜在债务水平。鉴于此，作为政策建议，我们倾向于提高退休年龄和提高领取居民基础养老金年龄并举，同时，我们主张提高投资收益率，并保持高的养老保险替代率。

但是，应当清醒地看到，总体而言的养老金不足问题，是多种体制扭曲和政策偏差长期积累的结果，发展到今天，已成沉疴。其最主要的根源就是，在我们的国家分配制度中，原本属于养老准备的各种"提取"，长期归集不足，并被其他用途占用，以至于在我们需要使用这笔资金的时候，面临捉襟见肘之困局。这样看，若想有效应对这一困局，须有强有力的公共政策手段。我们认为，通过提取国有资产的股息和出售国有资产的方式，以及通过提高税收、发行债券等方式筹集资金，有针对性地对养老保险进行财政补贴，应是解决养老保险融资缺口问题的可行选择。

应当清楚地认识到，要解决这样一个已经迫在眉睫、关乎社会稳定的重大问题，需要采取多种措施。其中，发展养老保障的第三支柱，作为第一和第二支柱的重要补充，也很重要。这正是我们国家金融与发展实验室与五矿信托在前两年"家族财富管理调研报告"合作研究的基础上，今年联合撰写《家族财富管理调研报告 2021：老龄化进程中信托的普惠担当与破局》的原因。

我相信，本报告收集的资料以及阐释的道理，会对解决我国养老资金缺口问题，提供有价值的分析思路。

国家金融与发展实验室理事长

目录/CONTENTS

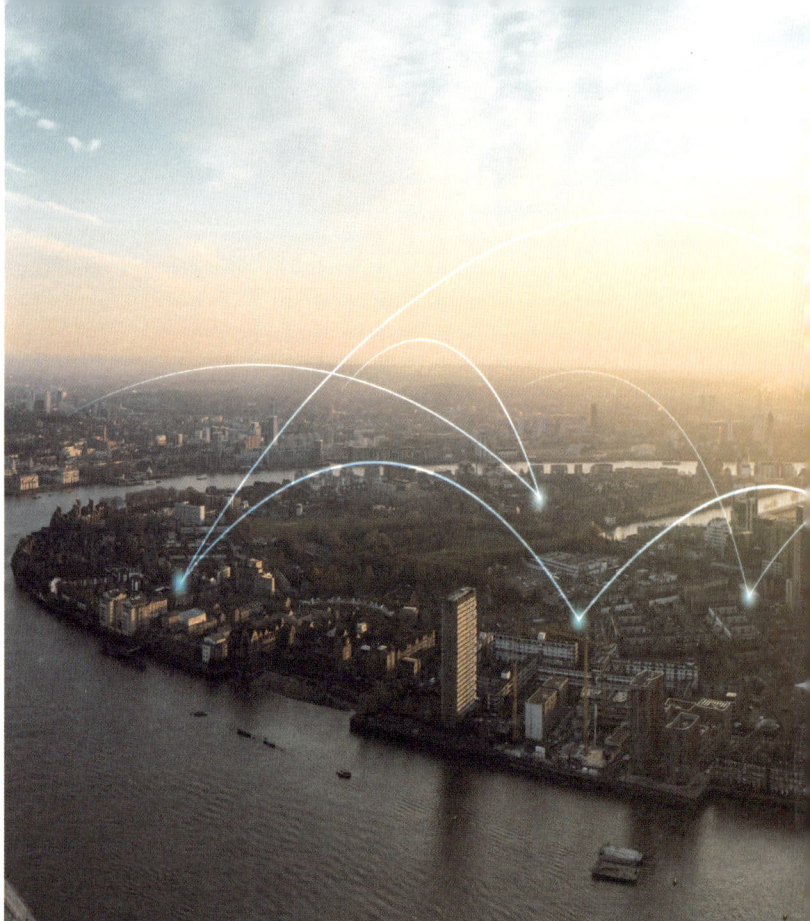

▶ 第一章　人口老龄化综述

老龄化问题是近年来全球最重要的问题之一，从主要形势来看呈现人口增速放缓与老龄人口增长、生育率与死亡率双降助推老龄化趋势、全球老龄化与老龄化问题分化等特征。我国作为发展中国家，相较于发达国家有着"未富先老"等特征，且由于我国的国情，区域间的发展不平衡以及人口流动的伴生性矛盾也有点突出。为此，本章基于老龄化背景，分析经济、金融以及社会问题，提出包括放开生育，改善人口结构；降低负担，增加生育欲望；发展技术，提高生产效率；增加保障，完善养老体系；提供产品，平滑养老需求等建议。

近年来，随着生活水平以及医疗手段的提高，人类的寿命越来越长，而与之相伴的老龄化问题也开始被社会关注。早期而言，受医疗水平、战争动乱、生活条件等因素影响人类平均寿命相对较短，因此在人类历史上老龄化问题出现的时间还比较短暂，但同时由于其具有普遍性、长期性等特征，目前已经是新时期全球的一个重要挑战。

按照联合国 1956 年提出的定义，老龄化社会是指一个国家或地区 65 岁以上老年人口比重超过7%。1982 年，世界老龄大会将 60 岁以上人口占总人口 10% 作为老龄社会的标准。以此两个定义为基准，从全球老龄化发展进程来看，19 世纪 50 年代，法国刚刚出现人口老龄化特征，其 60 岁以上人口比重达到了 10%。19 世纪下半叶，瑞典也达到了老龄社会的特征，之后各发达国家纷纷开始迈入老龄化社会。诚然，有关老龄化的定义也应是动态的，如 2021 年发布的《北京市卫生与人群健康状况报告》数据显示，2014 年北京市户籍居民期望寿命为 81.81 岁。即便如此，我国作为发展中国家也从 21 世纪开始面临老龄化挑战，考虑到社会发展阶段、人口流动特征以及老龄化爆发时点等因素，我国相对发达国家而言面临的挑战更为严峻。为分析当前老龄化情况，在本章中，根据数据可得性采用标注方式同时使用联合国及世界老龄大会对老龄化的两种定义。

一 全球市场：长期趋势与分化表现

从全球的老龄化进程来看，老龄化问题似乎是伴随着经济发展与社会进步的必然结果。全球老龄化问题目前正在从发达国家开始向发展中国家进行阶梯式蔓延，呈现的主要形势及特征如下。

特征一：人口增速放缓与老龄人口增长

近年来，全球人口高速增长将逐步迎来拐点，联合国的预测数据显示，高收入国家将从 2050 年开始进入平均每年的人口负增长时期，中等收入国家则从 2075 年开始进入负增长，到 2095~2100年时，全球人口预计增长速度仅为 0.04%，全球人口数量预计还有 80 年左右的正增长时期（见图 1）。而随着人口增速的变缓，与之而来的人口高速增长后的老龄化问题则会越来越突出。

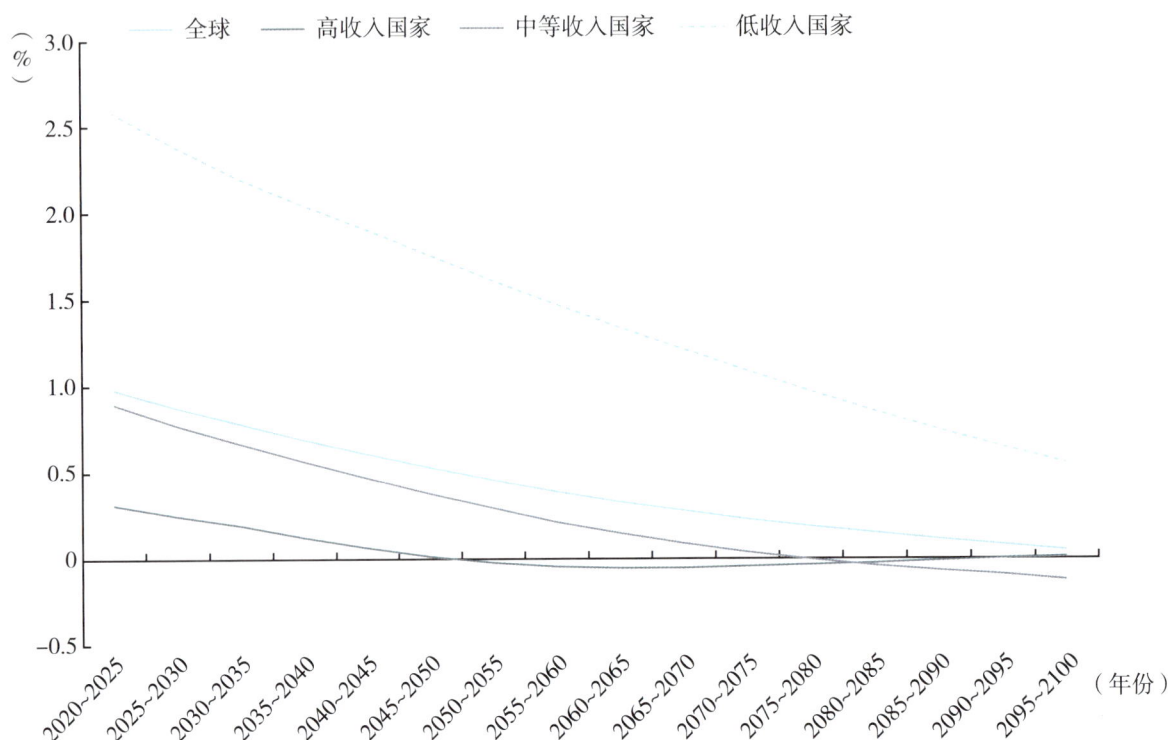

图 1　预计平均每年人口变动情况

资料来源：联合国，课题组整理。

联合国的数据显示，2020 年 60 岁以上人口约有 10.50 亿人，占全球总人口的 13.47%（见图 2），65 岁以上人口约有 7.28 亿人，占全球总人口的 9.33%（见图 3）。按照 60 岁及 65 岁的老龄化定义，全球分别在 2001 年及 2002 年达到对应标准。从老龄人口占比同比增速来看，2001 年以来增速明显上升，2001 年 60 岁以上人口占比相较于 2000 年增长 0.57%，而这一数据在 2020 年相较于 2019 年已经增长到 2.02%。

特征二：生育率与死亡率双降助推老龄化趋势

联合国人口与发展委员会第 51 次会议发布的《世界人口趋势报告》（简称《报告》）指出，人口老龄化的速度主要由生育率下降的时间和速度决定。世界总和生育率水平已从 1970~1975 年期间平均每名妇女生育 4.5 个子女降至 2010~2015 年期间平均每名妇女生育 2.5 个子女。世界总和生育率预计将继续下降，并可能在 2045~2050 年期间达到每名妇女生育 2.2 个子女。越来越多的国家政府将生育率持续低于更替水平的现象视为一项挑战，因为长期而言这极大地助推了其本国人口的老龄化。

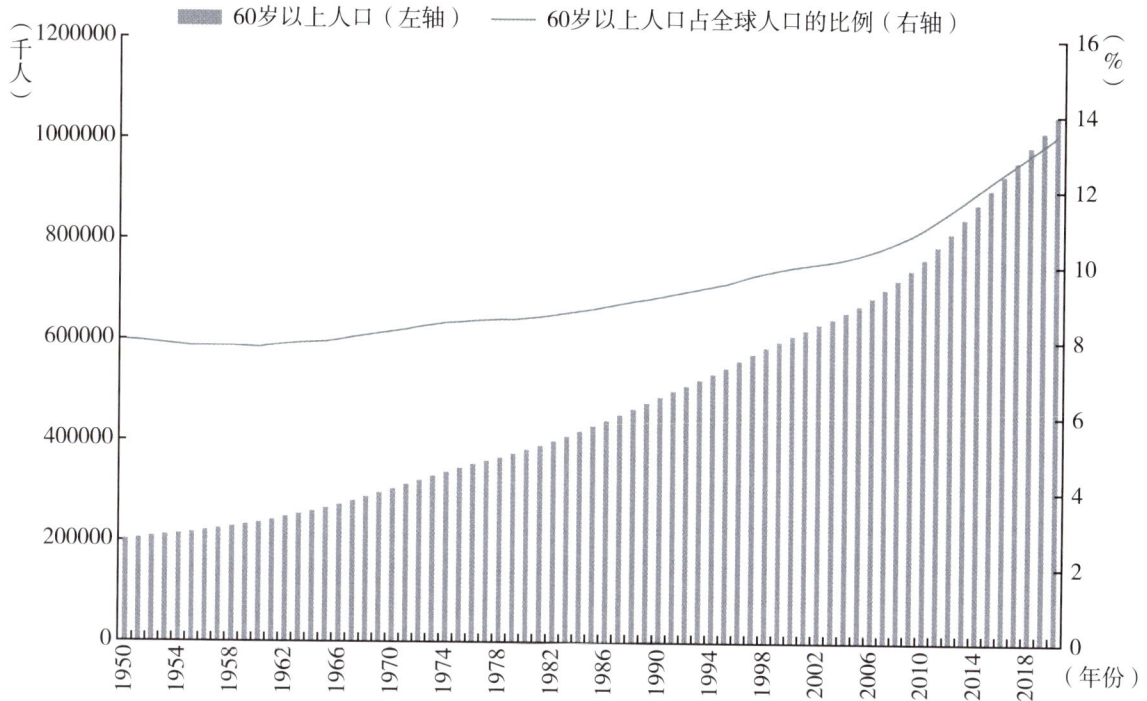

图2　全球 60 岁以上人口数量及占比

资料来源：联合国，课题组整理。

除了生育率以外，全球死亡率的下降也助长了人口老龄化。死亡率自 19 世纪最先在欧洲和其他发达国家开始下降，并在 20 世纪下半叶在全球加速下降，根据世界银行统计，1960 年全球粗死亡率为 17.71‰，到 2019 年时已下降至 7.52‰。与之对应的是全球出生时平均预期寿命出现了显著增长，从 1960 年的 52.58 岁增长至 2019 年的 72.74 岁，并预计将在 2045~2050 年期间进一步增至 76.9 岁。到 21 世纪末，全球出生时预期寿命可能超过 82 岁。

特征三：全球老龄化问题的分化

从全局上看全球处在一个老龄化的趋势之中，而从结构上来看全球老龄化问题呈现较明显的分化趋势，具体表现为高收入国家率先进入老龄化，其后中等收入国家也逐步迈入。按照 65 岁的老龄化定义来看，早在 1960 年以前高收入国家就已达到老龄化标准，截至 2019 年 65 岁以上人口占比达到 18.26%。日本作为高收入国家面临全球最严重的老龄化问题，联合国数据显示，2019 年日本 60 岁以上人口已占总人口的 34.3%，65 岁以上人口占总人口的 28.4%。中等收入国家老龄化比例近年也迎来高速增长时期，于 2016 年达到老龄化标准，2019 年 65 岁以上人口占比为 7.81%（见图 4 ）。

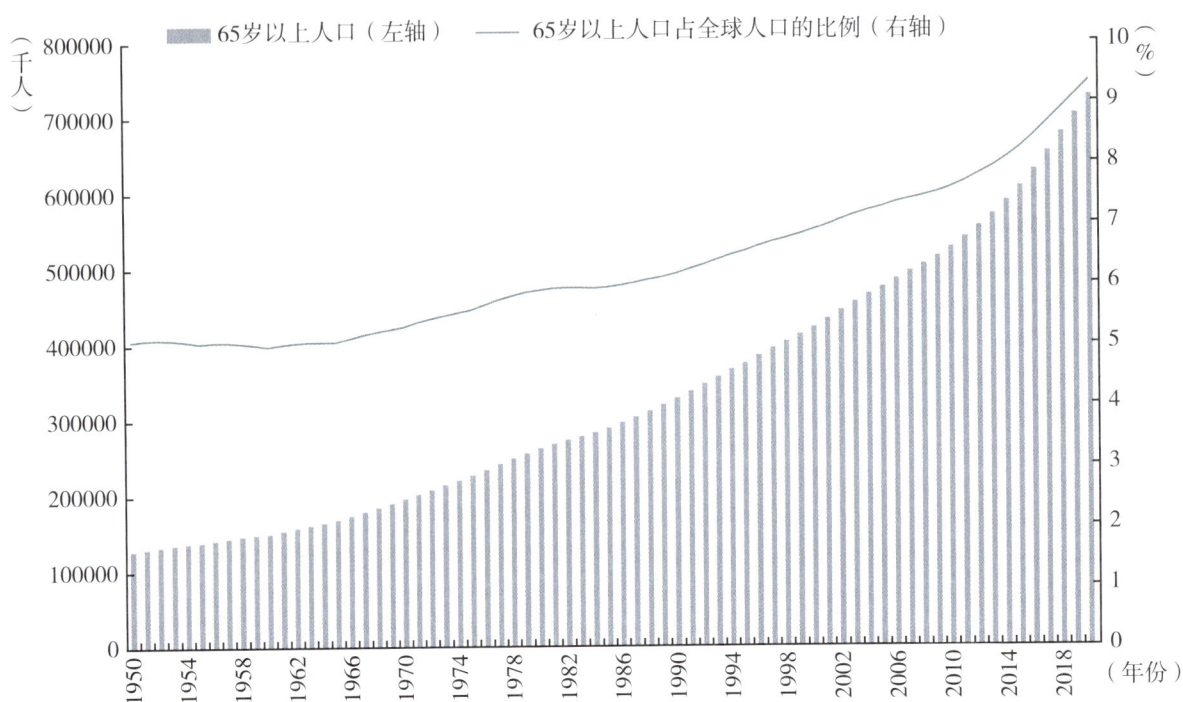

图 3 全球 65 岁以上人口数量及占比
资料来源：联合国，课题组整理。

二 中国市场：未富先老与区域失衡

新中国成立后，由于社会稳定，经济高速发展，医疗水平迅速提高，我国居民的寿命有了明显的提升，全国人口普查情况显示，1982 年中国居民平均预期寿命为 67.8 年，到 2015 年已上升至 76.34 年。与之相对的是，我国的死亡率从 1960 年以来呈现"L"型的走势（见图 5），1960 年时的死亡率为 25.34‰，1978 年开始至目前基本维持在 6‰~7‰的水平。未来随着生活质量的进一步提高以及医疗水平的进一步发展，人口寿命的增长是必然趋势。

然而与老年人口不断增长所不同的是，我国的新生人口却不断下降，这主要是由多方面因素造成的，包括制度、社会环境、思想变化等。老龄化问题加剧的一个原因是我国 20 世纪 70 年代实行计划生育政策后，新生儿出生明显下降。0~14 岁青少年人口比重从 1964 年的 40.70%，下降到 1982 年的 33.59%，新生儿不足以及大量人口迈入老龄化进一步加剧了老龄化问题。为缓解老龄化压力，近年

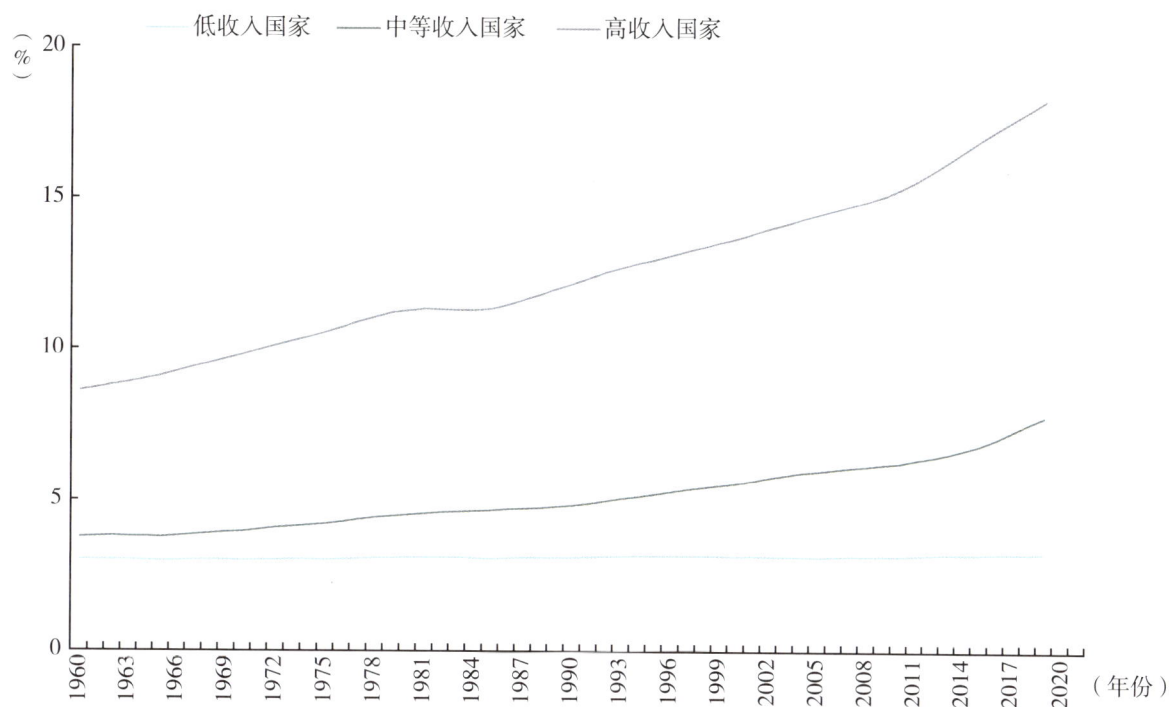

图4　高、中、低收入国家65岁以上占总人口比重

资料来源：世界银行，课题组整理。

来国家在制度层面从"双独二孩"到"单独二孩"，再到"全面二孩"，最后到"放开三孩"[1]来鼓励生育（见表1）。

表1　我国生育政策变化

年份	政策
1971	国务院批转《关于做好计划生育工作的报告》，强调要有计划生育
1973	第一次全国计划生育汇报会提出"晚、稀、少"的计划生育政策
1978	计划生育第一次以法律形式载入我国宪法
1982	《中共中央、国务院关于进一步做好计划生育工作的指示》提出照顾农村独生户生育二孩

续表

年份	政策
1984	中央批转国家计生委党组《关于计划生育工作情况的汇报》，提出对农村继续有控制地把口子开得稍大一些。按照规定的条件，经过批准，可以生二孩
2002	"双独二孩"政策在全国推行
2011	各地全面实施"双独二孩"政策
2013	"单独二孩"政策推行
2015	全面实施二孩政策，积极开展应对人口老龄化行动
2021	进一步优化生育政策，实施一对夫妻可以生育三个子女政策及配套措施

资料来源：课题组整理。

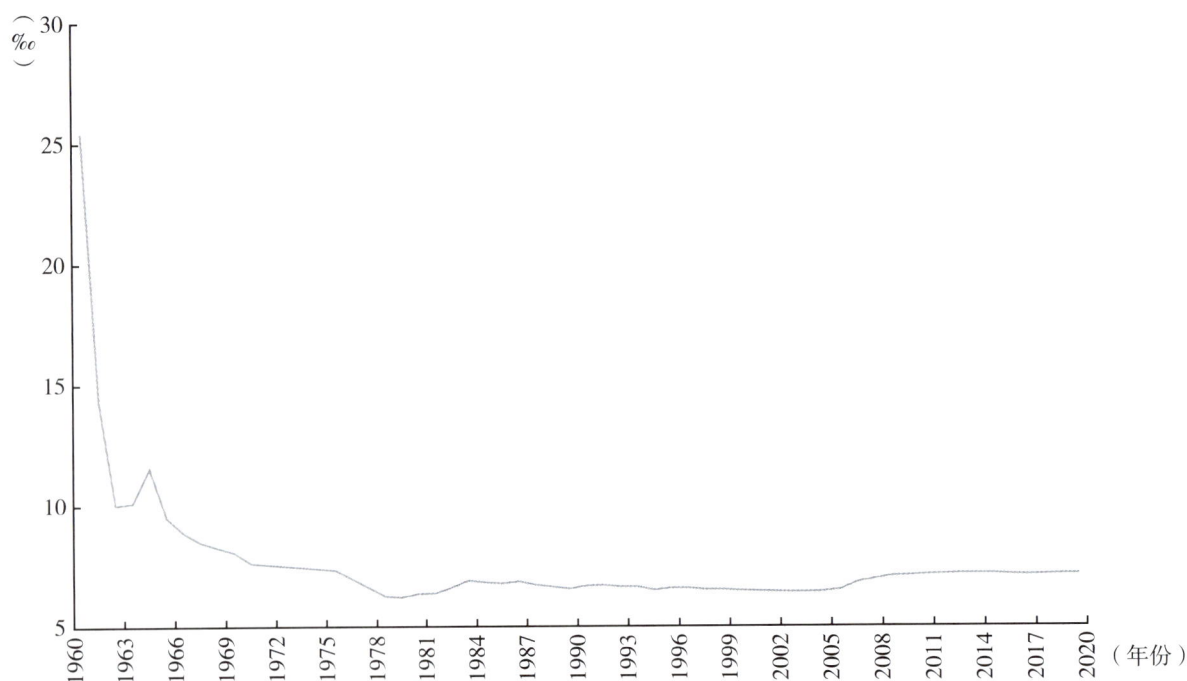

图 5 我国死亡率变化情况

资料来源：国家统计局，课题组整理。

2021年3月8日，国家发改委副主任在新闻发布会上表示，预计"十四五"时期（2021~2025年）我国将进入中度老龄化阶段。截至目前，我国是全球老龄人口数量最大的国家。第七次全国人口普查数据显示，目前中国60岁以上老年人口2.64亿，占总人口的比重为18.7%，而65岁以上的老年人口达到1.91亿，占总人口的比重为13.5%。与2010年相比，60岁以上人口的比重上升了5.44个百分点，预计到2027年60岁以上人口占比将提升到20%，到2050年，60岁以上的老年人口将达到4.87亿，占总人口的1/3。

综合考虑社会发展阶段、国情、社会背景等，与欧美等发达国家相比，我国老龄化主要有如下几个特征。

特征一：老龄化与经济发展水平的矛盾

与发达国家相比，我国老龄化的一个重要特征是在经济发展水平尚未达到发达国家水平时已经面临着高速增长的老龄化问题。根据联合国人口署预测，2025年中国65岁以上人口占总人口比例达14.03%，将进入深度老龄化社会，事实上，根据第七次全国人口普查数据，2020年我国65岁以上人口占比已达到13.5%，预计不用到2024年就会超过14%。而根据我国截至2000年11月底的第五次全国人口普查数据，65岁以上老年人口占总人口的6.96%，这也意味着我国65岁以上人口占比从7%（老龄化）上升至14%（深度老龄化）仅用了21~22年左右，而这一过程美国用了72年，瑞典用了85年，法国则用了140年，可以说我国的老龄化问题迅速加剧（见表2）。

从老龄化程度与经济发展水平的国际对比看，美国、日本、韩国、中国人均GDP达到1万美元分别在1978年、1981年、1994年、2019年，当时65岁以上人口占比分别为11.2%、9.2%、5.8%、12.6%。美国、日本、韩国、中国65岁以上人口占比达到12.6%分别是在1990年、1992年、2015年、2019年，当时人均GDP分别为2.4万、3万、2.7万、1万美元。我国老龄化面临的一个重要特征就是未富先老，对于整个社会来说，有更严重的养老压力。

表2　主要国家进入老龄化社会和深度老龄化社会的时间

国家	进入老龄化社会		进入深度老龄化社会		时间间隔（年）
	年份	人均GDP（美元现值）	年份	人均GDP（美元现值）	
美国	1942	14870	2014	55033	72
英国	1930	—	1975	4300	45
德国	1922	—	1972	3810	50
法国	1850	—	1990	21794	140

续表

国家	进入老龄化社会		进入深度老龄化社会		时间间隔（年）
	年份	人均GDP（美元现值）	年份	人均GDP（美元现值）	
澳大利亚	1937	—	2013	46286	76
日本	1971	2272	1995	43440	24
韩国	2000	12257	2018	31363	18
新加坡	2003	23730	2021（联合国预测）	65233（2019年）	18
俄罗斯	1967	7943	2017	10751	50
中国	2000	959	2022（联合国预测）	10276（2019年）	22

资料来源：中国人民银行《关于我国人口转型的认识和应对之策》。

特征二：老龄化高速增长与新生儿增速阶段下跌的矛盾

根据2020年第七次全国人口普查数据，我国65岁以上人口占比达到13.5%，相比于2010年时的8.87%增加了52.20%，而2010年相比于2000年的65岁以上人口占比增长速度为27.44%，增速接近翻倍（见图6）。着眼于下一阶段来看，老龄人数面临继续高速增长的压力。主要原因在于1962~1973年平均每年2700万出生人口的婴儿潮要逐步迈向老龄化，该阶段的新生儿出生人数也是新中国成立以来数量最高的一波婴儿潮。

具体来看，新中国成立以来，我国先后出现三轮婴儿潮，分别是新中国刚成立后鼓励生育的1950~1958年平均每年2100万人、三年困难时期结束后的1962~1973年平均每年2700万人以及1981~1994年平均每年2246万人。然而本该于2000年左右出现的第四波婴儿潮没有出现，从1997年后单年出生人数再也没有上过2000万，2019年出生人数更是下降到了1465万人，出生率下降到了历年来的最低值10.48‰（见图7）。值得关注的是，近年来中央曾做出了较多的努力，但效果不及预期，如2012年末决定实行单独二孩政策，但从生育人口来看没有较大变化。2015年决定全面放开二孩，但是在2016年达到近年来峰值1786万后，出生人数仍延续下滑趋势。2021年，为进一步缓解人口老龄化压力与新生儿不足，将生育人口放开至三孩，政策的有效性以及是否能再度来一次婴儿潮值得关注。

特征三：区域间的不平衡以及人口流动的伴生性矛盾

从静态的人口数据来看，我国地域辽阔且各地区间经济发展水平、文化发展水平各异，在生育观念、社会保障等方面有较大的差异，尤其是改革开放以来，东南沿海和大城市受思想革新影响，生育观念急

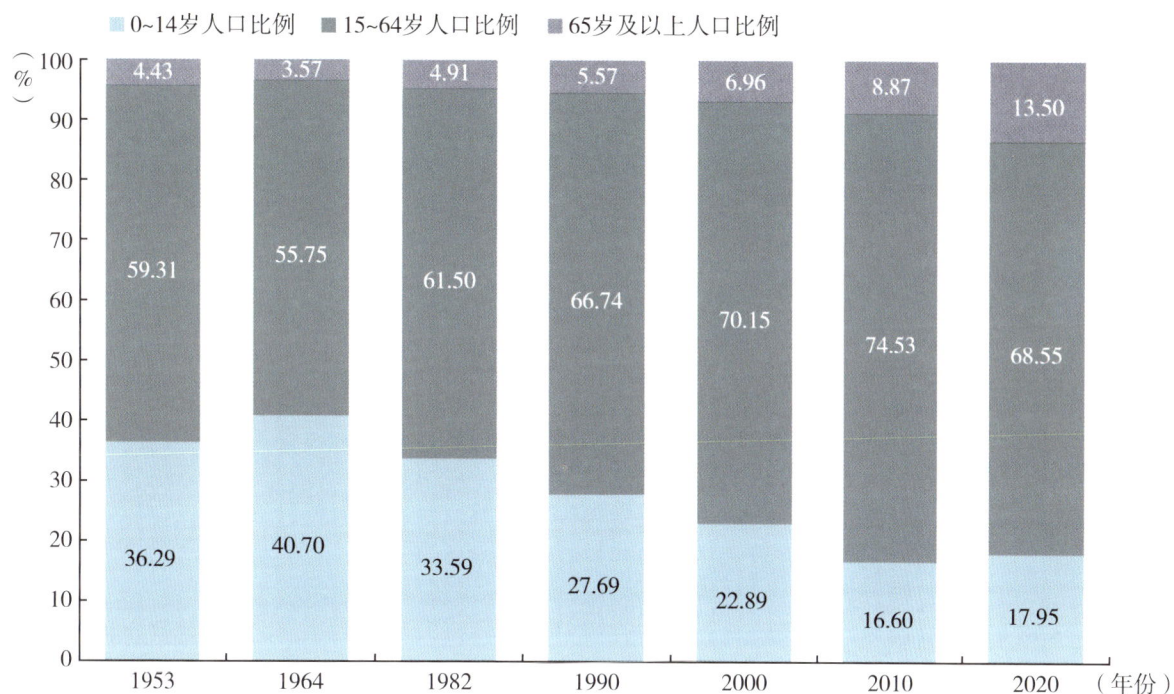

图6 全国人口普查人口基本情况

资料来源：国家统计局，课题组整理。

剧转变，生育率下降相对较快，老龄化问题也更先到来。如北京、上海、天津、江苏、浙江等省市已于20世纪80年代末进入老龄化，而贵州、新疆、西藏等省区的生育率在1990年仍保持较高水平之上，老龄化指标亦很低。[2] 根据2004年的国家统计局抽样数据，65岁以上人口占抽样人口数的比重超过10%的有北京、天津、上海、江苏、重庆，而此时青海、宁夏等地尚未到6%。

从动态的人口数据来看，我国区域老龄化的另一个特点就是人口流动下的伴生性矛盾，根据2020年第七次全国人口普查结果，居住地与户籍所在地不一致的现象已相当普遍，2020年我国人户分离人口达到4.93亿人，约占总人口的35%。其中，流动人口3.76亿人，10年间增长了将近70%。从流向上看，人口持续向沿江、沿海地区和内地城区集聚，长三角、珠三角、成渝城市群等主要城市群的人口增长迅速，集聚度加大。比较有对比意义的就是黑龙江、吉林以及辽宁，这三省在2014年时的老龄化比例分别为6.80%、7.45%以及9.46%，而到了2020年普查时已经分别上升至15.61%、15.61%和17.42%，与之相对的是北京、上海等地反而比例增长缓慢，2004年北京和上海的老龄化比例分别是11.12%和15.40%，到了2020年分别为13.30%和16.28%。数据的背后反映出了我国人口流动性的老龄化变动

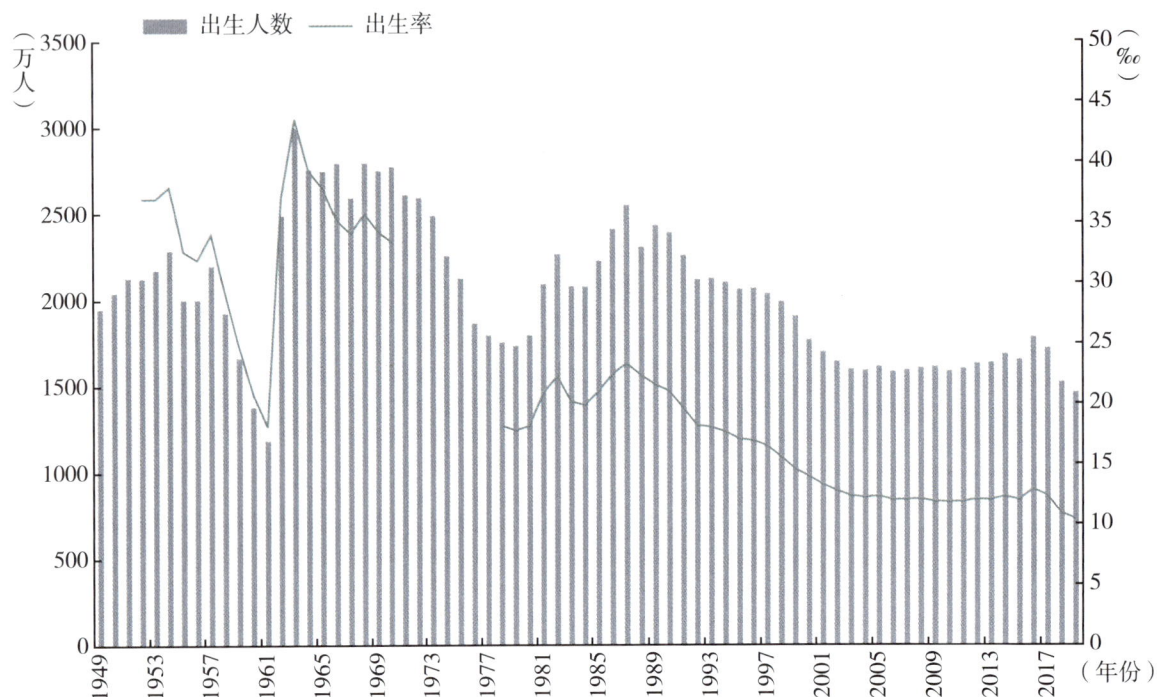

图 7　我国各年份出生人数及出生率

资料来源：统计局，课题组整理。

问题，东北三省最近几年青壮年劳动力人口大量外流导致地区老龄化程度攀升明显，而北京、上海等核心地区则因为青壮年的不断涌入老龄化率维持在一个相对稳定的状态。进一步地来看，城市化背景下农村青壮年的迁出更加剧了农村养老问题。与发达国家人口老龄化演变规律所不同的是，我国的历次人口普查数据均显示了农村老龄化程度高于城镇（见表 3），而从欧美等发达国家的经验，经济发展水平应该与老龄化水平呈正相关关系。因此，在显著的地区差异、城乡差异背景下，我国的养老问题显得更为特殊。

表 3　1982~2010 年市、镇、村老年人口比重　　　　　　　　　　　　　　　　　　　单位：%

年份	全国	市	镇	乡村
1982	4.91	4.68	4.2	5
1990	5.57	5.38	4.42	5.74
2000	6.96	6.67	5.99	7.5
2010	8.92	7.68	7.98	10.06

资料来源：《中国统计年鉴》。

老龄化产生的根由一方面是老龄人口的增加，另一方面是生育率的下降。首先，从人类经济社会的发展进程来看，总和生育率下降可被理解为人均收入增加和城镇化的产物。逻辑上，中低收入国家人均收入攀升与工业化、城镇化过程同步，国民受教育程度也随之提高、女性更多地参与社会。在接受教育、参与社会分工获得社会地位和家庭地位的良性循环中，女性又将更多精力投入工作上，进而生育率下降。高收入国家总和生育率会显著低于中等收入国家。其次，总和生育率下降初期相当于加速释放人口红利，但该指标长期、大幅下降势必导致老龄化。

既然老龄化是社会发展到一定程度的产物，放到整个社会背景下，人口老龄化问题从老龄人出发主要集中在两个方面，一是老年经济问题，二是老年人健康问题。对于发达国家来说，长久以来的老年社会保障体系建设以及较高的经济发展水平给养老带来稳定的金融保障，但对于发展中国家尤其是我国这样高速步入老龄化的发展中国家来说，老年经济问题显得尤为突出。老龄化问题从社会性角度出发主要集中在经济、金融以及社会问题三个方面，具体如下。

一 经济风险：养老需求与结构转型

本节我们从降低经济动能和催生经济结构转型两个视角来阐释老龄化市场对经济的影响。

（一）降低经济动能

老龄化是劳动生产力占比降低的一个人口结构转变，在没有明显技术替代劳动力红利的时候会产生一系列问题。

其一，老龄化减少劳动力人口，降低经济增长动力。老龄化折射出了劳动力人口占比的下降，会降低劳动密集型产业的竞争力。Annabi et al.（2010）基于世代交叠模型论证了人口老龄化对加拿大产业结构的影响，人口老龄化导致的劳动力不足会提高老龄市场的平均工资，增加劳动密集型产业的生产成本，促使劳动密集型产业的减少。陈颐和叶振文（2013）研究中国台湾地区人口老龄化和产业结构发展的长期关系，也发现人口老龄化会降低劳动参与率，对劳动密集型产业会产生巨大影响。由于不同年龄人口就业参与率不同、可以承受的工作强度亦不同，因此在老龄化程度加深的过程中劳动力平均工时和全社会劳动力就业参与率均会下降，这也必然导致经济增速下滑。

其二，老龄化降低生产效率，掣肘总需求并加剧财政负担。根据生命周期来看，在没有更先进生产力替代的情况下，老龄化问题的加深会降低生产效率，导致社会人均收入降低，增加社会养老负担。在当前的发展背景下，老龄化与劳动力人口年均、人均工时仍然存在负相关性，因此逻辑上老龄化程度越深总需求越弱、劳动生产效率也就越低。各国老龄化程度与人均医疗卫生支出水平存在正相关性，因此老龄化程度的加深会导致医疗保健费用的增加，养老保险支出以及社会对老年的照料加剧财政支持，加上老龄化掣肘总需求及劳动生产率进而约束财政收入，因此老龄化过程势必加剧财政负担。这也是过去30年间日本政府杠杆率不断攀升，但财政对经济的逆周期拉动效果甚微的主因。而财政转移支付向老年人的倾斜又将进一步遏制年轻人的生育意愿，形成了负反馈循环。

其三，老龄化增加养老需求，抚养比提升加大社会经济负担。老龄化问题近年来成为世界性的难题，其中一个重要的问题就是养老问题，国际货币经济组织（IMF）预测到2050年将有超过55个国家老年抚养比超过40%。对于中国来说，预计到2050年中国的抚养比将在目前13%的水平上增长两倍以上，这给公共和私人储蓄都带来下行压力。以65岁以上人口数除以20~64岁的人口数来计算老年人口抚养比，1950年全球老年人口抚养比为9.9%，而到了2020年，预计老年人口抚养比达到了16.2%，尤其是2010~2015年及2015~2020年两个5年周期中，该比例分别上涨了7.52%及13.55%，显示全球老年人口抚养比加速攀升，老年人抚养压力急剧加大（见图8）。我国近年来的抚养比出现了较快速度的增长，2010年时老年人口抚养比为11.90%，低于世界老年人口抚养比（13.3%），而到了2015年，我国老年人口抚养比已经超过世界老年人口抚养比，老年人口抚养比增速在近年来明显反超世界增速，老年人抚养问题日益突出。

（二）催生经济结构转型

老龄化对现有经济增长模式的危害，会催生经济结构转型需求，尤其是从第一、第二产业转向服务业等第三产业。考虑到当前我国人均收入水平与发达国家相比仍有较大差距，经济结构转型压力进一步放大。Mason和Lee（2007）研究了人口老龄化加深带动消费习惯和消费需求改变，会对医疗卫生、公用事业等特定行业的发展产生重大影响。陈卫民和施美程（2014）利用跨国数据验证需求效应是人口老龄化影响服务业发展的一种机制，人口老龄化达到一定程度后会通过消费路径产生推动服务业比重提升的需求效应，且随着人口老龄化程度提升，需求效应递增。邵咪咪等（2020）从人口年龄结构视角探讨产业结构变迁，发现人口老龄化导致工业经济比重下降和服务业经济比重上升；老年人和年轻人的消费结构存在差异，人口老龄化会带来消费品的产业构成中工业最终消费支出的降低，服务业最终消费支出的提高，因此会导致工业经济比重下降，服务业经济比重上升；人口老龄化会提高消费率，降低投资率，而由于消费中服务业比重显著高于投资中服务业比

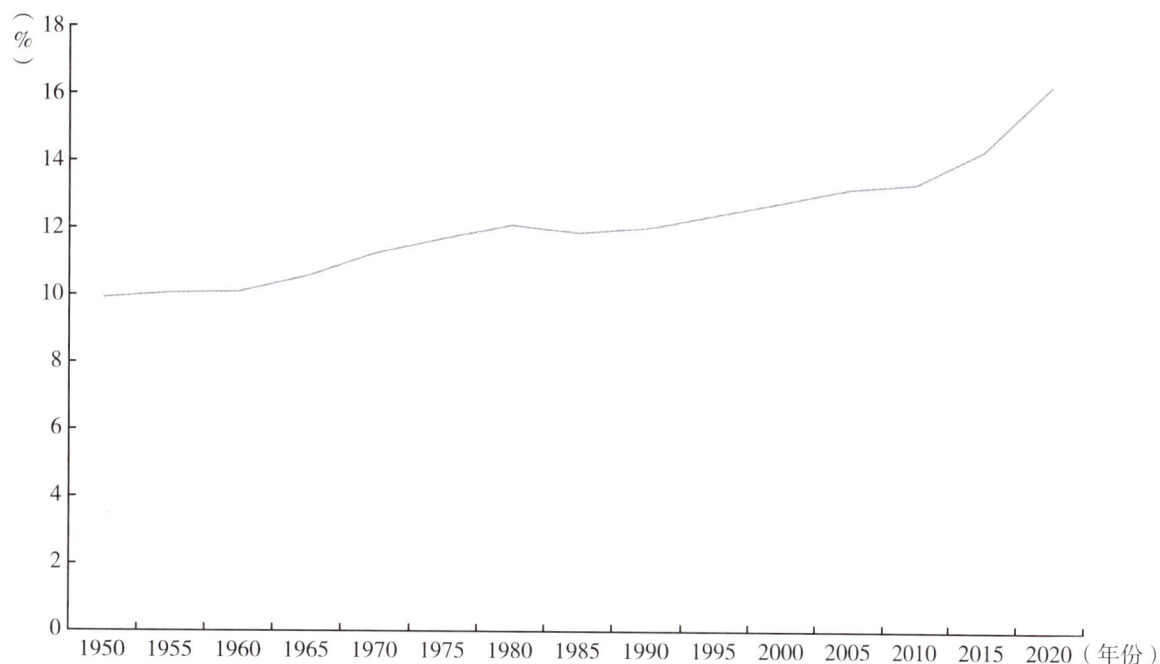

图8　世界老年人口抚养比（估算）

资料来源：联合国，课题组整理。

重，投资中工业比重显著高于消费中工业比重，因此总产出中工业经济比重下降，服务业经济比重上升。

　　对于我国来说，我国正处于经济结构转型期，面对高速到来的老龄化时代，有较大的经济结构转型压力。我国改革开放以来的高速经济增长核心还是依靠人口红利的释放，凭借庞大的劳动力我国迅速成为全球的"制造基地"，然而，根据联合国贸易和发展会议的数据，我国劳动力总人口在2019年开始转升为降。随着老龄化的加速推进，劳动力供给量持续萎缩，劳动力成本上升，伴随的是部分制造业开始转向劳动力价格更为低廉的东南亚等地。逐步的产业转型是正常的，但是在高速老龄化下的经济结构转型更值得担忧。尤其是2010年以来，中国经济增速从"10"时代开始迈入"6"，甚至"5"时代，而且还有可能更低，进一步的经济增长引擎值得被挖掘。

二 金融风险：广度、深度与供给度

从金融角度出发，老龄化主要带来的挑战是养老保障体系的广度与深度以及养老金融产品的供给度。

第一，养老保障体系的广度与深度。第二次世界大战后全世界出现了补偿性的生育高峰，目前这股庞大的人口进入老龄化，"人口赋税"背景下老年人需要养老保障体系的保障。从目前世界普遍性的结构来看，养老保障体系主要是从政府、企业及个人三个方面出发，包括三大支柱：第一支柱为国家基本养老保障，第二支柱为企业补充养老保障，第三支柱为个人养老储蓄保障。相较而言第一支柱为基础，但从世界上部分案例来看，养老保障体系的广度与深度要更进一步地向第二支柱及第三支柱，尤其是第三支柱转移。以希腊为例，希腊是欧盟国家汇总人口老龄化问题最严重的国家之一，这极大地增加了财政负担，2010 年希腊的公共养老金支出占了 GDP 的 11.6%，财政支出的快速飙升以及劳动力人口下降引起的生产力不足致使希腊只能举债弥补缺口，最终导致了政府债务危机。德国则是世界上养老保障体系改革的先行者，其率先引入私人养老保障机制，并在 1974 年提出职业养老保障机制，然而，由于养老金成本提高，预算压力加大等原因，德国在 2015 年养老金支付已经出现了 40 亿欧元的赤字，退休金水平也不断下降，为此采取了延长退休年龄、降低社会福利和鼓励退休储蓄等措施。可见，仅靠国家财政进行的养老保障并非长久之计与根本之法，国家财政更多地赋予了基本养老保障的意义，改善型养老保障仍需要第二支柱和第三支柱的发力，养老保障体系的广度和深度也随着时间的变化而发展。我国的养老保障体系在 20 世纪 90 年代开始改革，发展到目前已出现严重失衡趋势，人社部数据显示，截至 2019 年末，国内第一支柱约有 6.3 万亿元存量资产，占比超过 70%，第二支柱约有 1.8 万亿元存量资产，占比不到 30%，第三支柱则微乎其微。美国截至 2013 年底第一支柱规模为 2.8 万亿美元，较第二支柱（规模为 15.18 万亿美元，占比近 60%）和第三支柱少得多。与此同时，我国还存在区域、城乡等结构上的差异问题，养老保障深化也有所分化。2019 年全国职工养老保险金的月平均值是 3153.5元，甘肃、吉林、辽宁、黑龙江等省份，平均养老金每月约计 2000 元，而广东、北京、上海、浙江、江苏等省份，平均养老金每月约计 4000~5000 元。

第二，老龄化伴生问题催生养老金融产品需求。Groome et al.（2006）指出，诸多风险将伴随人口老龄化而出现，包括市场风险、通胀风险、长寿风险、替代风险和健康风险等。其中长寿风险和健康风险是老年人群面临的最大风险。为抵御风险，老年人应关注购买年金产品和调整结构性支出，从而提升对年金产品、长期护理保险和反向年金抵押等产品的需求（Poterba，1994）。

养老保障体系下的根本就是养老金融产品，从金融机构出发，主要包括商业银行、信托公司、基金公司、证券公司等提供的满足养老需求的产品。但是，从老年人角度出发来看，老年人口的金融需求与金融机构的产品供给有一定的内在矛盾，老年人口尤其是发展中国家的老年人口的金融认知水平较低，且从生命周期理论来看已经处于下降阶段，传统意义上老年人口是风险厌恶型的投资者，而金融机构如果着眼于短期的业绩需求，很难达成产品供给与收益的匹配。从目前来看，全球养老金融产品发展状况存在较大差距，发达国家由于进入老龄化时间较长，因此有着较为充分的产品供给，比较典型的养老金融产品有老年人口护理保险、以房养老的反向住房抵押贷款、养老目标基金等。而我国从近年来才开始重视老龄化问题，养老保障体系尚不完善，为缓解此现象，国务院办公厅在 2019 年 4 月 16 日印发了《关于推进养老服务发展的意见》（国办发〔2019〕5 号）。此后，商业银行、保险公司、基金公司、信托公司等都被纳入了我国养老金融产品体系。近年来，我国养老金融产品开始逐渐丰富，但同质化问题仍然较为严重，实质化问题仍有待解决，大部分均停留于金融产品的传统服务表面，借助"养老"之名行传统业务之实。

三　社会风险：健康风险与品质风险

老龄化的社会问题有许多，归结起来主要有二：其一是健康老龄化问题，其二是品质老龄化问题。老年人的健康养老与品质养老关乎社会的和谐稳定，对于年轻人来说，只有"老有所养"才能全身心投入社会工作之中。

（一）健康老龄化问题

所谓健康老龄化，是指在老龄化社会中，多数老年人处于生理、心理和社会功能的健康状态，同时也指社会发展不受过度人口老龄化的影响。[3] 近年来，健康老龄化问题频繁受到世界关注，世界卫生组织首倡"健康老龄化"，1987 年，世界卫生大会决定将"健康老龄化的决定因素"作为主要研究课题；1990 年世界卫生组织在哥本哈根世界老龄大会上把"健康老龄化"作为对付人口老龄化的一项发展战略；1993 年第 15 届国际老年学学会在匈牙利布达佩斯大会上把"科学要为健康的老龄化服务"作为会议的主题。在此之后，各国在这方面的研究更加活跃。我国也对其进行了顶层的构建，《健康中国 2030 规划纲要》明确提出了推动老年卫生服务体系建设等多项举措，旨在促进健康老龄化。2017 年 3 月，《"十三五"健康老龄化规划》的出台则象征着健康老龄化战略在我国宏观战略布局中的地位进一步得到提升。健康老龄化的核心目标应当包含两个方面：一个是身体健康，一个是心理健康。对于身体健康来说，人口快速老龄化会导致我国疾病诊疗及其配套设施等需求加大，挤压服务供给资源；对于心理健康来说，由于中国人口流动的特征，空巢问题更加突出，不仅是城市中的老年人会面临空巢压力，随着农村进城务工人数、中西部去东部打工人数的增加，农村和经济较落后地区的空巢老年人口急剧增加。老年人的身心健康需要加以照顾，以减少社会不稳定因素的产生。

（二）品质老龄化问题

品质养老是基于健康养老的提升，对于发达国家来说，经济发展水平较高，生活质量有所保障。而对于我国等"未富先老"的发展中国家来说，品质养老是未来需要深抓的方向。品质养老的概念因人而异，但从覆盖范围来看至少应该包括老有所居、所医、所伴、所游。过去养老主要还是以家庭方式为主，但随着"4-2-1"甚至"4-2-2"等家庭结构的逐渐增加，年轻人的工作负担较重，再加上人口流动因素，"双独"子女对老人的照顾很难再做到"家庭式"养老，所以养老服务机构也成为社会所需要的对象。老有所居目前主要是通过家庭养老机构等实现，欧美等西方发达国家由于具有较好的社会保障制度以及家庭成员具有较高的独立意识，大部分不是采用家庭养老的模式，他们以居家养老为主，以机构养老为辅，家庭养老还是主要集中于东方文化为底蕴的国家。而对于仅有老人的家庭来说，可以参考"以房养老"等模式。此外，医疗的配套设施服务也是品质养老的基础，我国人口众多，人均医疗资源相对发达国家而言仍有较大差距，随着老年人的快速增加，养老医疗资源亟待补充。陪伴是老年人另一个重要的心理诉求，由于我国的人口流动较大，异地工作现象较为明显，中西部地区、农村地区"空巢老人"现象较为严重，而老年人也需要结伴交流，因此对于伙伴也有所需求，丹麦目前有较为流行的自助养老社区，是一个老年人间的自助合作生活区，可以通过交友、培养共同爱好等方式进行交流。老有所游则是在基础养老层次上对于物质水平要求更高的一种方式，包括旅游养老、度假养老等，这需要一定的经济支撑。

第三节 ▶ 老龄化风险应对之策

老龄化的高速发展对全球，尤其是对我国等"未富先老"的发展中国家的经济、金融和社会提出了较大的挑战。以日本为例，诚然日本早已成为发达国家，但作为全球老龄化问题最严重的国家，日本经济发展以及社会活力近年来被频频质疑。本着治本与深挖等原则，建议改善人口结构，发展技术，降低社会生活成本，增加社会保障，提供金融产品等。

第一，放开生育，改善人口结构。我国人口结构已经从 1950 年的金字塔型（少儿多及老年人少）转变到目前的长方形（少子化及老龄化相对平衡），从当前人口结构来看，整体社会仍然维持在相对平衡的状态，老龄化不是非常严重，劳动力人口占比仍然较多。然而，根据联合国预测，到2050年时我国人口结构就会变成倒金字塔型（少子化及老龄化严重），社会总消耗就逐步上升，拖累经济增长（见图9）。从人口结构角度来看，放开生育是从根本上扭转老龄化趋势的手段，我国阶段性的人口增长趋势和生育政策有较大的关联，过去较严格的生育政策也是基于生活水平较低，人口过多会严重拖累经济增长的原因，而当前由于人们思想的改变以及对生活质量要求的提高，从自发性上已经不再有越多生越好的观念，因此放开生育不会造成人口的不可控大爆炸。目前第七次全国人口普查后也放开了三孩生育，从政策面上打开了生育空间，从未来的角度看，人们关于高质量教育、培养孩子的观念越来越强，而参考发达国家夫妻的生育欲望较低等情况，全面放开生育政策或许是以后的一个选择。

第二，降低负担，增加生育欲望。2015年开始，我国就开始全面放开二孩政策，然而从人口发展情况来看，并没有达到很好的社会效果，根据国家统计局的抽样二孩生育率情况来看，在2016年和2017年生育率有个反弹，但是2018年和2019年开始又延续下行趋势（见图10），可以理解为放开二孩后基于2015年之前有需求的家庭大部分进行了生育，考虑到一孩的生育率延续了下行趋势，因此未来二孩的生育率也不容乐观，究其原因在于大部分家庭结构中的中流砥柱有较大的生活压力，"4-2-1"的家庭结构如果改变成"4-2-2"的结构，给予了"2"更大的负担，因此减轻生孩子的生活负担有利于增加人们生育欲望。"是否选择生育属于个人权利，但是承担儿童的抚养成本则为社会责任"，从经济学"人的自私心理出发"，关键问题在于如何从社会的角度减小生育压力，而这无非是"吃""穿""住""用""学"等成本，而其中以"住"和"学"最让家长耗费精力。故而，国家要重视房地产价格的管控，当前投资拉动经济的边际效用已经较低，虽然对房地产的调控或许在短期内对经济产生较大压力，但从长期来看，人口的增长还是能对房地产有所支撑，尤其是未来年轻人口的增加也是对消费的一大支撑。

第三，发展技术，提高生产效率。然而，放开生育也有其弊端，生育率的提高虽然在一定程度上能够缓解老龄化压力，但是新生人口的增长会导致人均物质生活水平的下降。尤其是对于高福利国家来说，如果放开生育会加剧政府的财政负担，"解决人口老龄化负面影响最适合的公共政策并不是那些会带来另外问题的政策。当人口老龄化已经而且不断对政府钱包产生越来越大的压力时，我们最不应该做的事情就是通过提高生育率从人口年龄金字塔的另一端对公共财政产生额外需求"（Onselen and Errington, 2004）。而从老龄化带来的经济结构调整压力来看，通过技术进步来替代人力资本是一个重要的方向，因此，未来要进一步支持科技发展，鼓励大众创新。利用好老龄化这一契机，推动产业结构升级，主动调整工业结构，提高工业生产效率，推动制造业的"智能化"转型。服务业方面，要从劳动密集型的服务业转向附加值高的知识密集型服务业，优化第三产业结构。

第四，增加保障，完善养老保障体系。完善养老保障体系是一个较为宏观的问题，其一，养老保障体系需要进一步完善，保证可持续发展。"十四五"规划提出，要"发展多层次、多支柱养老保险体系"。国务院办公厅印发的《关于推进养老服务发展的意见》中提到，要"发展养老普惠金融"。中国银保监

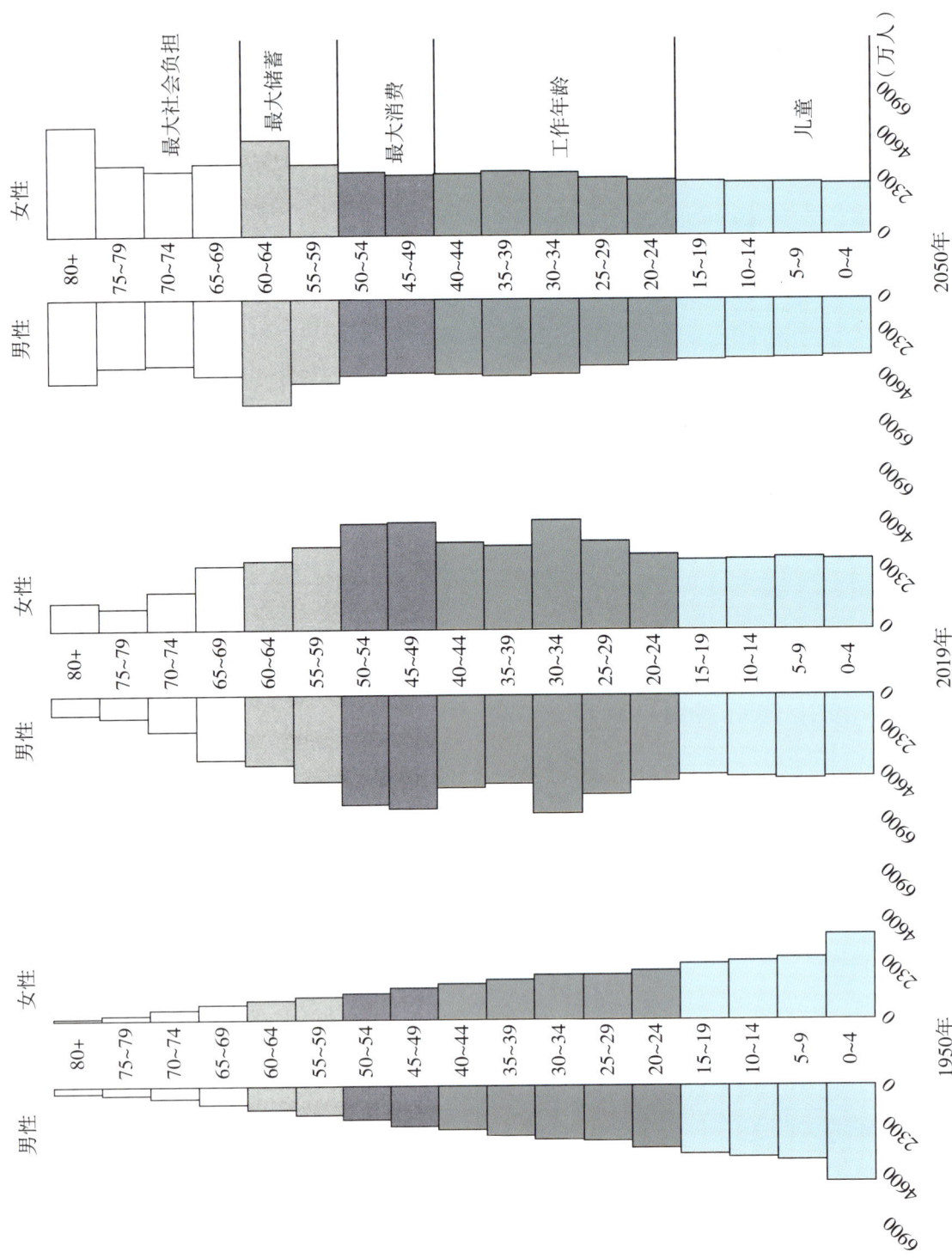

图 9　1950 年、2019 年和 2050 年中国人口结构

资料来源：中国人民银行《关于我国人口转型的认识和应对之策》。

会郭树清主席在 2020 年金融街论坛上强调，要"发挥金融优势，大力发展第三支柱养老保障"。在当前我国养老金第一支柱独木难支、第二支柱瓶颈显著的背景下，加快建设第三支柱，完善相关养老金融产品体系已成为当务之急，势在必行。其二，养老政策在当前社会背景下仍然需要因地制宜，家庭养老仍然是主要的养老方式，进一步发展社会养老。制定老龄化政策必须要因地而异，与社会经济发展水平相适应。考虑到我国"未富先老"的状态，在借鉴国际养老经验时切忌"照搬照抄"，保障福利要与经济发展水平相对应，在优先发展经济的条件下发展养老事业。只有经济发展水平提高了，才能从根本上解决养老的经济问题。同时，养老还需要家庭与社会相结合，考虑到城乡差异、地区差异等，经济发展水平和生活成本决定了养老政策不得不城乡有别。养老保障体系应首先把握"广覆盖、低水平"的原则，我国农村在相当长一段时期内，家庭养老仍是老年人实现"老有所养、老有所医、老有所教、老有所学、老有所为、老有所乐"的主要模式。因此，既要有法律保障也要有家庭伦理道德规范，双管齐下。在今天老年人不断增多，社会物质财富还不能充分满足人们的需要，社会养老保障体系还不健全，家庭养老仍肩负着历史重任的中国社会，在此基础上进一步发展社会养老。此外，要建立促进老年人全生命周期

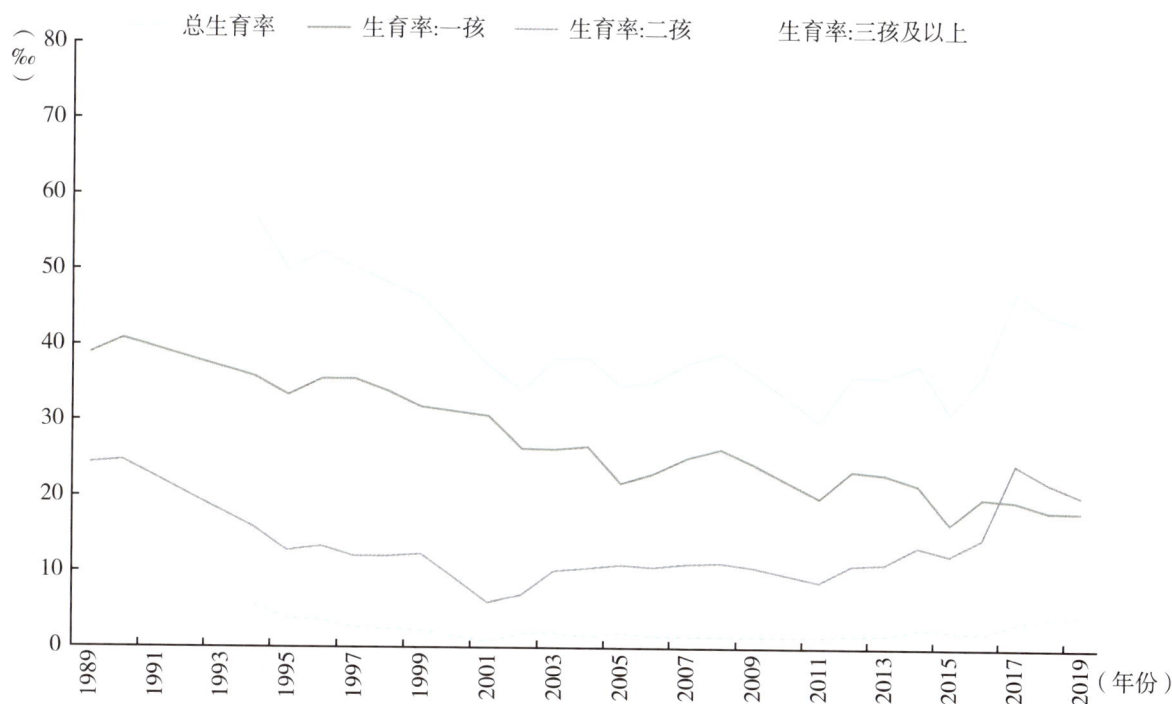

图 10　我国生育率抽样情况

资料来源：国家统计局，课题组整理。

的健康老龄化，从"治病"到"预防生病"及"康复治疗"的前后延伸，建议尽快建立有效的体系，依托社区、医疗卫生服务机构，大力发展康复医院、运动场所、社区康复中心等。

第五，提供产品，平滑养老需求。金融产品是基于多支柱养老保障体系第三支柱的重要支撑，目前国内缺乏系列化、多样化、个性化的养老金融产品，尚没有实现全方位的覆盖，养老金融产品一定要有针对性、全面性。我们从机构角度来进行分析，保险机构是最基础的养老产品提供方，全球各国的养老保障体系里基本养老保险都是不可或缺的，但是随着社会进程的发展，尤其是我国这样快速进入老龄化的发展中国家来说，养老保险的需求迅速扩大，人们对生活品质提升的要求也不再局限于仅仅有基础的养老保险，拓展性的如"出境游""护理险"等险种也是养老保障体系里的短板。对于商业银行来说，商业银行有国内最庞大的客户群体，老年人口的储蓄基本在商业银行中，而现在商业银行在我国的三支柱养老保障体系中发挥作用较弱，与机构的规模相比严重失衡，因此商业银行要利用理财子公司建立契机以及网点广泛、用户基础较好等优势，根据客户的养老需求，设立个性化的养老理财产品，一定要避免同质化的竞争，避免养老属性不足的问题，利用养老噱头推出大众化金融产品，偏离老年群体的需求导向。商业银行同时可利用其物理网点、员工队伍、科技手段和合作机构方面的优势，将养老金融服务与增值服务相结合，打造养老金融服务生态圈。一是提供养老理财规划服务，结合个人的年龄阶段、收入水平、风险承受能力、养老目标等个性化条件，制定合理的养老金积累和支出策略，匹配适合的养老理财产品；二是为居家养老和社区养老提供支撑；三是通过线上线下协同发展，利用手机银行和客服中心提供老年客户智能养老服务。对于信托公司来说，则可以依据信托的优势来实现养老金融的增值化服务。老年人有财产安全、保值增值和遗产分配等需求，当自我意志或身体情况等无法持续实现自我养老时，信托制度是一个可以应对任何变化做出相对反应的机制，是老年人最合适的财产管理方式，因此我国要大力推进养老信托等产品发展。养老信托产品相较于其他养老金融产品，有以下特征：一是信托财产具有独立性，可以有效地与其他资产进行隔离，保障其资产的安全性；二是养老信托可以与相应的养老服务相结合。养老信托通常包括养老金融信托和养老消费信托，养老信托产品由于其专业化的财富管理加之与养老服务的有机结合，极大地满足了客户的养老需求，尤其是解决了高端养老服务高门槛限制的问题。因此，要建立发展全面的养老信托体系，既要考虑到残障等部分丧失民事行为能力老年人的情况，又要兼顾高收入老年人的养老需求。

注释：

1. 2011 年 11 月，中国各地全面实施"双独二孩"政策；2013 年 12 月，实施"单独二孩"政策；2015 年 10 月，中国共产党第十八届中央委员会第五次全体会议公布要实施"全面二孩"政策；2021 年 5 月，明确进一步优化生育政策，实施一对夫妻可以生育三个子女政策及配套支持措施。
2. 参见邬沧萍、姜向群《"健康老龄化"战略刍议》，中国社会科学网，2018 年 12 月 18 日。
3. 参见邬沧萍《健康老龄化战略刍议》，《中国社会科学》1996 年第 5 期。

参考文献：

［1］陈颐、叶文振：《台湾人口老龄化与产业结构演变的动态关系研究》，《人口学刊》2013 年第 3 期。

［2］陈卫民、施美程：《人口老龄化促进服务业发展的需求效应》，《人口研究》2014 年第 38(5) 期。

［3］邵咪咪、郭凯明、杨丽珊：《人口老龄化、经济高质量发展与产业结构转型》，《产经评论》2020 年第 11(4) 期。

［4］Annabi, N., Fougere, M., Harvey, S., "Inter-temporal and Inter-industry Effects of Population Ageing: A General Equilibrium Assessment for Canada", *Labour*, 2010, 23 (4).

［5］Groome, T., N. Blancher, P. Ramlogan, and et al., "Population Ageing, the Structure of Financial Markets, and Policy Implications", G20 Workshop on Demography and Financial Markets, Sydney, 2006.

［6］Mason, A., Lee, R., "Transfers, Capital and Consumption Over the Demographic Transition", *Population Aging, Inter-generational Transfers and the Macro-economy*, 2007, 5(2).

［7］Onselen, P. and W. Errington, "Increasing Fertility Is not the Answer to an Ageing Population", *The Australian*, 22nd November, 2004, Ed：1.

［8］Poterba, J. M., *International Comparisons of Household Saving*, Chicago: University of Chicago Press, 1994.

TWO

▶ **第二章　欧美地区养老金融市场**

　　欧美地区是全球经济最发达的地区，但同时也是老龄化问题率先出现且目前较为严重的地区。虽然欧美地区的经济发展已经达到较高水平，但是受限于人口结构、价值观念等因素，老龄化的趋势无法在短期内得到有效改善，养老金支出带来的公共财政压力是目前欧美大部分国家和地区的难题。考虑到老龄化减少有效劳动力，抑制经济增长，导致需求持续萎缩，陷入低通胀谜团，加重社会负担，财政压力加大等问题，且我国也即将面临较长时期的老龄化问题，因此以有较多应对经验的欧美地区为参考案例，在综合分析养老金融市场机构、产品、服务等特点的基础上，突出介绍养老信托的功能优势及其产品设计，并着重介绍美国、英国、德国等国家的相关养老体系及养老金融尤其是养老信托业务，以期对我国养老金融包括养老信托市场发展给予相关启示意义。

第一节 ▶ 市场概述：老龄化加剧财政负担

　　人口老龄化是近年来全世界所面临的挑战，其主要原因是卫生条件改善，人口寿命增长以及全球人口增长率下降等。按照 65 岁以上人口占总人口比重超过 7% 即进入老龄化社会的定义来看，全球高收入国家相对于中等收入国家和低收入国家来说率先进入老龄化时代，以欧元区和北美地区国家为例，早在 1960 年时欧元区和北美地区的 65 岁以上人口占总人口的比重已经分别为 10.20% 和 8.99%，全球进入老龄化的时代则是到 2002 年才实现，因此与亚太地区主要发展中国家相比，欧美地区进入老龄化时期已经相对较长（见图 1）。然而，从趋势上来看，老龄化问题仍然影响着欧美发达国家，美国人口普查局 2021 年 4 月 26 日发布的最新人口普查结果显示，美国 2020 年人口 3.31 亿，比 2010 年增加

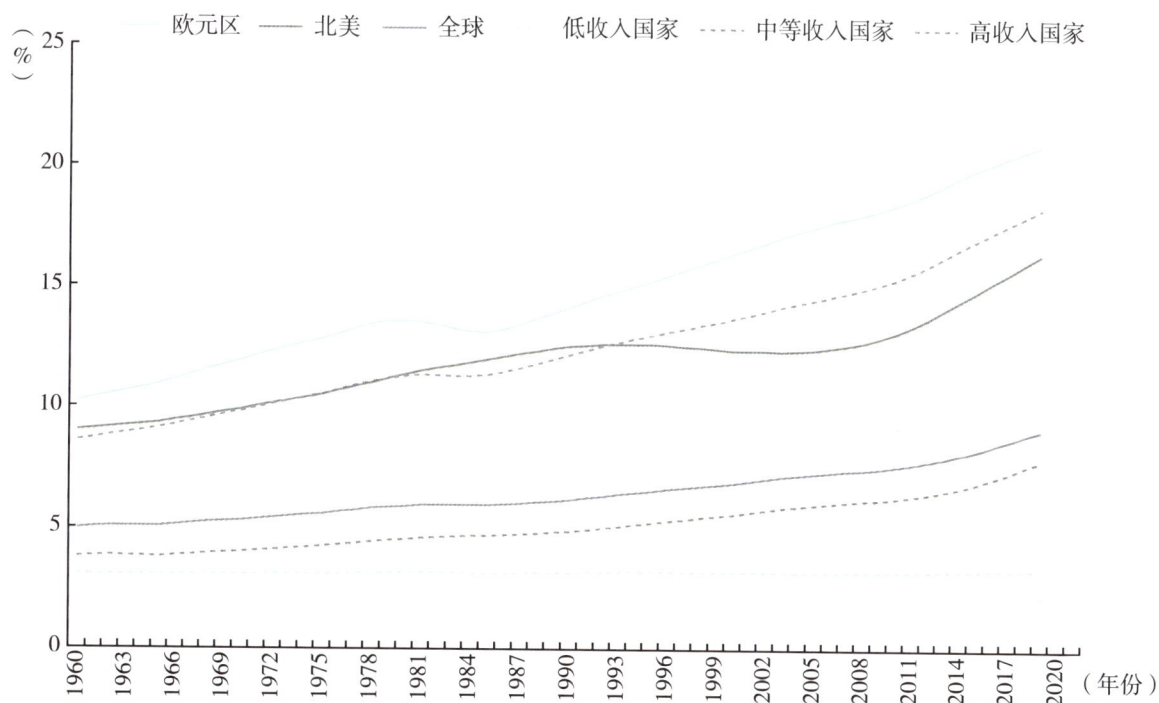

图1　65岁以上人口占总人口比重

资料来源：世界银行，课题组整理。

7.4%，为 20 世纪 30 年代经济大萧条以来最低增幅，主要原因是较低的出生率，加上移民流入的下降和年龄人口结构的变化，预计未来相当长的时间内，老龄化的现象仍然得不到有效缓解。

虽然欧美地区目前经济发展程度较高，没有承受过当前发展中国家面临的"未富先老"的养老问题，但是由于其长期以来的老龄化问题及人口结构转变无法解决，养老问题仍然不可小觑。从老年人口抚养比来看，高收入国家的老年人口抚养比仍然是全球最高的，截至 2019 年该数据为 27.97%，而同期中等收入国家和低收入国家分别为 11.76% 和 5.97%（见图 2）。

抚养比的不断上升，导致社会养老负担加重，部分国家财政问题严重。目前法国国内生产总值的14% 用于公共养老开支，根据法国政府预计，如果没有进一步的改革措施，到 2025 年，公共养老开支的缺口将达到 170 亿欧元。而意大利、希腊等国的形势更为严峻，其中意大利公共财政的约 30% 用于养老金开支。德国虽然是最早建立现代社会保险制度的国家，但是其养老经费也面临较大的问题，德国评级机构将养老金开支负担列为影响德国主权信用评级的最大不稳定因素。

综上而言，老龄化现象在欧美国家已经持续较长，虽然有着较好的经济支撑，但趋势上难以逆转，

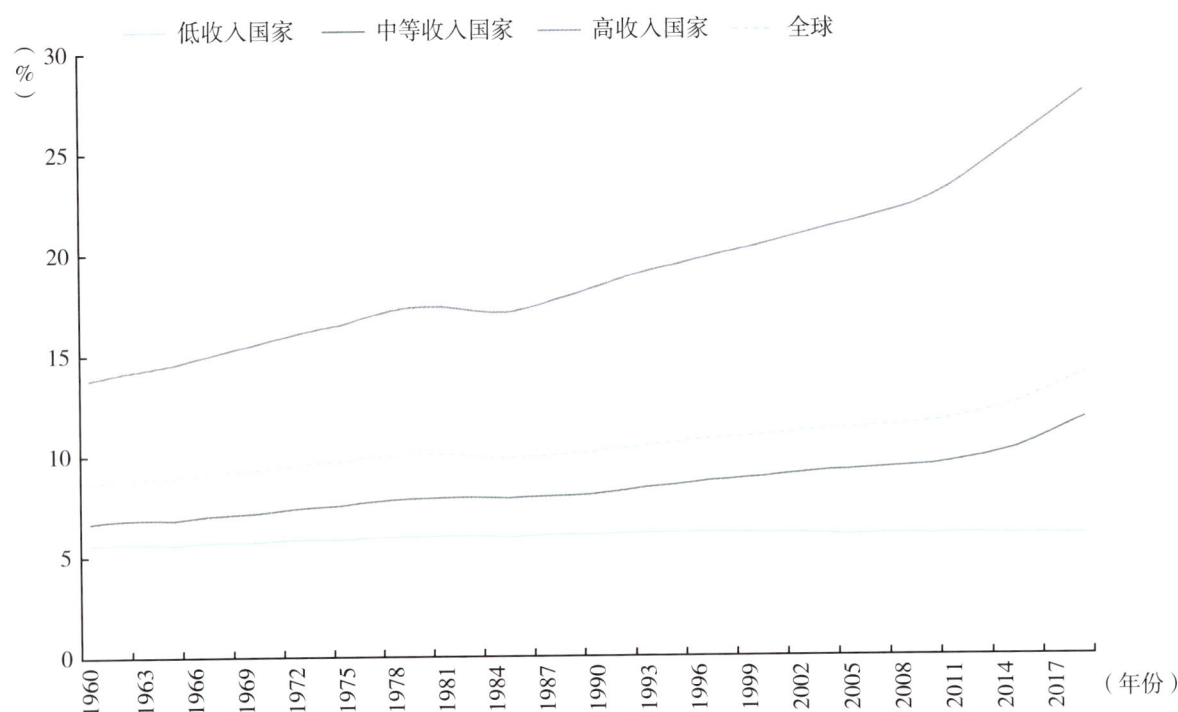

图 2　老年人口抚养比

资料来源：世界银行，课题组整理。

且财政压力逐年加大，如何从社会及个人角度化解老龄化问题是减轻财政负担的一个方向。为此，欧美地区普遍实现了三支柱的养老金融体系来应对老龄化程度的加深，各类金融机构提供满足多样化需求的养老金融产品。

第二节 ▶ 参与机构：银行信托与非银机构

养老金融的含义有狭义和广义之分。狭义养老金融体系是由有关金融监管机构统一管理、以解决养老问题为目标、以养老产业为依托，由社会基本养老保险、企业年金、商业养老保险、养老储蓄、养老住房反向抵押贷款、养老信托、养老基金等金融服务方式组成的统一体系。广义养老金融的概念则是包括为满足全体社会成员养老需求而开展的活动的统称，内容涵盖以养老金制度安排和养老金资产管理为主的养老金金融、以金融机构围绕老年人财产管理需求而进行相关金融服务为主的养老服务金融以及金融支持养老产业投融资的养老产业金融（熊鹭，2021）。从定义可看出，养老金融实际上是一个涉及整个国家几乎全部金融机构的体系，从目前养老金融的参与机构类别来看主要有保险、基金、证券、银行等金融机构。由于欧美国家的银行和信托基本处于兼营状态，因此从大类上来看可分为"银行 + 信托"与非银机构两大类。"银行 + 信托"的模式使得银行可以兼营银行和信托业务，但两者一般采用业务上的隔离措施。如美国 1999 年颁布的《金融服务现代化法案》打破分业经营的界限，实行混业经营的金融管理体制，正式允许证券、保险、银行等机构混业经营。但是，美国的信托业务和银行业务要严格分离，一般信托新业务由银行设立的信托部和专门信托公司开展，然而专门信托公司数量较少，目前大部分的信托业务由大型银行设立的信托部所垄断。德国的商业银行则有"全能"的概念，根据德国《银行业务法》，全能银行的经营范围是存款业务、贷款业务、贴现业务、信托业务、证券业务、投资业务、担保业务、保险业务、汇兑业务、财务代理业务、金融租赁等所有的金融业务。银行与信托之间也明确分开，但两者的产品和服务无明显区别。

非银金融机构方面，基金公司和保险公司是重要的养老金融产品提供机构。美国参与养老金融产品开发的保险公司主要是寿险公司，寿险公司可以在资产管理和养老产业开发方面发挥作用。美国的共同基金则更是全球规模最大的共同基金市场，在美国 34.8 万亿美元的退休资产中，DC 计划［以 401（k）为主］和个人退休账户占据了 60% 之多（见图 3）。而 401（k）计划和个人退休账户资产的主要投向就是共同基金。

美国投资公司协会（The Investment Company Institute，简称"ICI"）截至 2020 年底的数据显示，个人退休账户（Inpidual Retirement Accounts，简称"IRA"）资产中寿险公司资产已经达到5190 亿美元，而共同基金有 5.46 万亿美元。

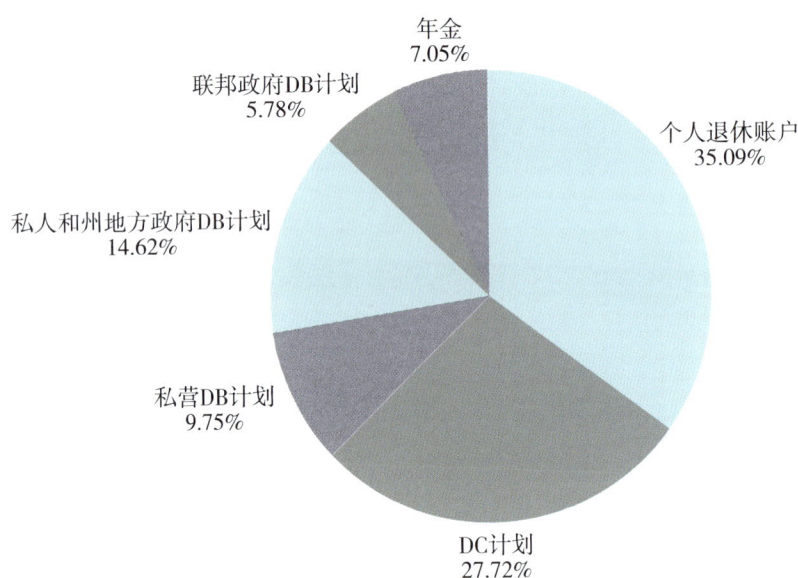

年金
7.05%

联邦政府DB计划
5.78%

个人退休账户
35.09%

私人和州地方政府DB计划
14.62%

私营DB计划
9.75%

DC计划
27.72%

图 3 美国退休资产结构
资料来源：ICI，课题组整理。

德国的保险公司主要包括寿险公司、私人医疗保险公司、非寿险公司和再保险公司。在德国社保体系的改革背景下，寿险行业成为满足养老体系发展的主要挖掘行业。德国的共同基金则由投资管理基金公司管理，该公司采取合资或有限责任的公司法律形式运营，其股东通常为银行或保险公司，共同基金的最重要销售渠道是银行及其遍布全国的分支机构，截至 2019 年，共同基金占养老保险基金中的比例已经高达 51.45%，而在 1995 年时该比例仅为 20.70%（见图 4）。德国的共同基金按照投资方向可以分为证券基金、房产基金、货币市场基金、混合证券和房产基金、AS- 基金和基金的基金六类。

可以发现，欧美地区的主要养老措施是通过资产管理业务实现养老金的保值增值等，而信托制度则是美国等主要发达国家发展养老业务的核心。欧美大部分国家和地区没有独立的信托公司，一般通过银行兼营信托业务，但是信托制度有独特的风险隔离制度优势，美国《雇员退休收入保障方案》规定养老金资产必须以信托方式进行管理和处置，目前美国的公共养老金、雇主养老金和第三支柱 IRA 账户均采用了信托型管理模式。由于美国不允许商业银行从事投资银行业务，商业银行为了避开这一限制，就通过设立信托部来办理证券业务，所以几乎各种信托机构都办理证券信托业务。通过信托方式来进行财富管理已经成为美国人生活不可或缺的一部分，而证券投资信托也成为美国资本市场上最重要的机构投资者之一，其中以共同基金、房地产投资基金和养老基金信托最具代表性，这对信托业参与第三支柱建设有充分的借鉴意义。从信托制度的应用层面来看，相比于商业银行理财、保险资管、基金产品等，信托的财产隔离、灵活多变可以使老年人通过信托实现诸如财富传承等个性化诉求。

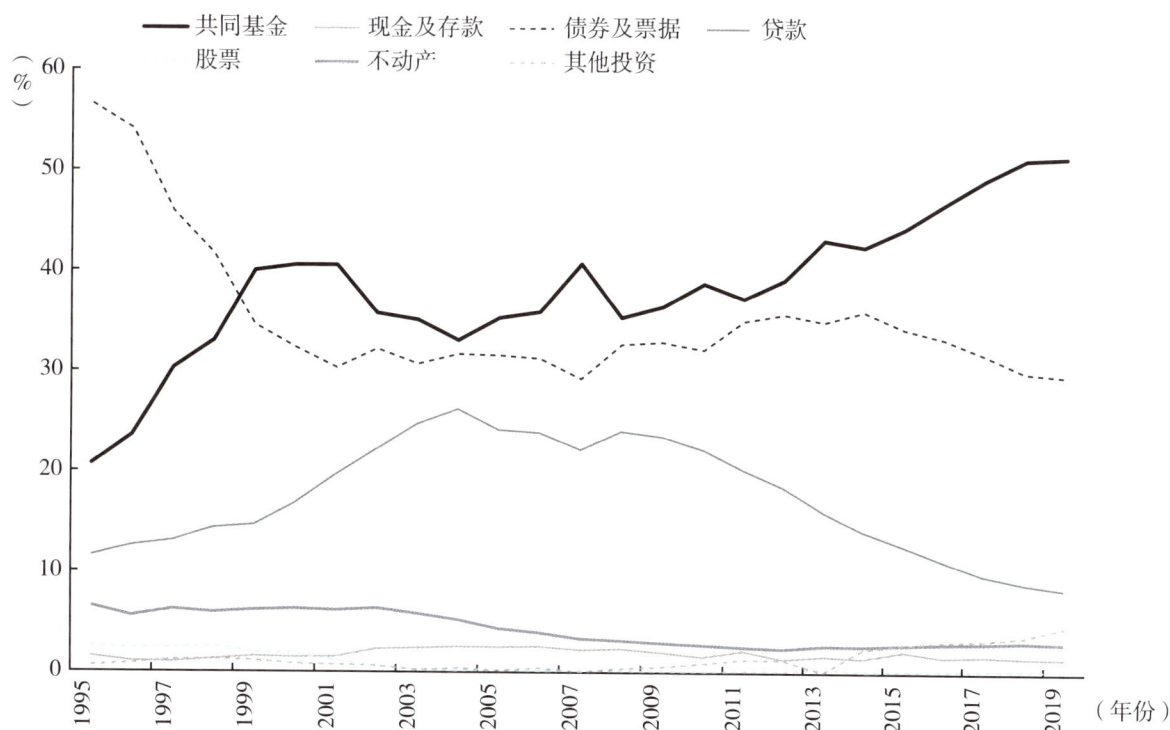

图4　德国养老保险基金构成

资料来源：课题组整理。

第三节 ▶ **市场发展：传统、税优与信托**

欧美主要国家目前基本上构建了三支柱的养老金融体系，且表现出第二支柱和第三支柱占比较高，而第一支柱占比较低的特点。更进一步来看，从养老体系的搭建演变进程来说，即便如美国这样的发达国家也会面临第一支柱资金难以持续维持养老需求的问题，因此第二支柱和第三支柱在高速老龄化背景下的作用性也更为突出。值得关注的是，信托制度是美国养老金融产品的一大特色，其在第一支柱就采用了独立信托基金运营的模式，第二支柱和第三支柱中的信托制产品更是规模较大。纵观欧美发达国家第二、第三支柱发展进程，税收优惠制度在其中发挥了重要作用，诸如延迟纳税（EET）和免税养老（TEE）等税收优惠制度的推出促进了社会养老、个人养老账户的发展。

一 传统模式："三支柱"

三支柱的养老金融体系由世界银行首先提出，当前欧美主要国家均构建了该体系，而且与我国第一支柱占比最大所不同的是，海外成熟市场的第二支柱和第三支柱占比较大。以美国为例，美国三大支柱分别为：第一支柱为联邦公共养老金（OASDI），主要体现为社会保障；第二支柱为雇主养老金，分为收益确定性模式（DB）和缴费固定性模式（DC）两类，主要表现为雇主补充养老；第三支柱为个人退休账户（IRA），主要为私人储蓄养老。第一支柱是在 1935 年的罗斯福新政下推动建立的，主要资金来源为雇员和雇主缴纳的工资税。联邦公共养老金采用两个独立信托基金运营的模式，分别为老年和遗嘱保险基金（Old-Age and Survivors Insurance, OASI）与伤残保险基金（Disability Insurance, DI），其中又以 OASI 为主，占比超过 90%。但是 OASDI 属于现收现付制类型，在老龄化不断增长以及投资收益率不断下降的背景下，OASDI 的资金持续能力堪忧，根据 2019 年年报数据预测，OASDI 预计在 2034 年就会完全耗尽。美国的第二支柱雇主养老金是目前美国养老金体系中规模最大的，截至 2020 年底，ICI 数据显示，美国第二支柱总体规模已达 20.133 万亿美元。值得说明的是，第二支柱的模式设计立足于信托制度。例如，401（k）计划是最典型的第二支柱，401(k) 计划由 1978 年美国《国内税收法》第 401 项 k 条款规定推出，主要针对私营企业雇员，在企业主导下由雇主和雇员共同进行缴纳，雇员退休后可以选择一次性领取、将其转入个人退休账户或者其他退休计划以及分期领取等方式。建立 401（k）计划的大型企业一般采取受托委员会形式。其成员可以是来自公司内部员工，也可以是来自外部的人士。中小企业一般选择第三方受托机构，其主要代表养老计划参与者的利益，严格按照信托契约的职责规定来负责计划的具体运作管理，包括投资管理人、托管机构、行政服务与筛选账户管理人以及计划的运作管理，同时负有向监管机构和参与者进行信息披露的责任。第三支柱个人退休账户（IRA），是美国于 1974 年设立的第三支柱个人储蓄计划，截至 2020 年底总规模为 12.21 万亿美元。

其他欧美发达国家也基本是三支柱的养老体系，如德国第一支柱为法定养老保险，第二支柱为企业补充养老保险，第三支柱为私人养老保险；加拿大第一支柱为老年保障金及政府强制性养老金，第二支柱为雇主养老储蓄，第三支柱为注册养老储蓄计划及免税储蓄账户；英国第一支柱为国家养老金，具有一定强制性，由税收总署通过保险税的方式统一征收，第二支柱为职业养老金，英国政府要求所有雇主必须加入这一计划，第三支柱为个人养老金，通常由个人自己选择（见表 1）。

表 1　欧美地区部分国家三支柱养老模式

国家	第一支柱	第二支柱	第三支柱
美国	联邦公共养老金	雇主养老金	个人退休账户
德国	法定养老保险	企业补充养老保险	私人养老保险
加拿大	老年保障金及政府强制性养老金	雇主养老储蓄	注册养老储蓄计划及免税储蓄账户
英国	国家养老金	职业养老金	个人养老金

资料来源：课题组整理。

二　税优模式：多措并举

从欧美地区的养老金融市场发展来看，第二支柱及第三支柱得到高速发展的重要原因之一就是税收优惠政策。美国在 1957 年时出现过养老保险基金入不敷出的问题，之后通过提高社会保障税率扭转了这一情况。但是在人口老龄化的长期发展背景下，现收现付的制度难以维持养老金的持续支出，通过个人退休制度进行养老的方案提上议程。1984 年，美国国会通过了《雇员退休收入保障法》，个人退休制度（IRA 制度）正式起用。与此同时，通过修订《国内税收法》规定所有养老基金账户一律免税，并针对 IRA 给予"延迟纳税"的税收优惠，即在个人账户存钱的当年，不记入个人收入，但退休后从账户中取钱时需要缴纳取款当年对应金额的个人所得税。IRA 制度由个人自愿参与，是推动第三支柱养老保障体系发展的重要因素，其一大优势就是含有税收优惠政策。目前美国 IRA 有三种账户类型，一是传统型 IRA 制度，即 EET 模式[1]，此模式下采用个税递延的税收优惠政策，个人注入账户的部分收入可以在达到领取年龄的时候按照当时的税率缴纳个人所得税，其好处主要包括向传统型 IRA 供款有抵税可能（取决于收入水平）、收益可延联邦税增长等。二是罗斯型 IRA 制度，即 TEE 模式，个人将税后的收入注入该账户，则该账户产生的投资收益不用缴纳个人所得税，其运营采取开放式，银行、证券、基金、保险等金融机构均参与其中。三是雇主发起型制度，进一步可分为 SEP 和 SAR-SEP 型以及简单型 IRA 制度，该模式适用于小企业，允许雇主进行税前扣除，个人部分不进行缴税，在提取养老金时进行缴税。在选取采用何种 IRA 计划时，一般个人需要考虑纳税等级、退休年限等问题，目前来看，传统型 IRA 仍然是美国目前主要采用的，截至 2020 年，传统型 IRA 资产占 IRA 资产总额的 84.28%，但同时也能看到罗斯型 IRA 近年来得到高速发展，1998 年时罗斯型 IRA 占 IRA 总资产的 2.64%，截至 2020 年已上升至 9.91%（见图 5）。

德国也面临着人口迅速老龄化和养老体系财政不可持续的矛盾，为了缓解社会压力，德国也进行了多次改革，主要集中于提高退休年龄，引入私人养老金等。在近代比较有重要意义的是 2001 年的里斯

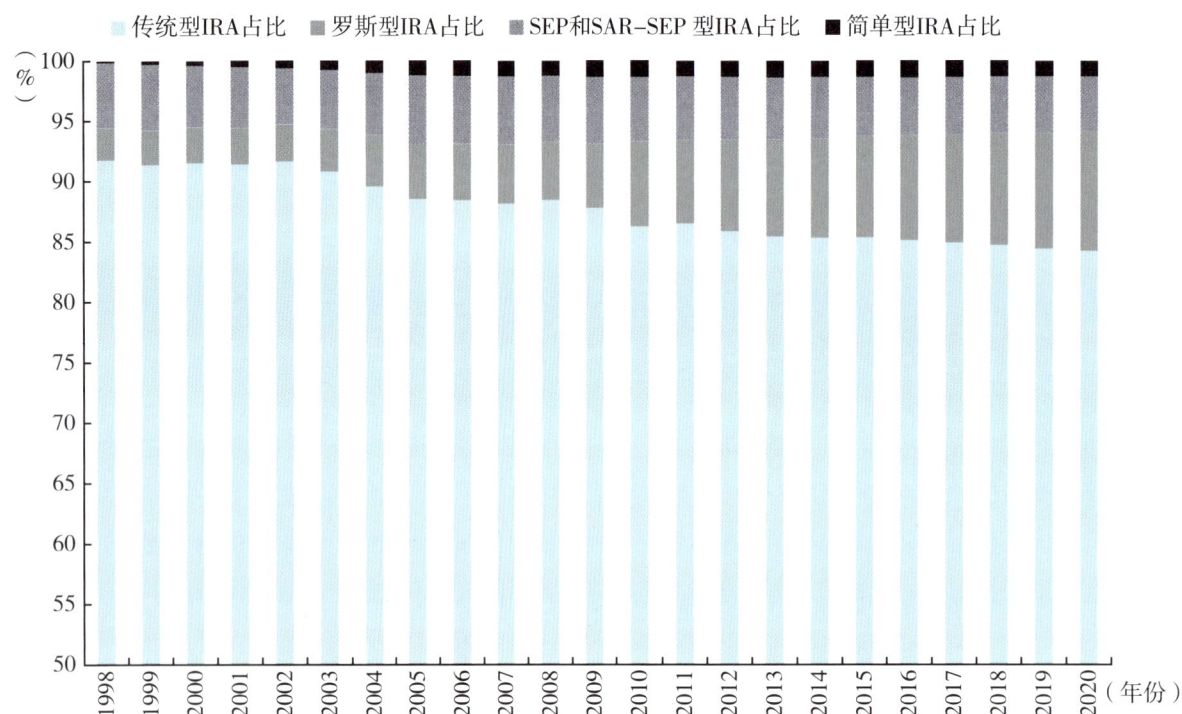

图 5　美国 IRA 体系

资料来源：ICI，课题组整理。

特改革。《里斯特养老金改革方案》生效于 2002 年 1 月 1 日，改变了德国长久以来的现收现付框架中由国家相对单一承担养老责任的状态，该法案通过引入私人养老金作为额外的养老金支柱，实现养老保险体系的多支柱发展模式。其支持发展的模式主要采用了补充养老金的缴纳通过税收递延和税收减免的方式，或者通过职业养老金计划和私人养老金的直接补贴得到激励，直接补贴包含基本补贴和子女补贴。之后，Rürup 委员会建议改变职业和私人养老金的管理，引入 EET 类型征税养老金，第二支柱和第三支柱在税后优惠制度的支撑下快速发展。

加拿大的个人储蓄分为注册类和非注册类两类，非注册类账户不能享受税收优惠政策，注册类个人储蓄计划则分为 RRSPs 注册养老储蓄计划、RRIF 注册养老收入基金和 TFS 免税储蓄账户等类型。其中 RRSPs 和 RRIF 两者均采用 EET 的税收优惠模式，区别在于缴费方式的不同，RRSPs 按月缴费，延期领取，RRIF 则是采用趸交，即期领取的方式。TFS 免税储蓄账户则采用 TEE 的税收优惠方式。可见，加拿大的优惠模式和美国相似，均提供了 EET 和 TEE 两种不同的税收方式供个人投资者进行选择。

三 信托模式：信托基金等

信托起源于 18 世纪的英国，在 18 世纪末 19 世纪初引入美国并得到充分发展。由于信托制度实现了财产所有权和受益权的分离，具有其他金融产品所不具备的优势，因此在财富管理方面有重要的地位，在养老金融中也发挥着重要作用。以英国和美国为例，英国养老保险基金是由雇主设立并通过签订信托契约的方式进行管理，委托人将投资管理权委托给受托人，一般为基金管理公司，政府不干涉基金公司的运作，但对基金公司实行监督；美国信托在养老金融领域的应用则主要包括生前信托、预备信托、资金管理信托、遗嘱信托等。资金管理信托比较有代表性的就是养老信托基金，美国社保体系中的养老信托基金最早出现在 1935 年，罗斯福新政中的《社会保障法》为其发展提供了土壤，该法案规定"各州政府提出的第一方面的养老金计划，联邦政府拨款授予以鼓励其州养老金法的制定"，此外，法案还明确了退休金即第三方面养老保险由联邦政府独立管理。此后，为缓解老龄化对社会财政带来的压力，雇主养老金计划和个人储蓄养老金计划逐步发展起来，而也主要采用信托投资基金的方式。遗嘱信托则是另一个养老金融的表现，主要用于处置和管理遗产，可算作养老的后续。养老信托发展的原因主要是美国对遗产继承会征收高额的遗产税，遗嘱信托一方面可以帮助老年人提前安排好财产规划，另一方面也可以实现避税。

第四节 ▶ 服务体系：一体化服务

　　近年来，保险公司的服务内容由传统的基本保障开始延伸到财富管理领域，其服务功能兼具保障与资产增值功能。一方面可以通过保单实现医疗、意外、子女等基础保障，另一方面可以通过人寿保险等实现避税功能。如法国政府将人寿保险纳入了避税和减免社会分摊金的措施；美国 IRA 计划实质上也是通过商业养老计划的方式实现了避税。

　　基金公司则是养老体系的主要资产管理方，可以实现养老金的保值增值。以美国为例，美国的共同基金是目前普通家庭退休账户里持有的核心金融资产之一。根据美国投资公司协会（ICI）的数据，截至2019 年 3 月，美国退休金账户中的个人退休金计划持有的共同基金资产达 4.37 万亿美元。与此同时，为适应个人不同生命阶段的资产需求，美国还有专门设立的生命周期基金（Life Cycle Fund），1993年美国市场上推出了第一只生命周期基金——BGI 2000 Fund，初始的需求对象就锁定为以 401（k）计划为代表的退休金市场上。生命周期基金的主要发展在于 2006 年通过的《养老金保护方案》，该法案规定了若雇主向雇员提供合格默认投资选择（Qualified Default Investment Alternatives），就可以在投资出现损失时免于承担受托责任，生命周期基金就属于其中一类。

　　考虑到欧美大部分国家银行与信托为兼营业务，而银行在养老体系中主要依赖于信托功能，因此主要从信托的功能出发分析其服务体系。从欧美发达国家的实践情况来看，信托制度已经深入各种各样的养老金融服务之中，并且依靠制度优势及规模化推广构建了可以面向社会大众提供的"一站式"金融服务，与此同时，针对重点客户的需求可以量身定制多样化金融服务，提供"个性化"产品。以美国北方信托公司（Norther Trust Corporation）为例，其提供的服务模块主要包括资产服务、投资管理和财富管理三类。资产服务体系下包含另类资产服务、银行及流动性服务、资本市场服务、数据解决方案、前中台办公室服务、基金服务、监管服务、退休解决方案以及证券服务；投资管理方面从策略和措施两方面着手，策略主要包括权益策略、固收策略、多资产策略以及另类资产策略，措施则包括可持续投资、退休、流动资金、Outsourced CIO、Flexshares ETFs、共同基金；财富管理则包括投资、财富规划咨询服务、信托及地产服务、银行业务、企业主服务、家族办公室服务、非盈利服务等（见图 6）。

　　因此对比保险公司、基金公司以及信托银行来看，保险公司主要还是提供基本保障功能，兼具一定避税及资产保值增值能力，基金公司则主要依靠投研优势提供资产管理业务，保险公司和基金公司两者都欠缺一定的综合化服务能力；而欧美国家的信托和银行一体化导致其很容易提供"一站式"的金融服务，通过信托制度可以满足全方位的养老金融需求（见表 2）。

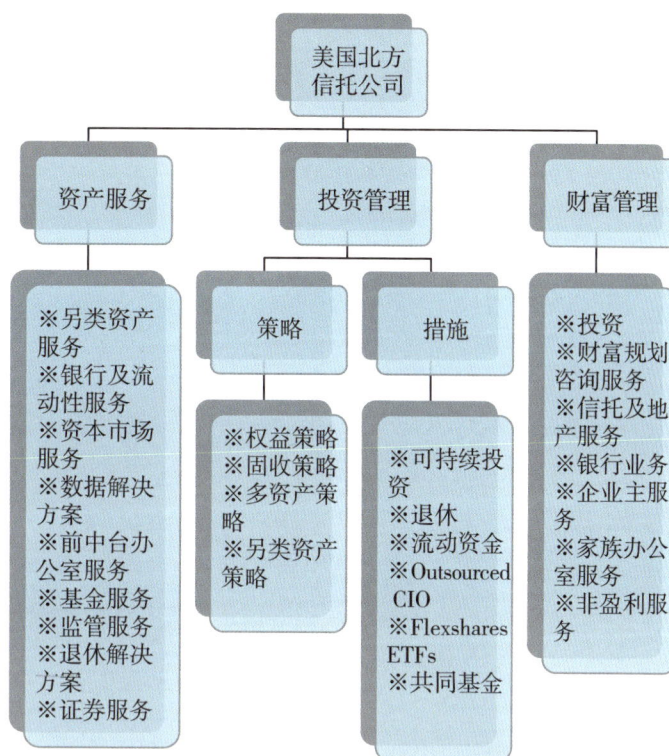

图 6　美国北方信托公司提供的服务

资料来源：美国北方信托公司，课题组整理。

表 2　欧美国家主要机构参与养老金融服务产品优劣势分析

	主要服务	优势	劣势
保险公司	基本保障、避税、资产保值增值	保障、一定资产管理能力	综合化服务能力
基金公司	提供资管业务	资产管理	综合化服务能力
信托银行	"一站式"金融服务	资产隔离，满足多样化、个性化的客户需求，产品丰富	—

资料来源：课题组整理。

进一步从信托产品的应用来看，我们发现欧美国家信托创新性突出，并且不乏与保险等相结合的产品，可以满足多样化的养老金融需求。具体来看，欧美国家近年来借助金融创新技术与信托功能优势相结合，创设了诸如个人养老金信托、遗嘱信托、企业年金信托、表决权信托、员工持股信托、子女信托、离岸信托等一系列创新型信托产品，全面提供包括咨询、托管、养老、传承、慈善等在内的专业化信托服务，丰富了信托发展业态，有效满足了人们对金融服务多元化、差异化的需求。我们以部分信托产品为例：

GRAT 案例：

60 岁的 A 先生在 2010 年以 1000000 美元的资金设立 GRAT，规定自己在未来 10 年中每年收到年金 50000 美元。根据美国 7520 section 规定的利率，假设为 1.8%，则 A 先生未来 10 年的年金总现值为 396260 美元，信托资产剩余的价值为 603740 美元。这 603740 美元将在创立 GRAT 时征收赠与税，到期后免税转移给受益人。信托资产增值超过 1.8% 的部分，都可作为礼物免税赠给受益人。10 年内，如 A 先生不幸辞世，则信托失效，剩余资产还是成为应税遗产的一部分。

其一，赠与人保留年金信托（Grantor Retained Annuity Trust,GRAT）——在满足养老需求的同时实现财富传承。最典型的赠与人保留年金信托方式是委托人将资产放入不可撤销信托，信托每年向委托人支付年金，信托期满时受益人获得信托剩余财产。本方案在委托人获得固定年金时需要缴纳所得税，而信托期满剩余财产转让给受益人时需要缴纳赠与税，但是 GRAT 将资产价值冻结在信托成立时，因此赠与税的缴税基准是信托剩余财产的现值。此外，如果信托实际投资收益率能够超越折现率，信托的增值部分无须缴纳赠与税。因此，在此背景下信托的真实收益率越高，节税效果越明显，置入资产优先可以选择股票、地产等。该信托方式较为适用拥有较多养老资产，但需要为财富传承所考虑的老年人，一方面通过固定的年金实现财富的管理，另一方面也可以通过该计划实现避税的目的。

其二，合格个人住宅信托（Qualified Personal Residence Trust,QPRT）——满足养老住房需求的同时实现房产传承。QPRT 于 1990 年经美国国会创建和通过，其允许物业所有人在生前将常住物业转至信托名下，此时伴随着所有权的转移。信托存续期内，原来的物业所有人可以继续居住，信托期满后，自动将物业产权和使用权转让给信托受益人，原物业所有人如还想继续居住则需要向后来的物业所有人缴纳租金。此模式的特点就在于节省遗产税，信托期满而委托人未离世的情况下，节税效果主要包括：一是可以降低应税金额，由于受益人在存续期满后才能获得物业的产权和使用权，所以对应的应税标的是物业的折现价值，信托存续期越长，物业贬值越多；二是物业增值部分不用缴纳遗产税或者赠与税；三是信托期满后，委托人可以以房租形式，实现额外的财富转移，避免遗产税和赠与税。但是此产品也有一些风险点，比如委托人如果提前身故则无法达到节税效果，另外，如果受益人没有足够的赡养动力，委托人采用此种方式虽然可以避免遗产的高额征税，但在信托期满后房子的所有权改变将导致委托人存在老无所居的可能。此种模式在之后有所演变，如台湾的安养信托可以通过专业的租赁住宅服务机构对所有的房屋进行出租及租后管理，租金收入自动纳入信托专户集中管理，满足老年人养老需求。

QPRT 案例：

　　60 岁的美国老人麦克想将他自己的个人房产传递给下一代，假设该套房屋价值为 25 万美元，采用合格个人住宅信托，为期 10 年，将大大地减少税费承担。具体算法如下：如果该房产直接通过赠与传递给下一代，受益人应纳税金额为 9.1 万美元，约占物业总价值的 36.4%，实际传递给下一代的财产只有 15.9 万美元，只占房产价值的 63.6%。而若采用 QPRT 的模式，假设按照联邦中期利率为 6%，根据信托协议规定，委托人可以使用住宅 10 年，但信托期满时，它将属于委托人的孩子，结果将是委托人赠与个人住宅价值 13.96 万美元，而非 25 万美元，所需缴纳的税金为 5.1 万美元。同时 25 万美元的资产将从赠与人的总遗产中扣除，以免征收联邦遗产税，也就是说委托人将这套房子赠与孩子时，实际纳税额为 5.1 万美元，大大降低了房屋受赠人的税收负担。如果 QPRT 的期限是 20 年，那么这套住宅价值只有 7.8 万美元，赠与下一代时所需缴纳的税额就更少了。

　　此外，美国还有住房反向抵押模式。近年来对我国影响较大，虽然没有采用信托制度，但我国有学者也研究了在养老地产中引入信托的可能性。美国的住房反向抵押主要包括住房价值转换抵押贷款（HECM）、住房保留（Home Keeper）计划和财务自由计划（Financial Freedom Plan）三类，其中住房价值转换抵押贷款主要由联邦住宅和城市开发部设计，银行、保险等金融机构承办，联邦住房管理局担保。主要原理是联邦住宅和城市开发部向老人提供住房反向抵押，贷款给付方式可以选择终身给付、固定期限给付或信用限额给付等方式，老人住在该住房内，直到其死亡、永久搬离或超过 12 个月没有实际居住才到期清偿贷款。办理贷款时申请人需向联邦住房管理局购买保险，由联邦住房管理局为其提供担保。住房保留计划则基本与住房价值转换抵押贷款相似，只是没有联邦住房管理局的担保，可以选择其他保险公司投保。财务自由计划则是由私营公司经营的反向抵押贷款业务，该产品的贷款对象主要为拥有高档住宅的老年人。基于上述模式，吴雪伟（2014）认为信托兼具财产管理功能与资金融通功能的管理模式，契合了以房养老的房产管理需求与养老金保障需求，因此也可以将信托与以房养老相结合，实现房地产养老信托模式。

第五节 ▶ 经验借鉴：双轮驱动

从欧美国家的养老金融市场发展进程来看，大体经历了由第一支柱到第二、第三支柱发展的养老保险体系，而支撑第二、第三支柱发展的一个重要原因就是税收优惠制度。另外，信托制度在养老金融市场中的广泛运用，无论是养老保险基金的信托化运作还是针对养老需求的其他信托产品，欧美国家均给予了一定借鉴意义。我国近年来也开始注重大力发展第二、第三支柱，鼓励扶持政策促进养老事业发展。因此，结合欧美发达国家的养老金融案例与发展趋势，提出如下几点建议。

一　建立税收优惠政策，发展第二、第三支柱养老体系

税收优惠制度是欧美国家第二、第三支柱发展起来的重要原因，目前我国第二、第三支柱规模较小，要进一步发挥税收政策作用。整体来看，当前的税收优惠政策激励力度仍相对不足，导致虽然金融机构都已经着手在发展养老金融产品，但是制度土壤尚不充分，产品吸引力有限。2018 年 4 月 11 日，财政部等五部门联合发文《关于开展个人税收递延型商业养老保险试点的通知》，标志着中国版个税递延型养老保险制度的全面落地。但从当前我国试点的 EET 模式来看，仍然有一些不足之处导致实施效果有限。首先，税收覆盖面相对有限，根据规定：个人缴费按 6% 和 1000 元孰低原则税前扣除；投资收益暂不征收个人所得税；个人领取时 75% 部分按照 10% 的税率缴纳个人所得税。个人所得税法的修改，进一步提高了个税起征点、增加了个税抵扣项。叠加个税政策调整的双重影响，实际能享受到税收优惠政策的人群主要为当期个人所得税适用税率为 20% 以上的人群，政策覆盖面有限。其次，税收减免力度吸引力较小，我国个人投资者只需对股息和红利缴纳个人所得税，对于资本利得不用缴税，因此第二阶段的免税优惠对我国个人投资者吸引力较小，税前扣除额度偏低也难以对高收入群体产生吸引力。

故而，我国一方面要改进税收体系，扩大 EET 模式税收优势的投资范围，划分好养老鉴定，将基金、信托产品等加入 EET 税收优惠政策中，提高个人养老积极性；另一方面也可以参考美国和加拿大模式，采用 EET 和 TEE 等多种税收优惠政策供个人投资者选择，扩大受益人群，当个人预期未来收入能有较快增长时选择 TEE 模式，而预计未来收入下降时选择 EET 模式。另外一个值得关注的是，欧美国家对于个人养老金融产品的认知是一个"必需品"，我国目前大部分人群对个人养老的认知尚不充分，企业养老年金等参与力度也不够充分，这主要是由多方面原因造成的，包括企业养老金只有在退休或者移民或者身故时才能取出，虽然企业实行了个人与企业 1:2 甚至 1:4 的资金缴付政策，但考虑到企业缴付部分会根据服务企业的工作年限按比例进行提取，而个人部分会一直冻结到可以领取养老金时，如果遇

到换工作后新单位没有企业年金管理机构，还需要自费缴纳管理费，这成为限制企业年金发展的一个因素。因此，未来个人养老金账户的设立也迫在眉睫，建议可以实行国家、企业、个人养老金的互通与划转，增加养老金提取方式，如遇到重大疾病、资不抵债等情况时可以提取养老金，否则目前的养老金更像是"减轻后代负担的工具"，而非对未来自己的保障。

二　探讨信托与其他机构合作，加强产品创新能力

信托与其他机构的合作可以包括但不限于金融机构、资产评估机构、资产运营机构等。从欧美发达国家的部分金融产品可见，信托基本可以融合在大部分模式之中，比如采用信托制的养老基金、保险与信托结合的保险金信托等。以保险金信托为例，其是以保险金为信托资产，由委托人（人寿保险信托中，委托人往往以自己作为被保险人、子女作为受益人，设立人寿保险合同）和信托机构签订保险金信托合同书，当被保险人身故发生理赔或满期时，保险公司将保险赔款或满期保险金交付于受托人，由受托人依信托合同的约定管理、运用，按照信托合同约定的方式，将信托财产分配给受益人，并于信托期间终止或到期时，交付剩余资产给信托受益人。在信托关系发生前，信托的资金主要来源于保险金；在信托关系发生后，由信托机构设立保险基金账户，并按照委托人的意志可继续被安排用以投资于保险。美国为了最大化程度地获得可能的财富转移税减免，主要采用了不可撤销人寿保险信托（Irrevocable Life Insurance Trust，ILIT）的模式。在不可撤销人寿保险信托合同中，委托人将保单所具有的一切权益转移给受托人，即受托人为保单的所有者。此时，受益人拥有不可撤销的、法律上已经确定的未来收益，实现了保单与被保险人的完全分离，达到了美国税法关于死亡保险金免征遗产税的规定。当然，信托也可以根据需要与资产评估机构和资产运营服务机构等合作，一方面在设立信托时需要进行财产评估，客观反映委托人的利益；另一方面信托可能在某些产品的运营上不具有充分的专业性，可以通过特定的资产运营服务机构实现委托人财产的保值增值。

而在产品创新方面，信托有相对于银行等金融机构所不具备的一体化服务能力，应从信托本源出发，以老年人需求设计产品。以前述住房反向抵押为例，2013 年，国务院印发的《关于加快发展养老服务业的若干意见》明确提出开展老年人反向抵押养老保险试点，但是由于我国的文化传统、土地期限、费用问题等，实施效果不理想。从操作层面来看，我国目前实行的以房养老操作方式主要有以下两种：第一种是将房屋抵押给银行，银行评估后每个月给予贷款，在老年人去世之后银行获得所有权；第二种是老年人搬至养老机构或更小的居所，银行将房屋出租并将房屋租金给予老年人养老。实际上在实施操作时，信托更具有操作性，主要原因是信托更具备受人之托的特征且具有更大的灵活性，如中信银行在 2011 年试点时规定了抵押期限为 10 年，这实质上不符合养老的需求，通过信托方式更适合于灵活满足

老年人的需求，适应金融环境的变化。另外，老年人在和银行商谈以房养老细节时往往占据相对弱势地位，而信托的实施主要还是依据老年人的委托，老年人在委托时可以依据自身的需要选择是否保留房屋所有权，同时也保留对受托人更换、解除的权利。更进一步地来看，住房反向抵押与信托制度的结合能够将固定资产的未来价值变现换取当下的现金流，因此此类养老信托产品可以更进一步地衍生至具备保值、长期存在等特征的固定资产，实现多样化的养老需求。

三　加强信托公司资产管理能力，实现资管与事务双轮驱动

与欧美国家所不同的是，我国的金融体系以商业银行为主，作为海外重要机构的信托公司在我国没有得到较好的发展，"通道"业务是过去我国信托公司的重要任务，而随着资管新规要求信托公司回归本源，加强信托公司的资产管理势在必行。资本市场的健康发展也需要信托公司发挥更多的作用，从海外市场来看，通过养老金进入的资本市场，可以促进资本市场的良性发展，Zvi Bodie（1990）指出美国过去 40 年的金融创新主要依靠的就是养老金，无论是衍生品的发展还是指数基金的发挥都与养老金有密不可分的联系。考虑到美国的《雇员退休收入保障法案》规定养老金资产必须以信托方式进行管理和处置，目前美国的公共养老金、雇主养老金和第三支柱 IRA 账户资金均采用信托型管理模式。且从全世界范围来看，大部分国家由政府部门管理的养老基金的收益率都相对低于由私营机构经营的养老基金的收益率，因此在发展第二、第三支柱时可以考虑加强信托资金的管理能力，推进信托回归本源业务。我国目前信托公司整体规模较小，资产管理能力相对于基金公司、银行理财来说没有形成竞争优势，大部分被认为高风险高收益率的产品，信托违约也较其他资产来说更多，因此在养老金的管理方面与发达国家差距较大。信托公司要培养专业化的投资管理团队，根据养老金特点进行多元化投资，匹配老年人资产管理需求，通过资管和事务信托实现两翼发展，打造核心优势。

四　规范发展金融控股公司，打造一体化养老金融服务能力

美国的信托与银行一般为兼营模式，因此在养老产品的创新以及养老服务体系的打造上有更明显的优势。以北方信托公司为例，通过一体化的模式对其私人客户实行分级管理，提供针对性的服务，满足各类产品需求：对于资产在 500 万美元以下的客户，推荐其投资公司内部研发的基金产品；对于资产超过 500 万美元的客户，单独开立信托账户，并由专属客户经理与其进行沟通并根据其风险偏好制定投资方案；而对于资产超过 5000 万美元的客户，北方信托公司将为其提供全面定制化服务，如全球范围内

资产的配置和管理、税务筹划、遗产规划、家庭目标规划等。

我国金融控股公司发展较晚，中间由于无序发展出现了一些风险问题，但是从协调发展的角度看，金融控股公司对于产品协调创新能力有一定积极作用。2020年《关于实施金融控股公司准入管理的决定》《金融控股公司监督管理试行办法》等政策迈出了金融控股公司监管的重要一步。2021年6月4日，央行官网发布公告受理了中国中信有限公司和中国光大集团股份公司设立金融控股公司的申请，标志着金融控股公司有了进一步的发展。未来，金融控股公司要在有效防范金融系统风险的基础上，发挥金融控股公司的协同效应，通过多牌照的金融机构实现资源共享，提供多元化金融服务，为企业和个人提供综合金融解决方案，在企业全生命周期内提供符合其信用特点的产品，为个人养老金融服务提供个性化的养老服务方案，打造一体化养老金融服务能力。

注释：

1. "EE"指养老金缴纳和资本收益免税，"T"指享受税收福利。

参考文献：

［1］熊鹭：《养老金融国际比较与借鉴》，《中国金融》2021年第5期。

［2］唐嘉伟：《境外保险信托业务的模式》，《银行家》2015年第11期。

［3］吴雪伟：《以房养老的信托模式研究》，《山东农业工程学院年报》2014年第3期。

［4］吴孝芹：《养老金融产品创新国际比较——以美国、德国和新加坡为例》，《现代管理科学》2019年第3期。

［5］薛瑞锋、殷剑峰：《私人银行——机构、产品与监管》，社会科学文献出版社，2015。

［6］Zvi Bodie，"Pension Fund and Financial Innovation"，*Financial Management*，1990 Autumn。

THREE

▶ **第三章　亚太地区养老金融市场**

　　亚太地区是近年来全球经济增长较快的地区，但同时也是老龄化高速增长的地区，不仅有着全球老龄化问题最严重的国家之一日本，同时也有像我国这样高速迈入老龄化的发展中国家，"未富先老"是亚太地区老龄化问题的一个普遍现象。我国也即将面临较长时期的老龄化问题，因此从有较多应对经验的亚太地区日本、中国台湾、中国香港等国家和地区入手，在综合分析养老金融市场机构、产品、服务等特点的基础上，突出介绍养老信托的功能优势及其产品设计，并着重介绍日本和中国台湾的相关养老信托业务，以期对我国养老金融包括养老信托市场发展给予相关启示意义。

人口老龄化是近年来全世界所面临的挑战，其主要原因是卫生条件改善，人口寿命增长以及全球人口增长率下降等。亚太地区是全球老龄化最快的地区之一，根据国际货币基金组织的报告所述，近年来亚洲人口老龄化增长速度比欧美更快，但是由于经济发展水平相对落后，一些国家在老龄化周期中达到与发达国家相近的峰值时，其人均收入（以美国为基准）将远低于大多数发达国家的人均收入水平，"未富先老"是亚太地区大部分国家所面临的严重问题之一。而许多研究表明，老龄化会给经济发展带来较大的负面影响，过去全球经济发展速度最快的亚太地区，是否会受到老龄化问题的抑制而影响经济增长速度值得关注。考虑到日本作为发达国家已经受老龄化问题困扰许久，因此以亚太地区的日本为例，阐释老龄化的风险主要有如下几点。

第一，减少有效劳动力，抑制经济增长。老龄化最直接的表现就是有效劳动力的减少，亚太地区近年来的高速发展主要通过劳动力红利，而劳动力红利消失后，经济增长的引擎失去动力，一旦没有实施有效的经济结构转型，经济增速将大幅下滑。另一个值得关注的是，老龄化人口的高速增长也会在一定程度上抑制技术创新，当社会老年人较多时，财政会更多关注在生活保障上，整个社会也会没有活力。日本自1996年开始人口负增长，经济泡沫破灭后进一步打压生育意愿，同时，1986~1990年日本的移民热也加剧了老龄化程度的加深，自此之后，日本的经济增速持续低迷。

第二，需求持续萎缩，陷入低通胀谜团。老龄化带来的另一个问题是需求萎缩，从生命周期理论角度，虽然老年人在这个阶段主要是消费，也有包括护理等服务需求，但整体而言消费水平较年轻人有明显的差距，尤其在需要借助信贷支持的住房等方面。从日本住房情况来看也可见一斑，2018年日本住房空置率已经高达13.6%。与之相对的是，当社会需求不足的时候，投资也很难有动力。受投资不振等多方面因素影响，20世纪70年代以来，日本通胀数据开始持续回落，尽管部分发达国家如美国、德国等通胀中枢也开始下滑，但像日本这样长期处于极低通胀水平的发达国家基本没有。从市场利率走势来看，日本货币市场利率自1995年就跌到零附近，2015年安倍政府推动"三支箭"后迅速变为负利率，预计后面一段时间日本仍将处于负利率阶段。此外，从人口与通胀水平的变化趋势来看，通胀水平和劳动力人口也有一定关系，如图1所示，日本的劳动力人口增长率和通胀水平基本维持了一个正相关关系。

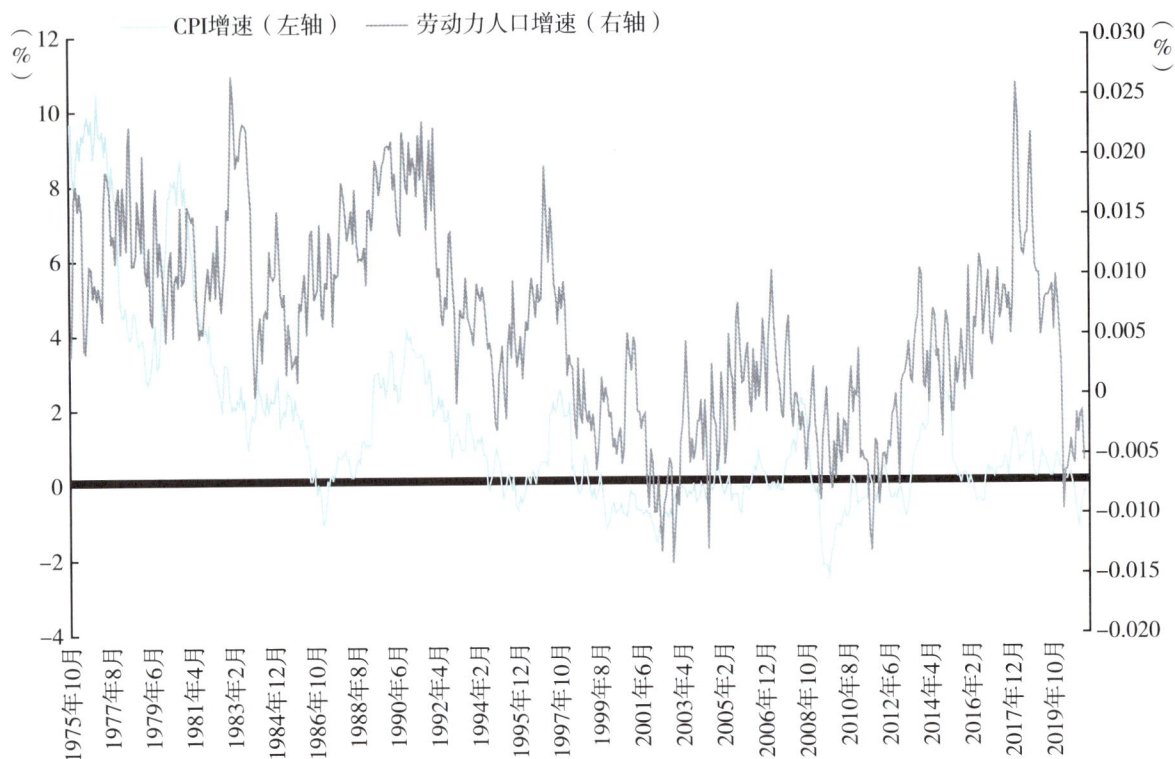

图1　日本劳动力人口增速及 CPI 增速

资料来源：日本统计局，课题组整理。

　　第三，社会负担加重，财政压力较大。1990 年日本经济泡沫破裂后，由于人口问题带来的压力以及需要以扩张政策支撑经济，日本财政赤字在这个时期不断扩大。至 2020 年，日本政府杠杆率已经达到近 300%，远高于美国、欧元区等主要经济体。在日本财政支出中，最大的科目是给予老年人的社保支出，并且这一支出不断增加。相反，能够提高技术水平、让年轻人受益的教育科研支出在过去 20 年里没有丝毫增加。这种财政支出结构也是日本技术进步落后于美国、欧洲和中国的原因之一，年轻人愈发没有希望，愈发缺乏创新动力。财政政策在老年人领域的大量支出导致了社会的负反馈效用。

第二节 ▶ 参与机构：百花齐放

亚太地区养老金融市场发展程度各异，但从已经建立起较为完善的养老体系的国家来看，养老金融市场的参与机构主要有政府投资管理机构提供资产管理，保险机构提供养老保险、其他老龄化特色险种等保障服务，基金、银行等资产管理机构提供资产管理服务，而信托机构因为有着天然的制度优势，在养老体系方面发挥着更独特的作用，可以同时包含有资产管理、事务管理等事项。

一　政府性基金与公众基金等资产管理机构

政府管理的基金是大部分国家的"第一支柱"和早先"第二支柱"采用的模式，对于养老保障体系刚建立的国家来说，第一支柱往往是占比最大的，所以也体现出"政府养老"的特色。新加坡的中央公积金制度 (Singapore Central Provident Fund) 是典型的政府具有主导权的一种模式，其成立于 1955 年，在制度框架下新加坡成立中央公积金局 (Central Provident Fund Board，CPFB) 专门负责公积金管理，运行中同样体现了政府集中管理的特点。首先是各社会保障项目都集中到中央公积金计划中，由政府统一提供，不仅包括住房、养老、医疗等项目的制度设计，而且包括政府统一提供的产品和服务，如政府出资建设的组屋、经营的医疗机构等。其次表现在公积金的归集和管理上。新加坡中央公积金由雇主和雇员缴费，但是必须由中央公积金局作为政府代表，负责相关制度规则的制定，由中央公积金局下属的政府投资公司负责大部分资金的投资运营。

日本的养老金管理则出现了由政府政策性指导逐步向市场化投资的趋势。日本政府设立的政府养老投资基金（Government Pension Investment Fund，以下简称 GPIF）是目前日本的公共养老金管理机构，总规模为全球第二。在 GPIF 成立之前，依据日本法律规定，公共养老金必须 100% 寄存在原大藏省的资金运用部，由资金运用部进行行政化管理。资金运用部将公共养老金与邮政储蓄等资金借贷给各大国家特别会计、地方公共团体、公库、公团、事业团等财投机构，以及购买政府债券，附有明显的行政化色彩。然而，由于 20 世纪 90 年代经济泡沫时，当时养老金投资了大量日本国内的股票和债券，损失惨重，受到了公众对于政府管理能力的质疑，也在一定程度上推动了公共养老金管理的市场化运作方向。为了提升公共养老金的管理效率，日本政府最终决定将公共养老金从政策性金融体系中剥离出来，并成立 GPIF，将公共养老金划拨给 GPIF 进行运作，目标是实现公共养老金投资管理的专业化与市场化。GPIF 成立后，由厚生省负责管理。2001~2006 年，厚生省主要负责制订战略资产配置计划和监督 GPIF 的投资运营。2006 年，GPIF 成立后的过渡期结束，获得了独立行政法人地位，但仍然由厚生省管理。每次资产配置计划的制订或改变都必须由 GPIF 主席向日本厚生劳动省递交，并由部长签署后方能生效。

二 保险机构

保险机构是养老金融产品的重要提供商之一，一方面养老保险是最基本的保障之一，另一方面多层次的保险产品是保险机构参与养老金融的重要组成部分。日本的保险业务经历了从"公"到"私"转变的过程。为建设社会养老体系，日本政府通过立法在 2000 年开始实施"介护保险制度"。在该制度中，被保险者有两类：第一类是 65 岁以上者，称为"第一号被保险者"；第二类是 40 岁以上 65 岁以下加入医疗保险者，又称"第二号被保险者"（40 岁开始成为强制保险对象）。2010 年开始，日本政府开始重视金融业在社会养老保险体系建设中可以发挥的积极作用，保险业务从"公"向"私"慢慢转变：在对公业务方面，保险公司为养老服务企业提供赔偿责任保险的业务，以及在企业年金运作上拓展业务空间；在对私业务方面，保险公司则开展个人年金业务、提供商业的长期护理保险，以及开发设计包括认知症保险在内的各种养老保险新商品。从保险公司的产品设计及功能定位来看，主要并非为投资理财产品，而是主要为了给老年人提前锁定现金流，降低未来老年人的养老风险。从功能上来看，保险产品更多的是对老年人的患病、受伤等风险具备保障功能，在养老服务的延伸上还有进一步的发展空间。

三 商业银行

商业银行基础群众较多，有较强的客户黏性，因此在养老金融服务方面也有着不可替代的作用。从其特性来看，商业银行在对公领域主要的作用是提供养老方面的低息贷款或者产业链投资等，银行可以向个人客户提供长期护理贷款或是开展住房反向抵押贷款。除此之外，商业银行由于对客户有较长周期的熟悉以及较多的分支行下沉，对于客户的全生命周期也有一定的把控力，因此也可提供一些养老方面的私人金融规划等。而日本、中国台湾等国家和地区，商业银行也可以经营信托业务，因此也会有一些信托产品提供。

四 信托机构

信托机构可以提供资产管理以及一些事务类管理，由于信托的天然属性优势，相对于其他机构而言更能满足养老的私人需求。以日本为例，为满足老年人对于资产保值增值的需求，日本的信托银行推出了许多兼具长期性和低风险特性的信托产品，并提供财产管理、继承办理、遗嘱执行、遗产处理等服务，使老年人得以安享晚年。例如：三菱 UFJ 信托银行推出的代理支付信托，当委托人本人患阿尔兹海默症或其他疾病时，通过该信托可以实现代理银行取现、代理支付医护费用等目的；瑞穗信托银行的认知支援信托也有类似功能，可为患病委托人提供医护费用和生活费用支付，解决老年人患病后无人看护这一社会问题。

第三节 ▶ 市场发展：养老定制

亚太地区的养老金融市场整体而言依然是围绕着"三支柱"的养老保障体系建立，而通过借鉴发达国家"三支柱"的比例构成变化可以发现，第二、第三支柱在现代社会发展中越来越重要，折射出在养老金融的发展过程中养老需求也是从基础的养老保障到品质养老、个性化养老的转变，而养老信托正是依托于信托的特殊机制，在养老金融市场中具有灵活、可实现特定或多样目的的特点，近年来越来越得到市场关注。

一 "三支柱"的养老保障体系

为防范老龄化对市场的冲击以及满足老年人的金融服务需求，适应老龄化时代的到来，现代全球大部分国家构建了"三支柱"的养老保障体系。具体来看，现代全球的养老金融体系主要是从 1994 年世界银行出版的《防止老龄危机——保护老年人及促进增长的政策》提出的"三支柱"养老保障体系开始，第一支柱主要为公共养老金计划，由政府主导并管理，附有强制性与全面性，满足养老的最低保障；第二支柱主要是企业、职业养老金计划，由社会企业发起设立，私人进行托管，有社会养老概念；第三支柱则主要依赖于个人的储蓄计划或投资计划等。到 2015 年时世界银行在《21 世纪的老年收入保障——养老金制度改革国际比较》一书中将"三支柱"扩展为"五支柱"模式，分别为：零支柱为非缴费养老金，第一支柱为与收入挂钩的支付养老金，第二支柱为强制性个人储蓄账务，第三支柱为自愿性个人储蓄账户，第四支柱为非正轨的保障形式。就目前而言，"三支柱"模式仍然是全球的主要模式，相关机构基于此进行服务提供。以亚太地区为例，中国构建了以基本养老保险为第一支柱、企业与职业年金为第二支柱以及商业养老保险等个人储蓄计划为第三支柱的"三支柱"模式；日本则构建了以国民年金为第一支柱，厚生年金和共济年金为第二支柱，个人型缴费确定养老金计划 (Individual-Type Defined Contribution，iDeCo) 和个人储蓄账户计划 (Nippon Individual Savings Account，NISA) 为第三支柱的"三支柱"模式。从共性来看，第一支柱和第二支柱主要还是分别从国家和社会的层面给予保障计划，而第三支柱的应用则更为市场化也更为多样化，可以满足个人的各种需求（见表 1）。

表 1 亚太地区部分国家（地区）三支柱养老模式

国家（地区）	第一支柱	第二支柱	第三支柱
中国内地	基本养老保险	企业与职业年金	商业养老保险等个人储蓄计划
日本	国民年金	厚生年金和共济年金	个人型缴费确定养老金计划（iDeCo）和个人储蓄账户计划（NISA）
中国香港	公共养老金	强积金计划及职业退休计划	自愿储蓄性私人退休计划

资料来源：课题组整理。

二 由低到高的品质养老需求

养老需求也是随着经济发展所递进的，在经济尚不发达时期，养老主要通过政府以最低生活保障的形式提供，而随着经济的发展以及物质生活水平的提高，人们对养老的需求将越来越品质化以及个性化。以日本为例，从制度变迁看养老需求。日本养老体系在制度方面有清晰的规划，养老事业与养老产业大致经历了三个发展时期（见表 2）。第一是 20 世纪 50 年代初到 60 年代初的初创期。代表性法律有《生活保护法》、《国民健康保险法》和《国民年金法》。《生活保护法》从制度上明确了国家责任以及最低生活保障等，主要还是针对贫困阶层，据此之后建立了以收容为目的的养老院等设施。1958 年的《国民健康保险法》和 1959 年的《国民年金法》则从医疗、养老两个方面提供老年人保障。第二是 20 世纪 60~70 年代的扩张期，此时间段日本经济高速发展，老年人福利得到改善，1963 年颁布的《老年人福利法》确定了社会福利制度框架。第三是 20 世纪 80 年代后，此时日本老龄化现象越来越严重，财政压力加大，政府开始修改现有的政策。1982 年制定的《老年人保健法》规划了财政支持老年人医疗费，1997 年通过众议院和参议院表决通过，2000 年正式实施的《护理保险法》对 40 岁以上全体国民实行强制护理保险，政府负责护理保险的管理实施并承担一半的保费。该法案不仅从法律层面上把看护的家庭问题转化到社会问题，更带动了金融保险行业需求的增加，由此多样化的养老模式也开始关注品质养老需求。

表 2　日本养老法律变迁

发展时期	年份	法律	主要养老规划内容
	1950	《生活保护法》	明确指出国家责任、无差别平等、最低生活保障
初创期	1958	《国民健康保险法》	从医疗方面提供老年人保障
	1959	《国民年金法》	从养老方面提供老年人保障
发展期	1963	《老年人福利法》	确定社会福利制度框架
	1982	《老年人保健法》	规划财政支持老年人医疗费
成熟期	2000	《护理保险法》	对40岁以上全体国民实行强制护理保险，把看护的家庭问题转化到社会问题

资料来源：课题组整理。

三　由政府养老到养老信托等个性化模式

正如上文所述，受老龄化压力严重影响，养老由原来的政府养老到社会、个人养老进行转变，"三支柱"模式中的"第一支柱"占比逐渐变小，"第二支柱"及"第三支柱"逐渐发展，而信托制度在国外早已融入第二和第三支柱之中，如日本企业年金信托是第二支柱的重要组成部分，具体受托产品主要包括确定给付企业年金、厚生年金基金、适格退休年金、确定缴费年金等，而在第三支柱方面，日本信托银行也设有国民年金基金、个人年金信托、财产形成年金信托等。截至 2019 年，日本年金信托余额总规模已达 61 万亿日元。进一步从日本养老金信托受托余额来看，我们发现资产运用型信托与资产管理型信托呈现分化走势，这也反映出事务类等信托呈现需求逐渐增多的趋势（见图 2）。我国台湾地区在第二支柱中也推出过员工持股信托、员工福利储蓄信托等。而考虑到老年人有财富传承、财富规划等诉求，养老信托、家族信托、遗嘱信托等产品也呈现较快发展态势。

"第三支柱"养老保险是我国未来的重要发展方向，2021 年"两会"政府工作报告中提出"推进养老保险全国统筹，规范发展第三支柱养老保险"，"第三支柱"首次被写入政府工作报告，我国也开始逐渐注重养老信托在养老体系建设的作用。2019 年 3 月，国务院办公厅《关于推进养老服务发展的意见》从发展养老普惠金融角度明确支持信托公司开发养老型信托金融产品。2019 年 6 月，人力资源和社会保障部与财政部牵头，会同相关部门研究制定养老保险第三支柱政策文件，提出拟考虑采取账户制，并建立统一的信息管理服务平台，符合规定的银行理财、商业养老保险、基金等金融产品都可以成为第三支柱的产品。这为银保监会推动将养老信托纳入第三支柱的可选金融产品范围创造了空间。2020 年 11 月，银保监会关于政协提案的答复意见提出争取尽快出台养老信托有关税收优惠政策，推动养老信托规范、健康发展。同时，在支持养老体系建设方面，应当充分发挥信托"风险隔离"的制度优势和信托公司的专业投资优势。

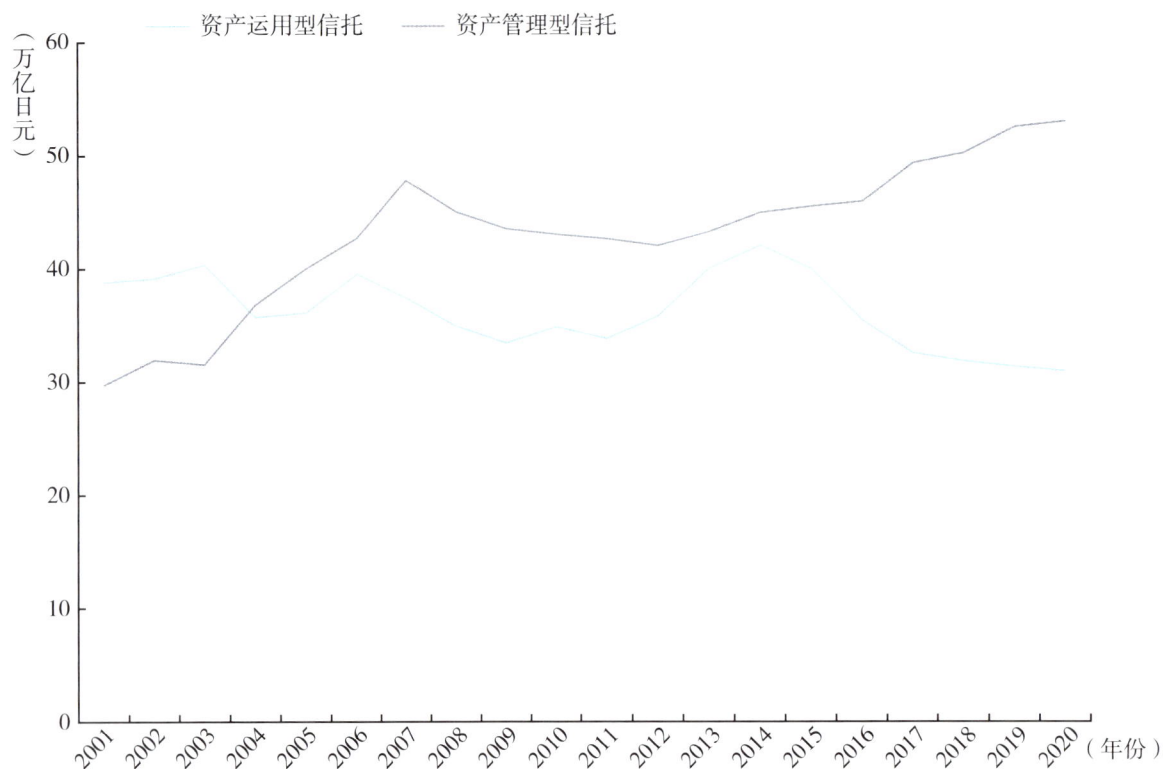

图 2　日本养老金信托受托余额

资料来源：日本信托协会。

第四节 ▶ **服务体系：应援信托**

从各大养老金融机构的职能及服务架构上来看，保险公司主要提供养老保险等长生命周期的保险与保障服务，而商业银行、基金公司、信托公司等资产管理机构主要提供资产管理服务，另外信托公司事实上还有较为灵活的事务类管理职能，通过组合产品设计可以满足全方位的养老服务需求（见表3）。

保险公司是长生命周期背景下的基本保障与补充保障，其先发优势主要在于产品特点与养老需求有本质上契合之处，分别为长期性和保障性。保险公司在养老金融方面可以有较大主观发挥作用的在于第二和第三支柱中，第二支柱主要提供的服务为年金市场，一般企业通过保险公司以年金形式为员工配置保险计划；第三支柱则主要提供针对个人的商业养老保险等产品，如长期护理保险等。

商业银行、基金公司、信托公司等是养老体系下的主要资产管理方，但又各具特色。商业银行具有金融机构中最多的渠道，无论是线下的营业部、柜台销售、社区银行，还是网络银行、手机银行，都具有强大的客户群和产品辐射能力，获客成本较低，且我国银行理财子公司成立以来，银行投研能力有所加强，能够打通从储蓄向第三支柱转化的通道，满足客户的资管、缴费、受托等综合化养老金融服务需求。而日本的信托银行还同时兼具信托的功能，因此在养老体系中发挥着更大的作用。基金公司等资产管理机构则是市场上重要的投资管理机构，往往具有丰富的投研经验以及专业的投研人才。

信托公司则一方面有着资产管理的作用，另一方面也兼具事务管理职能。从其本质上来看，信托就是委托人基于对受托人的信任，将其财产权委托给受托人，由受托人按委托人的意愿以自己的名义，为受益人的利益或特定目的，进行管理和处分的行为，可以实现委托人更为自主与个性化的服务。因此，从制度优势来看，在信托关系中，资产隔离是信托财产管理的核心特点，以信托形式设定的养老资产完全不受委托人和信托公司破产风险的影响，从而确保养老资产的专属性与安全性。从财产管理来看，信托公司可以实现委托人的长期、连贯的目的，如委托人身亡后，一般资管产品均划入遗产，根据遗嘱或者法律安排进行分配，只有极少数的人寿保险产品可以实现代受益人持有，而养老信托产品则可以根据信托目的存续，实现委托人意愿的延续，信托公司作为受托人按照委托人意愿进行财产的分配和管理。从服务上来看，灵活性是信托公司的另一大优势。信托公司可以为委托人提供全方位、全生命周期的综合化服务，包括"养老金投资＋养老规划的安排""养老金账户管理＋家族信托""养老金账户管理＋信托产品""投资管理＋养老金收益"等多种管理服务。

表 3 各大机构参与养老金融服务产品与优劣势分析

	主要服务	优势	劣势
保险公司	提供保险等长周期产品，附带有一定资产管理功能	长期规划、生活保障	产品种类少、无法满足多样化需求、资管竞争力相对较弱
商业银行	提供资管业务、简单的养老规划	渠道多、客户广、获客成本低	投研能力、客户服务延伸
基金公司	提供资管业务	投研能力	渠道少、产品定位单一
信托公司	提供资管业务、全生命周期的服务	资产隔离，满足多样化、个性化的客户需求，产品丰富	投资门槛相对较高

资料来源：课题组整理。

以日本和中国台湾的相关养老信托产品为例介绍信托产品与养老的结合。

其一，日本的"人生 100 年应援信托"。该产品是 2019 年 10 月由三井住友信托银行在东京首推，其主要目标有四：其一为资产的守护，包括保值、增值；其二为资金管理，包括受托收取等支付服务；其三为财富传承，可以减少家族继承混乱；其四为人生规划，包括老龄人的衣食住行医学乐。该信托初次设立金额为不低于 500 万日元，追加金额单次不少于 100 万日元，信托费用分为两部分，在设立时有 1% 信托金额的报酬，管理报酬则分为两种方式：一种是基本型，每月管理费用为 5500 日元；另一种是扩展型，可以包含如委托支付等功能，每月管理费用为 8800 日元。信托期限除另有约定外，一般是以委托人亡故为结束，具体信息如表 4 所示。

表 4 人生 100 年应援信托要素

信托结构	委托人和受益人在信托银行（受托方）信托的财产，以谋取自身利益为目的，委托人指定现金支付方法，当委托人发生继承时，委托人的家人等特定领取人根据委托人请求领取支付
信托期限	委托人去世或发生了其他特定约定事件的情况下，信托终止
信托设定方法	收款日设定信托
入金金额	500万日元以上
追加金额	100万日元以上（使用养老金自动追加信托服务的追加信托，每次为1万日元以上50万日元以下）

续表

支付方法		（1）根据委托人的请求支付（一次性支付） ·根据委托人的请求从信托财产中支付金钱 （2）根据年金领取功能进行支付 ·每月一次，从信托财产中支付指定的金额 ·委托人在公司的普通存款账户指定每次的交付金额 ①交付周期：每月15日（若该日为银行休息日，则在前一个工作日交付） ②每次的交付金额由委托人指定（一万日元以上，以一万日元为单位） ③收款方式为通过预先指定的委托人在本公司的普通存款账户收款 （3）基于防盗功能的支付 从委托人那里得到同意与指定，按照委托人的要求从信托财产中支付金钱 （4）通过委托支付功能（年金型）支付 ·每月一次，从信托财产中向委托人或手续代理人支付指定的金额 ·每年一次，将指定的金额从信托财产中转给委托人或手续代理人 （5）基于继承功能的支付 ·委托人发生继承的时候，根据预先指定的委托人的家人等特定领取人的请求，在100万日元以上500万日元以内支付指定的金额。 （6）使用任意监护人制度的情况(对任意监护人的支付) ·按照公司所定的程序指定任意监护人，通过监护人实现支付的保障
信托报酬	**设定时报酬**	设定时的信托金额的1%(1日元以下弃用)及消费税等 ·设定时报酬为最低金额77000日元(含税)，最高金额1100000日元(含税) ·设定时报酬在信托设定时从信托财产中支付
	追加信托报酬	追加信托时的信托金额的1%(1日元以下弃用)及消费税等 ·追加信托报酬的上限是1100000日元(含税) ·追加信托报酬在追加信托时从信托财产中支付 ·利用"年金自动追加信托服务"的追加信托不需要追加信托报酬
	管理报酬	每月5500日元(含税)，如果有扩展型的如委托支付等功能，每月管理费用为8800日元
	运用报酬	运用报酬额是运用收益减去根据信托本金和预定分红率计算支付的收益总额后的金额
中途解约方法		由于不可抗力的原因，如果有人提出全部解除信托金的申请，则可以中途解除，公司向受益人支付信托金。但在那种情况下，要求申请人提交本公司规定的文件。解约不收取手续费

资料来源：三井住友信托银行，课题组整理。

其二，中国台湾各类形式的"安养信托"。中国台湾的安养信托是老年人将财产所有权转移给银行，银行作为受托人代委托人管理或者处理财产，并以其信托受益交付给受益人的信托方式。台湾的安养信托是自益信托，因此如果需要他益性质还需要结合家族信托等方式实现。安养信托的基本结构是委托人指定将财产信托给受托人，受托人按照委托人意志，将财产运用于约定用途之上，受托人也可以按照委托人的要求将财产管理收益或者本金汇至指定受益人账户。主要特点包括财产保障、集中管理、弹性给付、设立信托监察人等,详见表5。信托的存续期限自委托人交付信托财产之日起生效,三年为一期,除信托契约终止外,信托存续期间自动展期。信托财产的主要运用范围包括活期存款、指示的国内外共同基金、ETF等(见表6)。

表5 安养信托实现功能

实现功能	内容
财产保障	通过信托机制,避免恶意夺产或社会诈骗
集中管理	保险金、以房养老之拨贷款及租金等拨入信托专户获得妥善管理及运用
弹性给付	弹性给付约定,定期或不定期汇至本人或指定机构账户,专款专用,照顾老年生活
设立信托监察人	可弹性设置信托监察人,行使职权,监督信托事项的执行,加强信托机制顺利运作

资料来源:台湾银行,课题组整理。

表6 台湾银行安养信托主要要素

要素	内容
信托受益人	本业务为自益信托,委托人本人为信托受益人
信托受托人	指定银行
交付财产类型	以金钱为限,包括: (1)委托人直接交付的金钱; (2)以委托人本人为生存保险受益人之保险契约可领得的保险金; (3)以房养老的拨贷款; (4)租金
信托存续期间	自委托人交付信托财产之日起生效,以三年为一期,除信托契约终止外,信托存续期间自动展期
信托财产运用范围	(1)活期存款; (2)得到具体特定指示运用于受托人受托投资的国内外共同基金、ETF等
信托财产给付方式	(1)定期给付:可以弹性选择按月、季或年定期领取指定的金额作为生活费,或给付予指定机构(如安养机构、医疗院所或委任的租赁住宅服务业机构); (2)不定期给付:因重大疾病、事故、支付生前契约费用或者其他事件等,可向受托人提出申请领取所需款项
契约终止信托财产的归属	返还委托人或依民法继承编的规定办理继承

资料来源:台湾银行,课题组整理。

安养信托的信托财产可以是动产或者是不动产，因此根据需求衍生出来较多的安养信托类型。比如"以租养老安养信托"，基本模式是由银行与租赁住宅服务机构，结合安养信托和房屋租赁服务，为有更换安养住所需求或有多余房屋的老年人，提供一站式整合性服务（见图3）。如客户有多套房产而自己又无精力打理，可以通过专业的租赁住宅服务机构进行出租及租后管理，租金收入自动纳入信托专户集中管理。若客户想将市区的房屋出租并在郊区重新租房，也可以通过租赁住宅服务机构进行需求匹配，双向资金通过信托机制安全管控，剩余租金可以用作生活费。另外，由于老年人有可能在有需求进行安养信托规划时但身心已无法支持，台湾银行还推出了"预定信托－安养信托"，通过趁着老年人身心健康时，及早为退休做规划，可以弹性设立信托监察人，为信托财产把关。其主要特点是在完成规划和安养信托契约的签订时，未来可以按照自身的实际情况需要，决定何时交付主要信托财产，启动安养信托运作。预定信托在信托计划正式启动前仅需交付签约费，无须交付信托管理费。

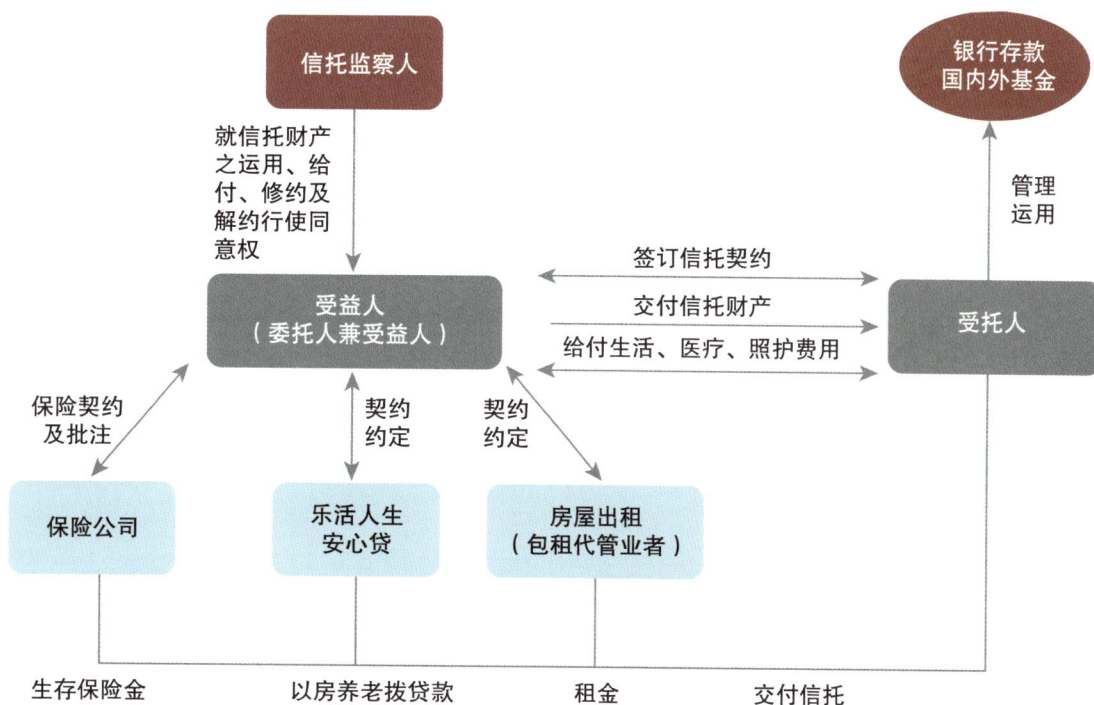

图3　安养信托结构模式

资料来源：台湾银行，课题组整理。

第五节 ▶ **经验借鉴：信托金字塔**

从当前养老金融市场的发展趋势来看，首先，亚洲整体老龄化是"未富先老"的背景，因此对于大部分不发达国家而言往往对应的是养老体系不健全、养老金融产品不完善、养老服务不充分等问题；其次，从日本等发达国家和地区的养老金融市场机构和产品供给趋势来看，大致经历了一个机构"由公到私"，产品和服务"由共性到个性"的过程，结合日本、新加坡、中国台湾等国家和地区的养老金融案例与发展趋势，提出如下几点建议。

一　养老需求的逐步升级也要求养老金融市场机构进行产品、服务升级

养老需求的升级是伴随着经济增长和人民物质生活水平提高的必然结果，一般而言养老体系的初始阶段主要保障方是由政府主导的养老保险体系，而随着经济的发展以及人民需求的变化，养老支柱下的第二和第三支柱将发挥更大的作用，百花齐放式的养老产品和养老服务需要由各个参与机构进行开发。以日本为例，日本的保险业早在 20 世纪 70 年代就开发销售了养老保险商品，但是，日本的养老保险市场正式启动是在 20 世纪 90 年代中期，从 1996 年开始，个人年金保险等商品和相关的服务逐渐进入市场。由于早期的日本养老社保体系"公助"力度大、"大包大揽"的待遇比较丰厚，所以，日本的商业医疗保险的家庭参保比例为 92.4%，而商业的长期护理保险的家庭参保比例只有 16%。但是，随着日本的养老保障体系从重视"公助""大包大揽"的特色向鼓励个人"自助"的方向过渡，日本政府和财政在养老保障上采取"收缩"的战略，个人自助的领域逐步扩大，这为日本保险业发展商业养老保险提供了更大的空间。目前，日本的商业养老保险市场开始呈现"百花齐放"的景象，而信托公司、商业银行和基金公司等也都以丰富的服务和产品加入养老金融体系。

我国当前构建了一个以保险公司、基金公司、银行和信托公司为主要养老金融市场供给方的格局，但是从政策推出时间来看，对养老服务体系的支持相对较晚，2016 年 3 月推出的《关于金融支持养老服务业加快发展的指导意见》才第一次明确提出要建立完善的金融服务体系支持养老服务业发展，揭开了养老金融产品创新的序幕（见表 7）。从当前的运行情况来看，大部分产品仍然着眼于"纯理财"的概念，同质性较重且结构上出现了一些问题，如保险公司未能有较多与个人养老有紧密联系的产品；基金公司的养老基金产品规模较小，且由于国内的大部分老龄化投资人不成熟，短时行为导致养老基金的不稳定，影响到资产配置；银行理财产品则与基金公司的产品同质化现象严重，个性化和深度化的服务较少；信

托公司的养老信托业务仍处于起步阶段，产品数量和规模较小，没有充分的制度支持养老信托业务的发展等。

表 7　我国养老金融体系政策支持沿革

时间	文件	内容
2016年3月	《关于金融支持养老服务业加快发展的指导意见》	第一次明确提出要建立完善的金融服务体系支持养老服务业发展，揭开了养老金融产品创新的序幕
2016年11月	《关于进一步加强养老保障管理业务监管有关问题的通知》	提高了养老保障管理业务的经营门槛；明确可以投资于保监会批准的股权投资计划
2017年6月	《关于加快发展商业养老保险的若干意见》	明确要求商业养老保险投资领域以养老社区、养老健康服务设施和机构、研发生产老年用品为主
2018年3月	《养老目标证券投资基金指引（试行）》	标志着我国养老基金产品开始进行规范化的运作阶段，标志着公募基金行业服务个人养老投资进入新的阶段
2019年4月	《关于推进养老服务发展的意见》	支持银行、信托等金融机构开发养老型理财产品、信托产品等养老金融产品

资料来源：课题组整理。

　　因此，下一阶段各个主要养老金融产品提供机构要发挥自身优势特色，如保险公司要更多开发个人养老保险产品，打造自身产品特色，从低质的营销到高质的产品和服务升级转变。商业银行要从三方面打造自身特色：第一是借助理财子公司进行养老的资产管理服务；第二是利用各分支机构深入参与养老产业基金等产品运作；第三是利用营业部等网点深入挖掘老年人口需求，将资管服务延伸至老年人金融一体化服务。基金公司则要充分发挥资金的资产管理运作能力，发挥投研优势，强化资产配置能力，开发满足低风险、长期限等特征的养老金投资产品。信托公司则一方面要做好资产管理服务，另一方面利用自身特色优势发挥事务管理功能，大力推进养老信托等产品的发展，同时深入挖掘老年人的各种特色需求，将传统养老信托与客户需求相结合，利用自身制度特色优势，灵活创新各类信托产品，也可加强与保险、银行等金融机构的合作，开发拓展型养老产品。

二 打造三层次养老服务供给金字塔模式，推进配套制度建设

目前亚太地区也主要构建了三支柱的养老保险体系，我国也不例外，"十四五"规划提出发展多层次、多支柱养老保障体系，提高企业年金覆盖率，规范发展第三支柱养老保险。目前，我国已建立由三个支柱构成的养老保障体系，第一支柱为基本养老保险，第二支柱为企业和职业年金，第三支柱为商业养老保险等个人储蓄计划。那么对于养老产品的递增关系也建议采用三层金字塔模式，即底层为养老金积累供给，这部分主要来源于基本的养老金、企业年金、社保基金等；第二层为养老金投资支付，涉及的产品服务主要有银行、基金公司、信托公司等机构的资产管理服务以及相关的支付服务；第三层为养老服务供给，主要偏向于事务类的管理功能，满足老年人生活、家庭关系、社会关系等方面的特殊需求（见图4）。而第三层的养老服务供给从应用层面的机构提供方来看最有广阔空间的就是信托机构。

为此，以信托为例推进配套制度建设。第一，建立信托监察人制度。台湾安养信托的产品结构类型里引入了信托监察人的角色，就信托财产的运用、给付、修约以及解约等行使监察职能。而目前在我国，信托监察人的角色主要用于公益信托，对于养老信托这样偏私益信托的产品中缺乏实践，考虑到老年人在身体机能下降、精神状况有所影响的情况下，为了更好地保障老年人的权益，有必要构建完善的信托监察人制度。监察人作为第三方可以就信托的签订、修改等方面辅助委托人实现自身目的，同时保障受益人的权益。第二，建立统一的信托登记制度。从中国台湾、日本等地的养老信托发展情况来看，不乏将不动产等纳入产品设计之中，而与之对应的不动产登记制度等更成为必备的配售制度。因此，有关部门要加快推进不动产登记与不动产转让等事项的操作规则，明确两者区别，豁免不动产登记在受托人名下时的相关税费。第三，完善养老信托配套的税收优惠政策。税收优惠政策是海外主要国家第三支柱发

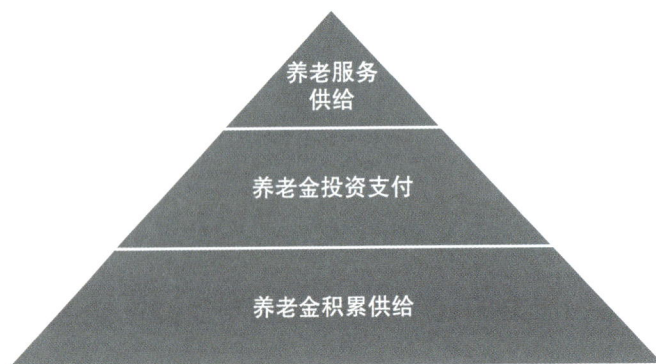

图4 养老产品供给体系

资料来源：课题组整理。

展较快的重要因素，由于信托特殊的财产权设置，在转移等过程中税费会较高，海外国家对养老信托产品均设置了较好的税收优惠政策，我国未来进一步促进养老信托的发展也需要相关部门的协调，形成政策合力。如在一些把房地产纳入财产信托的案例中，我国需要交纳高昂的税费将房地产过户到信托公司名下，而海外的一些非交易性过户则免除税费。显然，高昂的税费会影响房地产养老信托等产品的设立，产品的创新确实也需要政策的支持。

三 设立个人商业养老账户制模式，为养老信托等产品的发展奠定基础

为发展第三支柱养老体系，我国从 2019 年开始重点关注养老信托金融产品的发展，推动养老信托纳入第三支柱的可选金融产品，并开始探讨养老信托的税收优惠政策以发挥信托公司的制度优势。尤其是 2021 年 2 月，人社部有关负责人在国新办发布会上透露了个人养老金制度的初步思路：建立以账户制为基础、个人自愿参加、国家财政从税收上给予支持，资金形成市场化投资运营的个人养老金制度（见表 8）。这将从基础层面为养老信托产品的发展打开空间。

表 8 我国养老信托的制度推进进程

时间	政策
2019年3月	国务院办公厅《关于推进养老服务发展的意见》从发展养老普惠金融角度明确支持信托公司开发养老型信托金融产品
2019年6月	人社部与财政部牵头，会同相关部门研究制定养老保险第三支柱政策文件，提出拟考虑采取账户制，并建立统一的信息管理服务平台，符合规定的银行理财、商业养老保险、基金等金融产品都可以成为第三支柱的产品。这为银保监会推动将养老信托纳入第三支柱的可选金融产品范围创造了空间
2020年11月	银保监会关于政协提案的答复意见提出争取尽快出台养老信托有关税收优惠政策，推动养老信托规范、健康发展。同时，在支持养老体系建设方面，应当充分发挥信托"风险隔离"的制度优势和信托公司的专业投资优势
2021年2月	人社部有关负责人在国新办发布会上透露了个人养老金制度的初步思路：建立以账户制为基础、个人自愿参加、国家财政从税收上给予支持，资金形成市场化投资运营的个人养老金制度

资料来源：课题组整理。

从海外养老金融发展来看，个人商业养老账户是养老保险体系第三支柱能够快速发展的基础。我国当前养老保障体系三个层次中，作为第一个层次的基本养老保险，制度基本健全，职工养老保险加上城

乡居民养老保险两个平台，目前已覆盖 9.99 亿人。作为第二层次的企业年金、职业年金制度初步建立，并且在逐步完善，目前已覆盖 5800 多万人。作为第三层次的个人养老金制度还没有出台，而个人商业养老账户则是未来灵活安排养老金的基础，对于个人购买各类养老金融产品有重大的作用。因此，建议由政府制定和出台专门的独立于基本养老、企业（职业）年金之外的个人商业养老账户管理制度，应确保个人商业养老账户与符合规定的养老金融机构和产品之间金融业务往来的充分畅通，探讨个人商业养老账户和第一支柱中的账户资金流通的可能性，实现个人养老的市场化投资管理。为鼓励各金融机构间充分公平竞争，为市场提供多样化、个性化的养老金融产品，建议金融监管部门推动建立"合格第三支柱养老金融产品"制度，符合规定的商业养老保险、银行理财、信托、基金等金融产品都纳入可选产品范围，扩大个人商业养老账户的投资范围。个人商业养老账户应对所有符合规定的养老金融产品平等开放，并自由参与各类合格第三支柱养老金融产品的交易。

参考文献：

［1］范华：《以养老信托构建养老金融服务新生态》，《银行家》2021 年 2 月 9 日。

［2］方玉红：《养老信托如何参与第三支柱建设》，中国银行保险报网，2021 年 1 月 5 日。

［3］彭晓娟：《老龄化挑战下养老信托优势和发展对策研究》，《政策研究》2017 年第 4 期。

［4］赵周华：《老龄化与养老普惠金融：国际经验、中国实践及对策建议》，《征信》2020 年第 1 期。

FOUR

▶ **第四章　近代中国养老服务市场**

　　养老是一个自古就存在的社会问题，也是各个时期不同国家政府的一项基本制度。中国古代的养老服务体系以家庭养老为基础，社会养老作为补充，两者相互配合共同解决养老问题。横向比较其他国家的养老市场与体系之后，纵向分析中国古代的养老制度与养老服务体系对当下有重要的借鉴意义，其中清代之后尤其是近代的养老体系是最为成熟的，也是我们重点分析的对象。近代社会养老制度包括政府养老和民间养老制度，其中政府养老主要是养济院养老，民间养老主要是善会善堂养老和义庄养老。

第一节 ▶ **养老理念：家庭养老**

近代的非货币经济条件下，中国的养老服务是孝文化下的居家养老模式。

一 文化理念：孝道文化

在各个国家和不同时期内，老人的赡养问题不只由当时的生产力水平决定，还受到建立在这种生产力基础上的赡养观念的制约。我国历代的老年赡养是以孝为核心在家庭内部进行的，孝道思想在中国有着长久的发展历史和深刻的社会影响。儒家认为，孝为百行之冠、众善之始，是天之经也，地之义也，民之行也，德之本也[1]。封建社会，孝被放到了极高的地位，成为一切道德观念和道德行为的起点，以及封建伦理纲常的基础。封建统治者用孝束缚着每个人的思想和行为，孝的原则为"父之所尊，子不敢不承，父之所异，子不敢不同"[2]，"父亲对子女及其他后代有监护权、教会权、主婚权、惩戒权，子女只能遵从父亲的意志。不能有任何违抗，而且父亲对子女的各种权力都得到社会的赞许和法律的支持"[3]。子女的身份、生活、命运完全由父亲决定。

封建统治者重孝是为了教忠，显然"以孝治天下，本身就包含了伦理和政治双重意义"[4]。在国与家根本利益一致的基础上，统治者要求人们以对待亲长的态度对待君主，把家庭伦理推广到社会上，教育子女在家事父母，在外忠国君，而在忠孝不能两全时，则要舍孝求忠。按照儒家思想的要求，"未仕在家，则以事亲为孝，出仕在朝，以事君为孝……故求忠臣必于孝子之门"[5]。

在封建思想文化的熏陶下，百姓总是认认真真地行孝。与孝道紧密相连的是家庭，家庭是社会的基本细胞，老人们最喜欢和子女生活在一起安度晚年，享受天伦之乐。敬老爱老是中华民族的传统美德，四世同堂是幸福祥和的象征。在以孝为核心的中国家庭中，亲子双方表现出一种父毫不保留地为子奉献，子毫不自私地为父尽孝的美德。父母把子女看作自己的再生，看作生命的延续，因此，他们十分关心子女的生活和成长。在他们看来，子女的孝顺是自己一生辛苦的报酬，是产业和技能传授应有的代价，所以子女有责任全心全意地尊重他们，服从他们，奉养他们。而作为子女来说，无论从感情上，还是从道德上、法律上都必须尽赡养老人的责任，不能有丝毫马虎，否则将会不齿于人群，不容于天地。显然这种孝道思想是一种应对社会变迁的力量，是维系家庭养老制的主观条件。

同时，人是社会的动物，不仅有物质上的需要，而且有精神上的需要，老人害怕孤独，乐于和儿孙生活在一起，于是在长辈与晚辈之间形成一种强烈的群体感情，这就构成了家庭结构变化的向心力，形成一种牢固的封建家庭关系。家庭成为一个团结的整体，具有强大的保护职能，保护家庭成员人身和财产安全，每个成员都脱离不了家庭生活，更脱离不了家庭成员之间的相互依赖关系。

二　经济条件：非货币经济

随着人类由农业社会进入工业社会和后工业化社会，家庭赡养功能就慢慢脱离家庭而社会化。现代发达国家的老年赡养大都经历了这一过程。米特罗在《欧洲家庭史》中描述，"农民经济是一种无货币经济，以致于赡养老人只在家内是可行的，提供实物在超出一定距离时就会是不可能的，因为这需要用现金支付并用此钱购买食物，而在前工业时代，在农业地区中，这两个都是不存在的。"哈瑞斯说："我们正在用老年保险和医疗保险的办法取代工业化以前孩子照看老年父母的制度。当这一过程完成之后，父母孩子之间真正的反哺关系的遗迹也将消失。"[6] 可见，西方发达的资本主义国家在处于非货币经济即农业经济阶段时实行家庭养老是必然的，不可用其他方式取代。只有到了工业化时代，社会化生产达到了极度发达的程度，生产单位由家庭变为工厂，家庭成员各自都是独立的商品者，依靠参加社会化劳动而取得工资收入，即货币经济完全取代非货币经济，以老年人为主体的家庭财产制解体，家庭的养老功能弱化，这种家庭养老的亲子关系才能改变。所以，由家庭养老向社会养老转变的前提条件是工业化的货币经济的存在。

在半殖民地半封建的近代中国，工业化程度极低，非货币的自给自足的自然经济始终占据主导地位，在这种非货币的农业社会中，农民自己生产几乎全部的生产资料。这种生产以家庭为单位，土地是主要的生产资料，一般掌握在父母手中，父母曾经是家中的主要劳动力，担负着养家的责任，具有经济上的绝对优势，小辈们在生产中处于从属地位，而且父母退出生产领域后，并不放弃对生产资料的占有权。显然，赡养是这一权利所固有的要求，也是这一权利移交的代价。同时，子承父业是传统的农民家庭的突出特点，后代不仅由父母抚养成人，还从父母那里学会谋生的技能，继承一定的产业和土地，这种生活上经济上的高度依赖使得他们自觉服从父母的权威，不敢有丝毫违抗。可见，受法律与伦理保护的父母权威，不仅是社会的强制规定，也深深根植于现实的家庭生活。

对于国家来说，在帝国主义侵略和封建主义的统治下，民族工商业日益衰退，农村经济十分凋敝，国家财政极度困难，国家和社会根本无法承担赡养老人的责任，所以，失去劳动力的老人只能由家庭内部供养。很明显，赡养制度的改变必须具有坚实的物质基础，即货币经济完全取代非货币经济。在这一过程完成以前，必然要在观念上、道德上、法律上给小辈们以社会压力，让他们赡养自己的老人，以减轻社会的负担，保持社会稳定。只有到了工业化高度发达的时代，社会有一定的物质基础，才有可能改变法律条文，而实现养老制度的改变。否则，法律条文的改变不会导致行为的改变，甚至会给社会造成灾难性后果。例如，在太平天国运动时期，洪秀全受西方基督教影响和当时流动性军事生活的需要，设养老院代替家庭养老，以达到"大道之行也，天下为公，人不独亲其亲，不独子其子，使老有所终，壮有所用，幼有所长，鳏寡孤独废疾者皆有所养"[7]。结果违背社会发展规律，根本无法实行，不多久，男女老少各归其家，一切社会生活照旧进行。戊戌变法时期，康有为等维新派人物主张实行天下一家的大同社会，由于非货币经济条件的限制，根本无法提上日程。中华人民共和国成立之后，国家曾推行人民公社化运动，以养老院取代家庭养老，结果造成了极大的混乱。

由此可见，在非货币经济的近代农村社会，没有强大的物质基础，盲目以养老院取代家庭养老，注定会失败。农村的非货币经济客观上决定了养老院形式的社会养老制根本无法实行，以货币储蓄形式作为养老手段的可能性非常小。在这种情况下，孩子便成了农民唯一的老年保险投资，生儿育女就相当于他们的养老储蓄。

第二节 ▶ 演进脉络：由官到民

古代乃至近代中国的养老制度还是以家庭养老为主，离开家庭养老的任何单一制度如政府救济、慈善机构与民间互助养老，都不能单独完整地承担养老的责任，也即其他养老制度都是对家庭养老的补充。因此在梳理其养老制度发展时，默认家庭养老是主要手段，且贯穿始终，而发展变化的主要是其他补充养老手段。

一 先秦：政府救济主导，慈善机构出现

中国古代的养老制度在先秦时期就已经建立，在此之后的各个朝代都有对老人进行物质赏赐的传统。该传统最早与养老礼仪相结合，是国家用来敬老的一种教化手段；秦汉之后，这种传统即物质赏赐更多表现为一种救济性质，并且记录在法，用法律将其固定下来，成为一种最直接有效的恤老方式。

慈善机构产生的时间相对较晚，在南北朝时期受佛教宣传的福田思想的影响而产生。而这种专门的社会救助机构即慈善结构的出现使得社会的养老制度从单一的物质救济升级到以专门机构为依托，集物质赡养、医疗救济和丧葬救济于一体。在南朝时，出现了收容鳏寡孤独者和病人的专门场所，例如孤独园和六疾馆等。根据梁武帝发布的诏书考证，孤独园是政府设立的，收养一些"单老孤稚不能自存"者，给予其物质保障即衣食直到终老，最后负责料理丧事。在北朝时也设立了"别坊"这种类似医院的机构。可以看到，早期的慈善事业是与宗教有关系的，特别是佛教。在宗教背景下的私营慈善机构为传统的救济服务提供了新的方式，促进了政府慈善的发展。

二 唐宋：政府救助主导，民间互助出现

唐代的慈善机构最初继承了南北朝的收容机制，例如发展出"病坊"等一系列国家运营的慈善机构。早期病坊是由佛教组织自主创发并管理的（即私营），武则天时期，被纳入政府的社会救助体系当中，作为一种"矜孤恤穷，敬老养病"的专门机构。宋代继承了唐代的病坊机制，也建立了福田院等收养"老幼废疾"和"孤穷"的机构，但这些机构仍无法与宗教组织完全脱离关系，或开始由僧侣创立然后转归国家，或国家经营但由僧侣管理。宋代时，政府慈善已经占据慈善救助的主导地位，政府慈善机构的养老制度也开始受到重视。

唐宋时，民间的互助养老模式也成为一股不可忽视的养老力量。唐朝时同样受佛教的影响出现了民间的经济互助组织，如社邑，就是由平民自愿组成并加入，以具有一定目的互助合作为主要活动内容的组织。由于唐代习俗重厚葬，故以丧葬互助为目的的结社占据了相当比例。

民间互助养老的另一种模式——乡村邻里养老也在唐宋时期成型。唐代出现老人养于乡的规定："诸鳏寡孤独贫穷老疾，不能自存者，令近亲收养。若无近亲，付乡里安恤。"到了宋代，政府提倡并表彰累世同居，不同族姓间的等级淡化，宗法宗族逐渐由一般官僚户普及到庶民百姓之家，义庄作为宦室大族联系族众的重要途径应运而生。最早的义庄为范仲淹设立的范氏义庄，之后这一养济族众的特别方式得到官僚富室的争相模仿。特别在南宋之后，义庄养老制度得到了进一步的发展。

三 明清：多种社会养老方式共存

明清时，社会养老得到了前所未有的发展，政府救济、慈善组织与民间互助养老制度同时存在。以政府为主体的养老制度弊端显现，养老机构的经营问题频发；与此同时，经济的发展为民间养老提供了

更为充足的资本，民间养老成为最重要的社会养老方式。

明代政府鼓励社会养老，将"收养孤老"写入《大明律》中，对孤老进行官方救济。明代继承了唐宋及元朝政府设立慈善救助机构的方式，养济院成为法律规定的政府慈善机构。但单纯依靠政府的养老方式会造成国家财政负担，而且容易出现官僚腐败等问题，故明清时期政府开始允许民间组织介入慈善事业。

明代后期产生了专门的民间慈善组织——善会。善会由民众自愿加入组成，有自己的组织章程，由成员自主经营管理，具有特定的慈善目的。以养老为目的的善会机构包括恤颐堂等。这一时期，民间经营的互助会仍广泛存在，如义社、葬亲社等，这些在当时被称为"俗会"的组织，对民间慈善组织的成立也产生了一定的影响。另外，明清时期的义庄极为普遍，据统计，明代有文献记载的族田义庄有200多例，到清代有400多例，义庄的普及对族人赡养、宗族保障与社会安定发挥了独特的作用。

第三节 ▶ 参与机构：官民结合

本节我们将重点介绍政府养老的养济院模式、民间互助养老的善会善堂模式以及宗族养老的义庄模式等。

一 政府养老：养济院

中国官办慈善机构自南北朝时期产生，在清朝时，被专门写入法律，顺治三年（1646年）《大清律集解附例》中专设"收养孤老"一条，规定"凡鳏寡孤独及笃废之人，贫穷无亲属依倚，不能自存，所在官司应收养而不收养者，杖六十。若应给衣粮而官吏克减者，以监守自盗论"，并加小注"凡系监守者，不分首从，并赃论"。

根据郑玄对《礼记》的注解，国家奉养老人的范围可分为四类，即"三老五更"、为国家而死者之父祖、因老退职的官吏及经普查确定的年高的长者。对于"三老五更"的解释，说法较多，但一般认为是举行养老典礼时的代表，即有德行的贵族或官吏。历代恤老的对象还有老无所依或特别贫穷的人、罪犯本人及年老的家长等。根据养济院的设置目的，可知其收容对象为孤贫无依者，但各个时期以及各个地区的收容标准又有所差异。

根据清政府制定的养济院救济标准,清代养济院普遍采取每月给米三斗、每岁给棉布一匹的救济方式。月米三斗,即每天一升。该标准基本沿袭了宋元及明代的旧例,可满足普通成年人的基本生活需求。乾隆五年(1740年)以后,因有定例,孤贫口粮则依定例按季支给。同时,养济院向被收养者提供住宿,且鼓励被收养者发挥自己的才能,承担力所能及的工作。

自设立以来,养济院的运转一直由地方官负责。清政府为防止营私舞弊,要求州县官员亲自进行养济院的孤贫接收、口粮发放、事务管理工作,这些官员取代了权限较大的胥吏与甲头而成为养济院的管理者与运营者。养济院采用类似家长制的组织方式,权力主体单一,缺乏监督机制,难以避免舞弊行为。

养济院的经费来源包括财政拨款、社会捐助以及田租、"生息银"等资产运营收益。政府财政拨款包括存留和公费。存留是指各地政府征收的地丁钱粮按照一定比例存留于本地,用于地方政府开支。清代在存留项下列支孤贫救助的财物。由于地方存留常因国家财政不足而遭裁减,故在存留不能如额征收时,还有漕粮拨补等补救措施。公费一般由政府资助,并非常规拨款,一般用在额外孤贫的救助、养济院房屋的修缮等事务中,例如清律规定,养济院的建造费用在司库公用银内拨给。

社会捐助在清代养济院的经费筹措中起到更为重要的作用,通过清政府的倡导,官员和富绅通过捐献财物来资助养济院的孤贫、改善养济院的设施;有些义士直接捐献房屋与田地,供养济院使用和经营。这些房屋与田产经营或出租所得收益以及资金出借所得利息共同构成了养济院的资产运营收益。

养济院作为官办慈善机构,其独特的运转模式难免造成管理上或经济上的问题,例如官吏腐败和财政紧张。但养济院作为明清时期最为普遍的官办慈善机构,其发展之快以及存在之久,也证明了政府解决这些问题的有效性。

二 互助养老:善会善堂

善会,即由民间自由结社形成的慈善组织;善堂,即善会的办事机构以及行善场所。民间的慈善事业,自古皆有,但以慈善为目的的民间结社产生于明末,盛行于清代。同善会的成立与东林党的活动有密切关系,东林党成员的推动使其在江南地区迅速普及。同善会作为最具代表性的善会,在余治的《得一录》中有较为完整的记载。

同善会成立之初,其目的主要是亲睦、劝善与行善。亲睦主要表现为成员定期举行例会,但随着同善会的发展,亲睦的作用逐渐弱化;劝善主要表现为通过公开演说教化民众;行善体现在各式各样的善举中,一般包括救济贫病、养老送终、赈济灾民、表彰忠孝等。在善会成员的资助下,成立了不同种类的善堂,依其发挥作用的不同,分为育婴堂、清节堂、恤颐堂等,恤颐堂是专门赡养孤老的善堂。

善会与养济院不同，两者虽都是专门的慈善机构，但善会由民间义士创办，出于自愿行善的目的，不受地方官领导，不需国家财政拨款，其管理与运作也保留了较大的自主性。善会与民间的"俗会"也不同，"俗会"是民间互助性质的社团，如义社、葬亲社等，一般具有单一而明确的目的，会员常为同乡邻里，没有具体的活动场所；而善会是由县内名士设立并参加的组织，善行范围较广，其救济对象由会员推举，以善堂作为主要活动场所。

民间善堂得到官方的认可，是在康熙四十五年（1706 年），当时设立于京城的普济堂得到了皇帝赏赐的匾额、碑文以及相当的银两以供"养赡孤贫"之用。雍正二年（1724 年）皇帝发布上谕，肯定了善堂的重要作用，并提倡地方官员支持这些善举，命地方官"劝募好善之人，于通都大邑人烟稠集之处，照京师例，推而行之。其于字弱恤孤之道，似有裨益，而凡人怵惕恻隐之心，亦可感发而兴起也"。此后，地方慈善组织取得了合法地位，同时也开始接受政府的监督。

由于善会规则由会员制定，故不同善堂的收容标准也有所差异，但收容条件一般均包括年龄、身体情况、财产情况、德行、地域等方面。

《枫泾同善会规条》中规定"六十以上，……无依靠及废疾不能食力，公不收养济，私不为乞丐者。至若不孝不悌，游手游食，及荡废祖业，暨衙门出入，与一切为民蠹者，槩不滥及"[8]。《恤颐堂规条》中也规定，"本堂收养无靠老人。年七十以上者。赴堂报名。经董事查明。素无犯案"，"老人年虽七十而有子孙奉养者，不准收入"[9]。善会养老，要求老人达到一定年龄，无依无靠或无劳动能力，且未被收入养济院，也不愿行乞；同时，善会将道缺失、不求上进以及触犯法律的人排除在收容范围外。另外，对救济对象的地域要求，一般限于善会善堂设立之县内，"只济一二十里茕民"[10]，难及于小村落。据史料记载，善会成员在救济对象的选择中严格遵照了这些标准，并未出现徇私滥收的现象。

三　宗族养老：义庄模式

作为以宗族血缘关系为纽带的民间组织，义庄的产生与宗族制的变迁有着密切关系。唐代以前，中国的宗族制有着严格的等级观念，官宦贵族掌握了大部分的土地权。宋代以后，贵族地主开始衰落，土地关系发生变化，农民开始拥有较多土地，庶民类型的宗族制获得发展空间。宋代官府鼓励累世同居，同一家族的贫富族人开始通过经济上的协助与互济来加强联系，最早的义庄——范氏义庄应运而生。范氏义庄由范仲淹于仁宗皇祐二年（1050 年）设立，置田千亩，称为"义田"，用来养济族众，资助婚丧嫁娶。范氏义庄设立后，又颁义庄规条规范救济行为，得后人之效仿。

明清时期，义庄的数量获得成倍增长，这与商品经济的发展、贫富差距的扩大以及官府的支持是分不开的。宗族的凝聚力受到了商品经济的冲击，宗法伦理思想逐渐松懈，分财异居成为普遍现象。为加强对地方的控制，维护宗法等级秩序，官府开始鼓励义庄的发展。明代嘉靖年间，恢复祭祖之礼，鼓励民间建立家庙；至清代，康熙鼓励宗族立家庙、设家塾、置义庄、修族谱，并采取一系列措施保护与支持义田的发展。另外，地方官僚富商也乐于通过捐置义田的方式将义庄置于自己的控制之下，在获得赞誉的同时也获得了稳定的地权与相当的族权。

义庄、族田与义田并不是等同的概念。义庄是族田的管理机构，用于登记人口、收贮田租、分发福利等。族田是指基于赡族目的而设置的用于为宗族谋取福利的田产，族田包括宗族共有的各类公田，如义田、祭田、学田等，义田用于赡族，祭田用于祭祀，学田用于助学。在族田的分配中，义田占了绝对的比例，其次是祭田与学田。有些族姓并未将族田作明确区分，族田租息同时用于以上一种或几种活动。

义庄的主要功能除赡族、祭祀、助学外，还包括完纳税赋、联系族众、解决族内纠纷以及道德教化。随着义庄功能的完善，其权限逐渐扩张，其概念也逐渐泛化，并有与宗族概念融合的趋势。义庄规约作为宗族规约的一种，其与宗族规约的内容也多有重合，但究其根本，义庄仍是宗族的福利机构或救济机构，族田、义庄共同构成了专属于宗族内部的社会保障体系。

可将以义庄为载体的社会养老与以家庭为单位的家庭养老区别开来。义庄养老的对象，往往限于宗族范围内，有时会扩张到邻里或其他成员；有些义庄养老普及于义庄内所有老人，有些属周贫济困性质而只救济贫困孤老。

从养老的范围看，义庄养老一般限于本宗族范围内，以"族人"为赡给对象，但也有两种特殊情况。其一，赡养范围及于族内奴仆、乡里、姻亲等。例如范氏义庄规定："乡里外姻亲戚，如贫窘中非次急难，或遇年饥不能度日，诸房同共相度诣实，即于义田米内量行济助。"该规定虽属救急性质，并非一般意义上的赡养，但仍可窥见义庄对宗族外人员的救济。其二，赡养范围只及于直系子孙，如清朝江苏吴县盛康建置的留园义庄。这种范围限定方式较为罕见，通常还有与其配套的义庄或义田用来赡养族人——盛康同时建置拙园义庄，"普及于族之人"，主要用来济贫恤孤。

第四节 ▶ 服务体系：官民联动

就服务体系而言，我们将近代养老服务总结为政府主导社会养老和民间互助型社会养老互动、政府主导社会养老和民间互助型社会养老互相渗透两大模式。

一　政府主导社会养老和民间互助型社会养老互动

养老不仅是对孝道的扩充，更是道德教化与治国安邦的重要手段。近代国家对于养老的支持与倡导，正是要通过践行孝道来实现道德教化，维护封建统治。除了政府主导的社会养老起了这种作用外，民间互助的两种社会养老模式也起到了相同的作用。

民间善会有道德教化的作用。第一，劝善是善会成立的目的之一，在这一思想的指导下，除养老济贫外，定期举行会讲是善会的一项重要活动。根据《得一录》与《几亭全书》的记载，善会会讲均采用白话文的方式，其内容涵盖了《吕氏乡约》《圣谕十六条》等。《吕氏乡约》的主要内容为德业相劝、过失相规、礼俗相交与患难相恤，《圣谕十六条》也有"敦孝悌以重人伦，笃宗族以昭雍睦，和乡党以息争讼，明礼让以厚风俗"等类似要求。善会宣传种德报亲、济急救危、善恶相报、行善得福的思想，令听者久而遵之，"同善"观念深入人心，最终以达到人心向善、民和岁丰的效果。第二，从善会的救济对象来看，其最主要的救助对象是贫困无依的孝子、节妇，其次才是未被养济院收养的贫病老人。对于老人的入堂条件，也有严格的道德标准。从这一角度看，善会善堂并非与养济院相同的普遍救济机构，而是通过有区别的救济，来认可与鼓励忠孝行为，同时也宣扬了不忠不孝之人会得到"恶报"的理念。

义庄的创立以宗法血缘关系为纽带，宗族为义庄的基础，所以义庄养老对于族人的教化发挥了重要作用。除宗族规约中直接规定宣圣谕、遵乡约与明孝悌等内容外，义庄养老对于族人的教化还包括两个方面。一为通过赡族进行教化。多数义庄赡族并非以平均福利的方式进行，而是按照血缘亲疏实行差别待遇，例如五服以内的亲属所得的福利普遍优于五服之外的亲属；义庄赡族同时也维护尊卑等级秩序，例如范氏义庄在丧葬救济中，尊长的丧事支出要高于次长，而卑幼丧葬支出的银钱最少。二为通过建立宗祠进行教化。宗祠作为追思先人与弘扬孝道的载体，族人在祭祖之时，可形成族众均出自一人之身的身份认同，使族众忽略个人的士农工商身份而团结在以血缘为纽带的宗族之下，以宗法等级关系掩盖身份关系。祭祀礼仪的保留，可加强同族人之间的联系，使族人共同感受先人的德行，并交流孝睦之道。祭祖是为尊祖，宗祠祭祀是维护封建伦理的重要方式之一。

为弥补家庭养老的不足，稳定社会秩序，维护统治者的权威，近代国家在鼓励将孤老留在里甲内部收养的同时，采取了三种方式解决养老问题：首先，建立养老机构收养流民乞丐，减少社会不安定因素；其次，通过物质赏赐减轻里甲或宗族内养老的负担；最后，通过律例鼓励民间各种形式的养老，在弘扬孝文化的基础上，重视"义"的作用，使义举与孝行得到同样的表彰，将养老的重任从单一的家庭层面扩张到社会层面。

二 政府主导社会养老和民间互助型社会养老互相渗透

善会善堂的官营化。善会自明末产生之时，便受到了某些当地官僚的认可，官办同善会开始萌芽。明代福建长乐县知县夏允彝即有将同善会与保甲制度结合在一起的构想：由都甲长担任同善会负责人，自上而下进行救济。这种方式虽保留了同善会的名称与结社组织形式，但有了更多的强制性，官僚化也更为明显。自雍正帝在上谕中对民间善会善堂表示认可与鼓励后，地方官员为迎合皇帝，纷纷效仿被表彰的育婴堂与普济堂，设立类似的善堂。这时涌现的善堂包括两类：第一类是在原有善堂的基础上，地方官员进行整顿改造，将养老堂、育黎堂等均改名为普济堂；第二类为官员新设的善堂，官民共同捐款设立，共同维持其运作，民营与官营的界限不再有明确的划分。

义庄中的国家因素。义庄原是为协济族众、祭祀先祖而设的，是管理族田、征收地租、分发救济品、主持祭祀的单纯的宗法性机构，基于其赡族目的的明确性以及义庄范围的制约性，义庄也只是宗族内部的一个特别机构，其活动内容与经营模式受宗族的管理与控制。但随着义庄阶级特性的暴露以及封建统治政权的直接介入，义庄与国家的联系逐渐紧密。

义庄由在朝为官的范仲淹首创，创建者的身份不可避免地影响了义庄的性质。根据史三军对清代吴县义庄的统计可知，县志共记载了 58 个义庄，由官员捐置的义庄有 29 个，占义庄总数的 50 %，普通百姓创建的仅有 2 个，占总数的 3.4 %。其他义庄对于创办者身份无明确记载。[11] 在这些创建者中，不乏世代为官者以及四品以上的官员，这些人作为统治阶层的成员，具有明确的阶级立场，封建政权的稳定是其维护既得利益的前提。义庄不仅是其保护财产、获得名声与巩固地位的途径，同样也是维护封建政权的工具。

官僚可作为联系义庄与国家的纽带，同样，地主与富商也会出于维护其利益的考量，在义庄中纳入国家因素。清政府对义庄族田规定了一系列保护措施，尤其是禁止族田买卖的律令，使得族田可一直处于宗族管理之下，捐田者只是将个人财产变换为合族公产，而仍可获得相当比例的田租受益，不必担心财产流失。所以义庄管理者纷纷向官府备案，以求获得国家保障。相应地，义庄也承担了一定的国家义务。清代几乎所有的义庄规约中均有完纳田赋的规定，而且多规定义田租息首先用于纳税，其次才是祭祀与赡族。对于未按时缴纳租息的佃户，还有相应的惩罚措施。义庄为国税的收缴节约了相当的成本，国家也会通过补贴等方式保障义庄的正常经营。

政府主导的社会养老的民间化。政府主导的社会养老的民间化主要体现在民间对政府养老责任的分担以及民间对政府养老的财物支持两个方面。善堂与义庄除了通过赡养老人的方式直接减轻国家负担外，还通过社会捐助的方式间接减轻国家养老的财政负担。在国家财政不足，或直接将孤贫救助的财政拨款临时用于兵饷、救荒等其他财政支出时，官员和地方士绅对养济院会进行直接的捐助。这些财产一般用来修缮房屋、赡养额外孤贫以及改善孤贫的生活。社会捐助虽不是普遍存在的，但仍可体现出民众对国家养老的信任与支持，同时也反映出官府与普通民众之间的界限并非无法逾越，官府行为不能脱离民众支持。

第五节 ▶ 经验借鉴：家国同构

从近代养老服务的理念、演进脉络、参与机构和服务体系来看，其可供当下养老服务参考的经验有两个。

第一，国家机构养老与社会民间养老应该相互补充。"国家"与"社会"并非互相独立的两个范畴，行政事务与公共事业也存在互相影响与互相渗透的部分。在养老责任的范畴内，法律并不是唯一的干预手段。国家在为养老问题的解决采取立法与司法干预的同时，将更多的空间留给了地方治理。在近代中国的养老系统中，对养济院，除国家有统一的制度规定外，各地均有不同的养老名额规定、养老标准。而设立于城乡的民间养老机构，虽受国家监督，但具有相当的自治权。国家之所以放权于地方，鼓励地方公共事业的发展，是因为这些养老方式对于政府来说都是殊途同归的。养老本出于儒家思想，其本身就是一种教化；老人赡养问题的解决，是政府作为一国"家长"之义务的履行，也是促进社会和谐与民心稳定的重要途径。

第二，家族邻里互助养老模式仍然可以成为这种多支柱农村养老模式中的一极。该模式是以家族为基础，扩充至村落中的小户，对家族兼邻里中的老人开展具有互助性质的经济救助、生活服务等，类似于之前的义庄。原因在于以下几点。①聚族而居的方式依然是我国农村的主要居住方式；②家族互助依然是农村社会支持的主要形式。虽然中华人民共和国成立之后强调生产队、大队、公社等形式的正式功能组织的重要性，但在实际生产生活中，宗亲还是人们主要的互助合作对象，据陈永平、李委莎对湖北仙桃市 5 个自然村的调查显示，在生活方面遇到困难时，90%的农民求助于族人，从朋友和邻居那里得到帮助的只占 10%，没有一个求助于功能组织的。[12] ③由于农村宗族活动的广泛开展，家族中的社会资本得以增强和激活。20 世纪 80 年代以后，我国农村地区开展了诸如修族谱、建祠堂、祭祖宗、修祖坟、开庙会等形式多样的家族活动，加强了人们的联系和家族观念。④族中成功人士愿意为重建家族养老事业奉献力量。根据林南的社会资本理论，在这种社会交换之中，声望是捐资者获得的主要社会收益之一，这些成功人士捐款赡族之后，会得到全族的承认，而这种承认会造成受助者的社会债务，"必须在公开场合承认其社会债务以维系与他人的关系——网络中的公开承认可以传播他人的声望"。此外，我国素有家族养老兼及他姓的传统，农业合作化的经历又强化了邻里合作的习俗，所以我们当前完全可以鼓励推行现代家族邻里互助养老，其资金来源既可以通过仿效古代接受富裕家族（村庄）成员捐赠的方式获得，也可采取集资等方法加以解决。具体的组织形式仍可比照义庄，成立独立运作的 NGO 组织，对合乎条件的老年农民进行救助，并完善管理，财务定期公布，接受家族邻里监督。

注释：

1. 岳庆平：《中国的家与国》，吉林文史出版社，1990。
2. 张德强：《嬗变中的婚姻家庭》，兰州大学出版社，1993。
3. 张怀承：《中国的家庭与伦理》，中国人民大学出版社，1993。
4. 陈谷嘉：《论中国古代伦理思想的三大特征》，《求索》1986年第5期。
5. 《吴虞集》，四川人民出版社，1985。
6. 马文·哈瑞斯：《文化的起源》，华夏出版社，1988。
7. 《太平天国印书》，江苏人民出版社，1961。
8. 《得一录》卷一。
9. 《得一录》卷三。
10. 《得一录》卷一。
11. 史三军：《清代苏州义庄规约在维护基层社会秩序中的作用》，硕士学位论文，吉林大学，2006。
12. 陈永平、李委莎：《宗族势力：当前农村社区生活中一股潜在的破坏力量》，《社会学研究》1991年第5期。

参考文献：

［1］袁同成：《"义庄"：创建现代农村家族邻里互助养老模式的重要参鉴——基于社会资本的视角》，《理论导刊》2009年第4期。
［2］严雄飞：《中国古代社会救助慈善思想种类及作用》，《前沿》2002年第10期。
［3］汪春劼：《义庄、善堂与社会救济——基于20世纪上半叶无锡的分析》，《宁夏大学学报》(人文社会科学版)2010年第6期。
［4］林卡、吴昊：《官办慈善与民间慈善：中国慈善事业发展的关键问题》，《浙江大学学报》(人文社会科学版)2012年第4期。
［5］李俏、刘亚琪：《农村互助养老的历史演进、实践模式与发展走向》，《西北农林科技大学学报》(社会科学版)2018年第5期。

FIVE

▶ **第五章　当代中国养老服务市场**

《中华人民共和国国民经济和社会发展第十四个五年规划和 2035 年远景目标纲要》指出，要推动养老事业和养老产业协同发展，健全基本养老服务体系，大力发展普惠型养老服务，支持家庭承担养老功能，构建居家社区机构相协调、医养康养相结合的养老服务体系。在本章，我们在概述老年群体收支和资产情况的基础上，从养老保障的"三支柱"尤其是第三支柱视角阐释国内养老服务市场，同时兼顾信托养老市场的发展评述，文末则提出养老服务市场进一步发展的八条对策建议。

第一节 ▶ 市场发展：老年财富

在老龄化进程加快的背景下，要思考"靠什么养老"的问题。目前关于中国老年人财务状况的调查很少，本节基于较为权威的调查数据，考察了中国老年人的收入和财产状况，并将其与美国老年人的情况进行比较，分析异同。此部分也能反映中美两国在金融结构上的主要差异。

一 收入状况：较为分散

以第四次中国城乡老年人生活状况抽样调查[1]（2014 年）的约 22 万名 60 周岁以上老年人为样本，删除其中 1% 的最高收入样本和 1% 的最低收入样本，以排除奇异值的影响（李军、王丽民，2018）。从表 1 可见，受访老年人的人均年收入为 3.46 万元；老年人收入存在较大的城乡差异，城乡之比为 2.1∶1，反映了中国典型的二元经济特点；老年人收入的性别差异则不大。

表1 中国老年人人均年收入（2014 年）　　　　　　　　　　　　　　　　　　　　　单位：万元

老年人总体	城镇老年人	农村老年人	男性老年人	女性老年人
3.46	4.61	2.21	3.55	3.37

资料来源：第四次中国城乡老年人生活状况抽样调查。

分析中国城镇老年人和农村老年人的收入构成（见表 2）。对于城镇老年人，养老保险收入的占比高达 71.0%，其余 6 类收入的占比均未超过 10%。农村老年人的收入来源较为分散，子女、亲戚给予排第一，占比为 25.0%；养老保险收入排第二，占比为 24.1%；非农劳动性和农林牧渔业劳动所贡献收入的占比仍然较高，分别为 17.0% 和 16.9%。新型农村社会养老保险在农村居民养老中发挥作用的空间很大。

表 2　中国老年人收入构成（2014 年）　　　　　　　　　　　　　　　　　　　　　　单位：%

城镇老年人		农村老年人	
养老保险	71.0	子女、亲戚给予	25.0
子女、亲戚给予	9.9	养老保险	24.1
劳动性	7.6	非农劳动性	17.0
房租	3.0	农林牧渔业劳动	16.9
利息	2.4	土地承包	7.0
补助性	2.4	补助性	6.7
其他 （含第二支柱、第三支柱、抚恤金等）	3.7	其他 （含抚恤金、房租收入、利息收入等）	3.4

资料来源：第四次中国城乡老年人生活状况抽样调查。

　　作为对比，考察美国 65 岁及以上老年人的收入构成情况（见表 3）。其一，各收入组人群中，大部分人能获得政府社保收入，但是政府社保收入占总收入的比重会随着收入水平的提高而降低，从低收入组的 85.0% 下降到高收入组的 18.1%。对于"低""中低""中高"收入组的人群，政府社保收入的重要性显著大于劳动性收入和资产性收入之和。其二，"低""中低"收入组的人群普遍没有社会养老保险收入[2]，可见在养老财务保障问题上，美国算不上是福利国家。随着收入水平的提高，获得社会养老保险收入的人口比重逐步提升（5.4% → 56.2%），社会养老保险收入占总收入的比重也逐步提升（2.5% → 21.8%），可见社会养老保险收入是区分不同阶层的标志之一。其三，不出意料，总收入中劳动性收入占比和资产性收入占比均随着收入水平的提高而提高。

表 3　美国 65 岁及以上老年人收入构成（2013 年）　　　　　　　　　　　　　　　　单位：%

类别	获得某项收入的人口比重				某项收入占总收入的比重			
	低收入	中低收入	中高收入	高收入	低收入	中低收入	中高收入	高收入
政府社保收入	73.3	94.6	90.1	78.1	85.0	83.5	56.5	18.1
社会养老保险收入	5.4	19.8	52.3	56.2	2.5	6.2	21.1	21.8
劳动性收入	4.3	8.2	22.6	51.3	2.3	4.2	12.9	43.7
资产性收入	26.4	40.1	57.0	74.8	2.7	3.7	6.8	13.8
社会救助和公共补贴收入	8.0	2.2	0.7	0.4	6.6	1.0	0.2	0.0
其他收入	2.5	5.0	8.4	12.6	1.0	1.5	2.6	2.6

资料来源：Current Population Survey Data。

二 财产状况：城乡有别

在分析养老保障问题上，对财产进行"存量"分析比对收入进行"流量"分析更能反映真实情况。不过，相较于收入状况，财产状况调查的难度要大很多，分析难度也更大。北京大学中国健康与养老追踪调查（China Health and Retirement Longitudinal Study，CHARLS）项目组对中国 50~60 岁老年人进行了抽样调查（2014 年的情况）。对于很特殊的养老金资产，鉴于居民在现收现付制下的养老金领取权是一种或有资产，所以采用被调查者不同年龄的生存概率折算今后各年的养老保险收入（假设实际增长率为 0），而对于各类实物资产，均采用 2.5% 的年化增长率。

由表 4 可见，总体上看，中国 50~60 岁老年人的资产总额为 36.79 万元。分结构看，城乡差异很大，城乡之比为 4:1，显著大于城乡收入的差距，这也反映了中国典型的二元经济特点；性别差异则不大。分析中国 50~60 岁城镇老年人和农村老年人的资产构成（见表 5）。对于城镇老年人，养老保险是第一大资产，占比达到 63.5%；住房是第二大资产，占比为 27.8%；流动资产（主要是金融资产）排第三，仅占 5.6%。对于农村老年人，住房是第一大资产，占比为 44.2%；养老保险是第二大资产，占比为 25.1%；土地资产排第三，占比为 12.3%。

表 4　中国 50~60 岁老年人资产金额（2014 年）　　　　　　　　　　　　　　　　单位：万元

老年人总体	城镇老年人	农村老年人	男性老年人	女性老年人
36.79	79.91	20.00	40.93	32.87

资料来源：中国健康与养老追踪调查。

表 5　中国 50~60 岁老年人资产构成（2014 年）　　　　　　　　　　　　　　　　单位：%

类别	老年人总体	城镇老年人	农村老年人	男性	女性
养老保险资产	40.7	63.5	25.1	42.1	37.4
住房资产	38.8	27.8	44.2	38.4	41.4
土地资产	5.9	0.3	12.3	5.1	7.1
流动资产	8.7	5.6	10.2	9.1	7.4
耐用消费品资产	4.4	2.0	6.2	3.7	5.3
其他固定资产	1.6	0.8	2.0	1.6	1.5

资料来源：中国健康与养老追踪调查。

表 6 报告了美国 51~60 岁中老年人家庭财产中政府社保资产和社会养老保险资产的构成情况。第一，整体而言，政府社保资产占家庭总资产的比重为 28%，社会养老保险资产占家庭总资产的比重为 24%，二者占比较接近。第二，不同资产水平家庭的资产构成显著不同。政府社保资产占家庭总资产的比重随着家庭总资产的增加不断下降，这是由于收入越低的人群越依赖于政府，或者说政府社保制度的设计有"亲贫性"。第三，随着家庭总资产的增加，社会养老保险资产占家庭总资产的比重总体在上升，不过最富有的 10% 的家庭该比重低于最富有的 10%~20% 的家庭。这是因为即使不参与养老保险计划，最富有家庭也有足够的财富维持生活。这支持了保险领域经典的"S"曲线，即保险需求随着收入水平的提高而增加，直到收入水平达到很高的水平。

表 6 美国 51~60 岁中老年人家庭资产构成

指标	←更贫困　更富裕→				整体
	10%	10%~20%	80%~90%	90%~100%	
政府社保资产（2010年美元）	65819	125364	285379	289698	208096
占家庭总资产的比重（%）	88	72	21	12	28
社会养老保险资产（2010年美元）	2445	11531	402127	595128	178007
占家庭总资产的比重（%）	3	7	29	24	24
其他资产（2010年美元）	6730	36034	700225	1544980	360822
占家庭总资产的比重（%）	9	21	50	64	48
总资产（2010年美元）	74994	172929	1387731	2429806	746925

注：样本中剔除了资产最低和最高的各 1% 的家庭。
资料来源：National Research Council, and Committee on Population (US)。

从居民的养老保险资产占家庭总资产的比重看，中国城镇老年人已经与美国相当，但中国农村老年人明显低于美国。考虑到中国居民的资产总量明显低于美国居民，并且差距大于两国居民收入的差距，中国应当加快建设养老保险服务网络，尤其是要加快发展"三支柱"中的薄弱环节。

第二节 ▶ 养老保障：三大支柱

　　养老保险体系有全球通行的"三支柱"[3]的划分：第一支柱是基本养老保险或政府养老金，在中国是指城镇职工基本养老保险和城乡居民基本养老保险；第二支柱是单位补充养老保险或雇主养老金，在中国是指职业年金和企业年金；第三支柱是个人养老保险，典型的是个人商业养老保险，也包括真正能发挥养老作用的储蓄存款、理财产品、目标基金、住房金融化等商业产品和服务。1991 年，国务院在总结部分省市试点经验的基础上，颁发了《关于企业职工养老保险制度改革的决定》，提出逐步建立起基本养老保险、企业补充养老保险和职工个人储蓄性养老保险相结合的多层次保障制度。

一　第一支柱："一枝独大"

（一）城镇职工基本养老保险制度自身压力较大

　　建设全国统一的城镇职工基本养老保险制度，是基于 1997 年 7 月国务院发布的《关于建立统一的企业职工基本养老保险制度的决定》和 1998 年 8 月国务院发布的《关于实行企业职工基本养老保险省级统筹和行业统筹移交地方管理有关问题的通知》。前者明确了按照社会统筹和个人账户相结合的原则，建立全国统一的企业职工基本养老保险制度，规范并统一了企业和个人缴纳基本养老保险的比例、基本养老保险计发办法，建立和完善了离退休人员基本养老保险的正常调整机制，提出了养老保险基金应当实行省级统筹。后者将铁道部等 11 个部门的基本养老保险行业统筹移交地方管理，将养老保险金由差额拨付改为全额拨付。2005 年 12 月，国务院发布《关于完善企业职工基本养老保险制度的决定》，明确了企业和个人的缴费比例，调整了个人账户规模和养老保险计发办法，建立了基本养老统筹基金省级调剂制度，要求自由职业者、城镇个体工商户参加基本养老保险，改进了基本养老保险费征缴机制和基本养老保险基金管理制度。

　　城镇职工基本养老保险采取单位和个人共同缴费、社会统筹和个人账户相结合、财政承担额外支出责任的模式。单位缴纳比例为 20%，自 2019 年 5 月起，单位缴纳比例高于 16% 的，可以降低至 16%，该部分缴费计入社会统筹部分，实行现收现付制，即使用正在工作人群的缴费作为给退休人员发放的养老金。个人缴纳比例为 8%，计入个人账户，实现完全积累制。参保职工退休后每月领取的养老金 = 基础养老金 + 个人账户养老金。基础养老金 = 上年度职工所在省级地区在岗职工的月平均工资 ×（1 + 本人平均缴费指数）÷2×N×1%。其中，N 为缴费年限；本人平均缴费指数 $=\left(\sum_{i=1}^{N}\frac{W_i}{A_i}\right)/N$，公式中的 W_i 是第 i 年该职工个人平均缴费工资，A_i 是第 i 年的上年度该职工所在省级地区在岗职工月平均工资。个人账户养老金＝个人账户储存额/计发月数。其中，计发月数根据退休年龄确定（参见 2005 年 12 月国务院发布的《关于完善企业职工基本养老保险制度的决定》），退休年龄越大，计发月数越少，如 40 岁、60 岁和 70 岁退休的人所对应的计发月数分别为 233 个月、139 个月和 56 个月。

分析城镇职工基本养老保险的参保情况。图 1 显示，无论是企业还是机关事业单位，城镇职工基本养老保险的在职人数（缴费人数）和离退休人数（领取养老金人数）都在不断增加。2000 年，企业的参保人员负担系数（离退休人数与在职人数之比）为 0.32，2019 年为 0.38，主要是从 2015 年开始增长。2015 年之后企业参保人员负担系数上升较快，如果保持现行退休政策不变，中国城镇职工基本养老保险参保人员负担系数在 2050 年将翻一番，压力很大。机关事业单位退休人员较多，参保人员负担系数在 2000 年为 0.16，到 2019 年已经上升至 0.52。

分析城镇职工基本养老保险的保障程度。本章利用公开数据计算了城镇职工基本养老保险替代率。

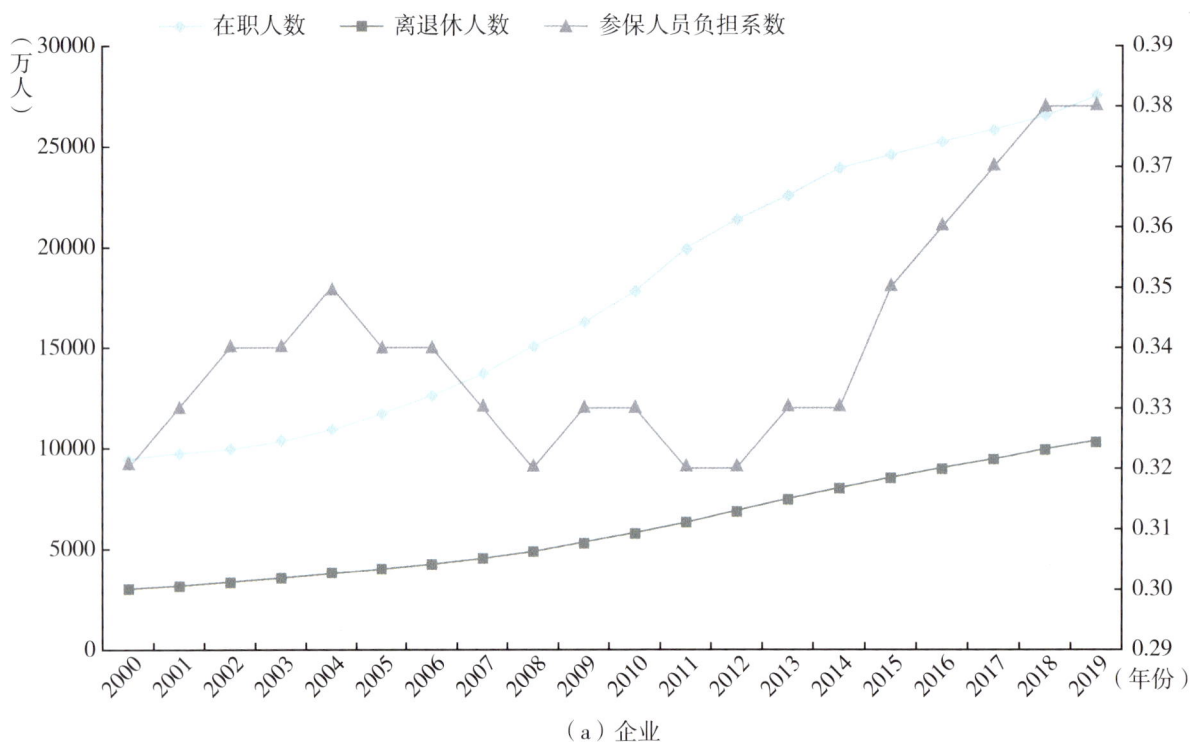

（a）企业

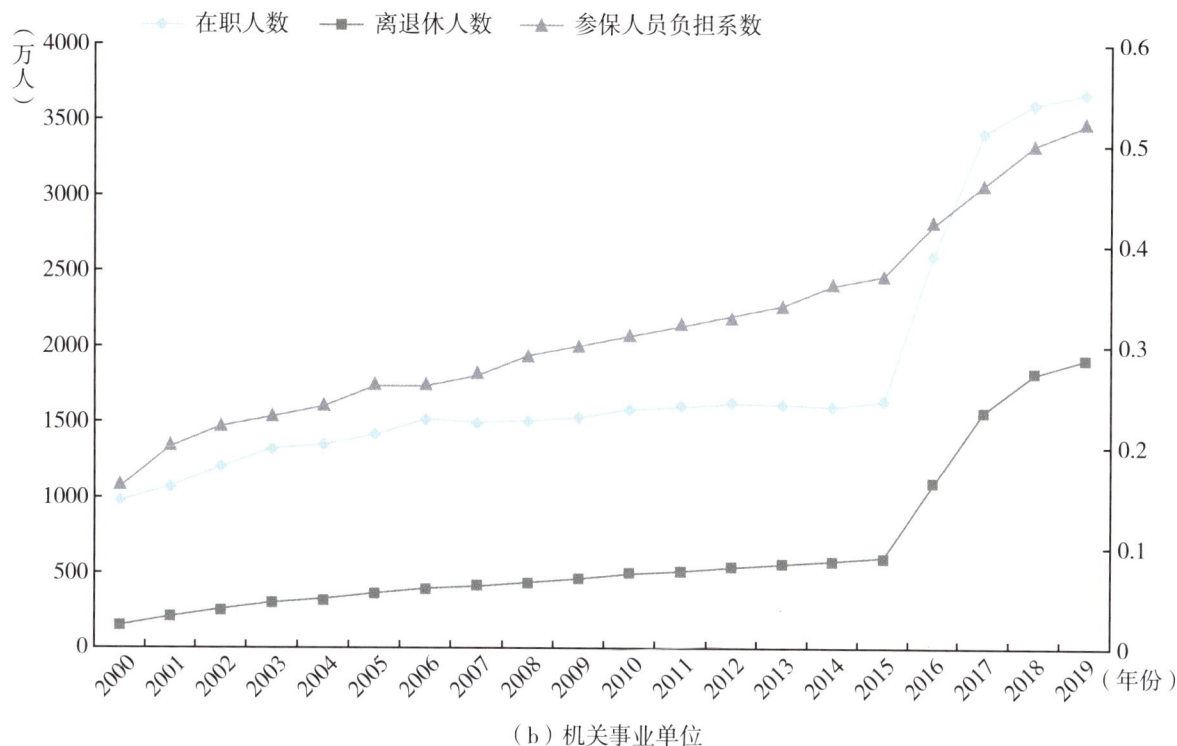

图1　城镇职工基本养老保险参保情况（2000~2019年）

资料来源：《中国统计年鉴》、人保部。

第一步，将每一年度的基本养老保险基金支出除以参与养老保险的离退休人数得到离退休人员人均基本养老金水平。第二步，将当年人均基本养老金领取水平除以当年城镇在岗职工平均工资，得到基本养老保险替代率。1989~2011年，中国每年都提高了养老金领取水平，但是由于职工工资水平增长速度更快，中国职工基本养老保险替代率从2000年的71%开始下降，到2019年降至43%（见表7），远低于当初制度设计的目标替代率[4]。

表 7 城镇职工基本养老保险的保障程度（2000~2019 年）

指标	2000年	2001年	2002年	2003年	2004年	2005年	2006年	2007年	2008年	2009年
基金支出（亿元）	2116	2321	2843	3122	3502	4040	4897	5965	7390	8894
年末离退休人数（万人）	3170	3381	3608	3860	4103	4368	4635	4954	5304	5807
城镇在岗职工平均工资（万元）	0.94	1.09	1.24	1.4	1.6	1.84	2.1	2.49	2.92	3.27
替代率（%）	71	63	63	58	53	50	50	48	48	47
指标	2010年	2011年	2012年	2013年	2014年	2015年	2016年	2017年	2018年	2019年
基金支出（亿元）	10555	12765	15562	18470	21755	25813	31854	38052	44645	49228
年末离退休人数（万人）	6305	6826	7446	8041	8593	9142	10103	11026	11798	12310
城镇在岗职工平均工资（万元）	3.71	4.25	4.76	5.24	5.74	6.32	6.9	7.61	8.47	9.34
替代率（%）	45	44	44	44	44	45	46	45	45	43

资料来源：《中国统计年鉴》、人保部。

（二）城乡居民基本养老保险的保障有限

城乡居民基本养老保险由城镇居民社会养老保险和新型农村社会养老保险整合而成。城镇居民社会养老保险（以下简称"城居保"）覆盖城镇户籍非从业人员，自 2011 年开展试点，于 2012 年在全国所有地区推行。"城居保"有两个特点：一是资金来源除个人缴费外，还有政府补贴，个人缴费越多，政府补贴也越多，且个人缴费和政府补贴全部计入参保人的个人账户；二是"城居保"的养老金由基础养老金和个人账户养老金两部分构成，基础养老金由政府全额支付，个人账户养老金水平由账户储存额决定。参保居民年满 60 周岁，可按月领取养老金，且终生可领取。新型农村社会养老保险（以下简称"新农保"）以保障农村居民年老时的基本生活为目的，自 2009 年开展试点，于 2012 年在全国所有地区推行。"新农保"采取个人缴费、集体补助、政府补贴相结合的筹资模式，养老待遇由社会统筹与个人账户相结合。

"新农保"与"城居保"实施后，存在城乡相关政策不一致、标准高低错落、管理资源分散等矛盾，因此自 2013 年起，先后有 15 个省区市针对这些矛盾，推进两项制度合并实施。2014 年 2 月，国务院印发《关于建立统一的城乡居民基本养老保险制度的意见》，决定将"新农保"与"城居保"合并实施，建立全国统一的城乡居民基本养老保险制度。当前，各省区市对城乡居民养老保险的缴费比例、待遇确定有不同的规定。

居民调查数据也能反映出社会养老保险（第一支柱）是中国老年人最主要的养老依靠。基于 CHARLS 的调查数据，2015 年，中国 60 岁以上老年人中参与养老保险的比重达到 96.3%，其中参与社会养老保险（第一支柱）的比重为 91.2%。进一步将第一支柱细化为 5 个部分，可见社会养老保险（第一支柱）占比的快速提高主要归因于新型农村社会养老保险政策的推行，在被调查老年人中的覆盖率从 2011 年的 24.5% 上升到 2015 年的 57.9%（见表 8）。

表 8　中国 60 岁以上老年人的养老保险覆盖率　　　　　　　　　　　　　　　　　　　单位：%

类别	2011年	2013年	2015年
养老保险	52.6	93.1	96.3
社会养老保险（第一支柱）	48.2	83.1	91.2
政府机关/事业单位退休金	11.5	10.1	9.9
企业职工养老保险	9.5	15.8	16.3
城乡居民养老保险	1.2	2.0	4.2
城镇居民社会养老保险	1.5	2.5	3.0
新型农村社会养老保险	24.5	52.6	57.9
企业补充养老保险（企业年金）	1.0	1.2	1.0
商业养老保险	1.5	3.6	5.2

资料来源：中国健康与养老追踪调查。

人口老龄化使得养老金领域人数与工作年龄人数不断上升，造成以"现收现付制"为主导的基本养老保险制度存在较大的隐形债务规模[5]。对此，国内外官方和学术组织进行过很多测算，如原劳动部社保所、世界银行、国务院原体改办、财科所等估算的结果不尽相同，平均为 3.5 万亿元左右。目前国家主要采用两种"增收"和一种"节支"的方法解决基本养老保险的精算缺口问题。"增收"方法包括：一是划拨国有资本做实个人账户，计划先划拨 10% 的国有资本；二是改善养老金投资体制，提高投资的市场化程度以提高投资收益率，如截至 2019 年末，已有 22 个省区市签署了基本养老金委托投资合同，委托总金额达 10930 亿元（数据来自人社部）。"节支"方法是严格退休制度，降低"早退"的程度，延后养老金的领取时间。

目前，国家正在设计的"延迟退休"方案也能在较大程度上缓解养老保险收支的精算缺口问题。考虑到人们的工作意愿差别很大，所以预计将制定一个更高的法定退休年龄，作为领取养老金的年龄，而不是设计强制退出劳动市场的年龄。延迟退休影响基本养老保险的机制主要是"代际关系"。允许和鼓励延迟退休，使得工作和休闲时间可以在一生中更均匀地分布，能够优化社会整体资源配置和个人一生的资源配置，从而通过经济增长来提升养老金的积累。虽然延迟退休需要个人多缴费几年，为国家做出了贡献，但是国家可通过提高养老金发放标准来适当补偿延迟退休的个人。

二　第二支柱：面大量小

养老保险的第二支柱是由雇主主导的，包括职业年金和企业年金，二者分别针对机关事业单位职工和企业单位工作人员。

2015 年 1 月 14 日，国务院印发《关于机关事业单位工作人员养老保险制度改革的决定》，标志着中国职业年金正式启动。此前，职业年金制度于 2008 年在山西、上海、浙江、广东、重庆 5 个省市开展了试点。雇主单位和职工的参与均是强制性的，职工不需要进行特殊的操作。在缴费比例上，雇主单位按本单位工资总额的 8% 缴费，职工个人按本人缴费工资的 4% 缴费。缴费的积累采用个人账户模式，实行完全积累制。职业年金采用信托管理模式（而非契约管理模式）。职业年金的领取较为机械，具有第一支柱个人账户的特点，采取退休后每月领取的方式。建立职业年金本身就是政府的责任，所以享受了较好的税收优惠政策。

职业年金虽然建立时间不长，但很快基本实现了全覆盖。截至 2019 年末，已有 2970 万人参与了职业年金，覆盖率达到 82%（数据来自人社部）。截至 2020 年 3 月，已有 23 个省区市和中央单位的职业年金计划正式启动投资运营，其他省区市也在 2020 年全面落地实施（数据来自人社部）。中国机关事业单位人数近年来增长缓慢，目前接近 4000 万人，而按照全国就业人员年平均工资和 12% 的缴费比例计算，2020 年的职业年金缴费接近 4000 亿元。

中国的企业年金始于 2004 年 1 月施行的《企业年金试行办法》，2017 年 12 月发布了《企业年金办法》，于 2018 年 2 月施行。雇主企业参与企业年金是自愿的。在缴费比例上，企业每年按照不超过本企业员工工资总额的 8% 缴费，企业和职工个人缴费合计不超过本企业职工工资总额的 12%。与职业年金一样，企业年金也采用信托制。企业年金实行完全积累制，每个职工均有个人账户。该账户中企业缴费及其投资收益的所有权可以直接给职工个人，也可以在 8 年之内逐步转移给职工个人。企业年金的领取较为灵活，可在退休后一次性领取，也可分期领取。

企业年金采取领取时再缴税的制度设计，不过在缴费阶段的税收优惠幅度较小。企业缴费符合国家规定的部分（4% 以内）可以从企业所得税应纳税所得额中扣除，个人缴费可以从当期个税应纳税所得额中扣除；在基金积累阶段，暂不征收个人所得税；在职工达到法定退休年龄时，按"工资、薪金所得"计征个人所得税。此外，企业年金的备案流程较烦琐，支出方式设计不够灵活。而在一些发达国家，企业计算当期应纳税所得额时可以扣除员工总额的一定比例，这一比例在美国、加拿大、澳大利亚分别是15%、18%、20%。

企业年金的覆盖面仍然很小。表9显示，2019年，中国建立企业年金的企业数量和参与企业年金的职工人数分别为9.60万家和2548万人，企业年金积累资金总额达到17985亿元，2007~2019年，三者分别实现了9.59%、8.77%和22.87%的年均增长率。但是，以参与城镇职工基本养老保险的职工人数为基数，2019年企业年金参与率仅为5.86%，且此后停滞不前。企业年金参与者存在显著的制度性差异，参与企业主要是国有企业和金融机构，中小企业占参与企业总数的比重不足1%。即使多种所有制经济共同发展，新经济催生了一大批优质企业，中国企业年金制度的参与者结构也没有明显变化。2015年，中国60岁以上老年人参与企业年金的比重仅为1.6%。在养老保险体系健全的国家中，企业补充养老保险的覆盖率在法国、荷兰、丹麦、澳大利亚等国家达到或接近100%，美国、英国、德国等国家也超过了50%，所以中国的企业年金仍然很单薄。考虑到中国企业部门杠杆率高的特点，以及中国正下大力气降低企业负担，企业年金覆盖率和保障程度在中短期难以实现较快提升。

表9　中国企业年金发展情况（2007~2019年）

指标	2007年	2008年	2009年	2010年	2011年	2012年	2013年
建立企业年金企业数量（万家）	3.20	3.31	3.35	3.71	4.49	5.47	6.61
参与企业年金职工人数（万人）	929	1038	1179	1335	1577	1847	2056
企业年金积累资金总额（亿元）	1519	1991	2533	2809	3570	4821	6035
参与职工基本养老保险职工人数（万人）	20136	21891	23549	25707	28391	30426	32218
企业年金参与率（%）	4.61	4.74	5.01	5.19	5.55	6.07	6.38

指标	2014年	2015年	2016年	2017年	2018年	2019年	年均增长率（%）
建立企业年金企业数量（万家）	7.33	7.55	7.63	8.04	8.74	9.60	9.59
参与企业年金职工人数（万人）	2293	2316	2325	2331	2388	2548	8.77
企业年金积累资金总额（亿元）	7689	9526	11075	12880	14770	17985	22.87
参与职工基本养老保险职工人数（万人）	34124	35361	37930	40293	41902	43488	6.63
企业年金参与率（%）	6.72	6.55	6.13	5.80	5.70	5.86	—

资料来源：《2019年度全国企业年金基金业务数据摘要》[6]、《中国统计年鉴》、国家统计局。

三 第三支柱：潜力待挖

第三支柱养老保险的本质是个人承担责任的具有商业性质的保险体系。界定第三支柱养老保险不应当限于产品或服务的名称，而要抓住其发挥的功能。2019 年 6 月，人社部提出多类金融产品均可成为第三支柱养老保险的产品。此外，"以房养老"、符合条件的长期护理保险等也有转化为第三支柱养老保险产品的潜质。第三支柱养老保险是中国金融业远未充分发挥作用的一个领域。

（一）商业保险：进展缓慢

按照是否享有税收优惠政策，商业养老保险可划分为个人税收递延型商业养老保险和普通养老年金保险。

个人税收递延型商业养老保险起步较晚，发展迟缓。面对国内养老保障的巨大潜力，结合国际经验，保险监管部门长期推动出台支持商业养老保险的税收优惠政策。2010 年之前，原保监会与上海、天津等城市进行了个人税收递延型商业养老保险制度设计，作为应对城市人口老龄化和建设国际金融中心的重要内容。在财税、人保部门的协同推进下，2017 年国务院办公厅发布意见，明确在 2017 年底前启动个人税收递延型商业养老保险试点。2018 年 5 月，财政部等五部门联合发布《关于开展个人税收递延型商业养老保险试点的通知》，标志着第三支柱个人养老金制度正式落地。试点在福建省、上海市和江苏省苏州工业园区实施，鼓励以"收益稳健、长期锁定、终身领取、精算平衡"为原则，开发设计税收递延型养老保险产品，采用"EET 税收优惠模式"，但限额按照应税收入的 6% 和 1000 元 / 月（或 12000 元 / 年）孰低的办法确定。由于税收优惠激励不足、申请税优的流程较为烦琐、机构投资者发展不足等原因，个人税收递延型商业养老保险发展缓慢。截至 2020 年 4 月底，共有 23 家保险公司参与个人税收递延型商业养老保险试点，累计实现保费收入仅 3 亿元，参保人数仅 4.76 万人（数据来自银保监会）。

普通养老年金保险规模有限，占寿险业务的比重偏低。2020 年第一季度商业养老年金保险的保费收入为 325 亿元，有效保单为 6883 万件，期末有效承保人数为 6758 万人次，积累的保险责任准备金超过了 5320 亿元（数据来自银保监会）。2020 年第一季度，普通养老年金保险的保费收入和保单数量分别占寿险公司整体的 2.48% 和 2.29%（根据银保监会的数据计算）。美国年金保险业务的准备金远超人寿保险业务的准备金。养老年金保险发展迟缓，被称为"年金谜题"，其原因包括：死亡率方面的逆向选择很严重，寿命长短虽只能决定终身寿险保险金的领取时间，但可以决定年金的领取期数和领取总额，故逆向选择对年金保险造成的影响远大于寿险；年金保险在领取期间具有不可赎回性，从而会造成流动性风险；人们对长寿风险的认知不足，存在维持现状偏差、行为惰性等不理性心理。

专栏：国民养老保险股份有限公司

2021 年 9 月 8 日，银保监会官网公布批筹文件，同意工银理财等 17 家公司共同发起筹建国民养老保险股份有限公司，注册资本达 111.5 亿元，注册地为北京市。

共同发起国民养老保险股份有限公司的 17 家公司，与此前该公司拟设立公告的 17 家股东一致。这 17 家公司涵盖包括六大银行理财子公司在内的 10 家银行理财子公司、国务院旗下的国新资本、北京市政府旗下的基础设施投资公司、中信和中金两家头部券商子公司、1 家寿险公司以及私募投资公司等多类型机构。这 17 家公司的持股情况为：

工银理财、农银理财、中银理财、建信理财、交银理财各自投资 10 亿元，持股比例均为 8.97%；

中邮理财投资 6.5 亿元，持股比例为 5.83%；

信银理财、招银理财、兴银理财、民银金投资本管理（北京）有限公司均投资 5 亿元，持股比例同为 4.48%；

华夏理财投资 3 亿元，持股比例为 2.69%；

北京市政府旗下的北京市基础设施投资有限公司投资 10 亿元，持股比例为 8.97%；

北京熙诚资本控股有限公司投资 5 亿元，持股比例为 4.48%；

国务院旗下的国新资本有限公司投资 10 亿元，持股比例为 8.97%；

中信证券投资有限公司投资 3 亿元，持股比例为 2.69%；

泰康人寿投资 2 亿元，持股比例为 1.79%；

中金浦成投资有限公司投资 2 亿元，持股比例为 1.79%。

经营范围为：商业养老计划管理业务；受托管理委托人委托的以养老保障为目的的人民币、外币资金；团体养老保险及年金业务；个人养老保险及年金业务；短期健康保险业务；意外伤害保险业务；团体人寿保险业务；团体长期健康保险业务；个人长期健康保险业务；上述保险业务的再保险业务；国家法律、法规允许的保险资金运用业务；与上述业务有关的咨询服务业务；保险兼业代理；经中国银保监会及国家相关部门批准的其他业务（以保险许可证和营业执照所载为准）。相较于其他养老保险公司，国民养老保险股份有限公司的业务范围多出一部分，如商业养老计划管理业务。

近年来，中国年金保险业务发展很快，保费收入占比已经接近或超过寿险业务。然而，很多产品的持续期不长，具有"保险理财"的特点，而一些持续期较长产品的长期储蓄性虽强，但很少承担长寿风险。中国服务于老年人的人身险不多，截至 2019 年，中国老年人保险产品供给覆盖 5900 多万人，其中 35.5% 的 65 岁及以上老年人购买了商业保险（数据来自银保监会），能承担长寿风险的年金保险占比非常低。2015 年，仅有 5.2% 的 65 岁及以上老年人持有商业养老保险，且该商业养老保险还包括人寿保险和两全保险。

针对商业养老保险进展缓慢的情况，国家多次提出了要求。2019 年 12 月 30 日，国务院常务会议指出，中国已进入老龄化社会，60 岁及以上老年人已达 2.5 亿人，但基本没有适应他们需求的商业保险产品，要加快发展商业养老保险。2020 年 12 月 9 日，国务院常务会议部署了促进人身保险扩面提质、稳健发展的措施，提出"加快发展商业健康保险"和"将商业养老保险纳入养老保障第三支柱加快建设"两大发展路径，以满足人民群众的多样化需求。

（二）养老理财：开发不足

中国居民有节俭和储蓄的传统，存款一直是最大的一类金融资产（见表 10）。存款占居民部门金融资产的比重在 1995 年和 2018 年分别达到 75.5% 和 54.4%。中老年人对存款有更大偏爱，存款多的居民也确实对养老的财务支出更有"底气"。但是，以存款来达到养老的目的，在长寿风险应对、投资积累方面的效率均较低。从国际惯例看，存款并不属于养老金资产，也不计入养老储备。因此，与房产一样，存款可以成为各类第三支柱养老保险产品的重要转化来源。

表 10 中国居民部门金融资产构成　　　　　　　　　　　　　　　　　　　单位：万亿元，%

类别	1995年		2007年		2018年	
	金额	占比	金额	占比	金额	占比
通货	0.7	16.3	2.5	7.8	6.4	4.4
存款	3.3	75.5	19.2	60.2	78.6	54.4
保险准备金	0.1	1.2	2.7	8.5	18.0	12.5
证券	0.3	7.0	5.5	17.2	14.5	10.0
特定目的载体	0	0	1.7	5.3	24.9	1.5

资料来源：易纲：《再论中国金融资产结构及政策含义》，《经济研究》2020 年第 3 期。

　　中国的银行理财市场发展很快，所谓的养老理财产品也有一定的规模。商业银行网点众多，拥有庞大和较成熟的理财顾问团队，理财顾问专业知识较丰富，产品稳健性较好，因此发展养老金融业务有其自身优势。不过，当前能够真正发挥养老功能的养老理财产品占比并不高，产品期限在 1 年以下的占七成左右，3 年以上的占比很低，可见与其他理财产品的实质性差异不大。相较于其他理财产品，养老理财产品以封闭式运作为主，开放式的也多为定期开放式，并且更注重追求稳健收益。截至 2020 年 7 月，已有 16 家银行发行了 140 多款养老理财产品，新成立的银行理财子公司普遍将养老产品作为战略发展方向之一。商业银行特别是大中型银行善于把握经济周期，在风险控制和投资方面有深厚的积累，在供给真正的养老理财产品上有较大的潜力和较强的竞争力。

　　相较于美国的个人退休账户（Individual Retirement Account，IRA）和英国的收入支取计划（Income Drawdown），中国的养老存款和理财产品很有市场。在美国，IRA 是 1974 年根据《职工退休收入保障法》设计的，个人自愿参与，享受延迟纳税，IRA 所得收益持有一定年限以上的即可免税，退休后领取资金时才缴纳所得税。在英国，2008 年金融危机爆发后，资本市场收益差，导致年金支付率常年低下，加之保险公司向客户销售年金的难度增大，收入支取计划应运而生。这一计划允许参与人选择养老保险个人账户投资种类（如股票、股权、不动产），以及何时从养老保险个人账户支取资金、支取多少资金，并对符合条件的取回金额免征收入税和资本利得税。IRA 和收入支取计划的税收优惠力度大、设计简明且透明的养老金融产品发展良好，对中国养老存款和理财产品的设计具有一定借鉴意义。

（三） 养老基金：有待观察

　　养老目标基金是指用于养老目的的投资基金，其特点包括：采取稳健的资产配置策略，追求长期可持续的投资回报；鼓励投资人长期持有，通常设置封闭期和投资者持有期限。中国的养老目标基金自 2018 年 2 月证监会发布实施《养老目标证券投资基金指引（试行）》起正式亮相，对养老基金产品开始进行规范化运作。养老目标基金采取基金中基金（Fund of Fund，FOF）的运作形式，以降低投资收益的波动性。

　　养老目标基金的特殊性主要在于投资策略。2018 年 8 月，证监会批准了 8 家基金公司的养老目标基金，包括 8 只养老目标日期基金和 6 只养老目标风险基金。养老目标日期基金也称"生命周期基金"，它设定了参与人的目标退休日期，在初期投资较为激进，而随着目标退休日期的临近，基金会追求更小的投资波动。养老目标风险基金也称"生活方式基金"，它在既定的风险程度基础上，追求投资收益的最大化。投资风险不随参与者年龄的增长而变化。在投资策略上，养老目标风险基金可设定风险监测指标——标准差、在险价值、期望损失等，追求将这些指标控制在目标区间内。在美国的养老目标基金中，养老目标日期基金的占比在 70% 以上。

伴随着中国整个基金行业的快速发展，养老目标基金也迅速发展。截至 2020 年 10 月，中国养老目标基金总户数已超 148 万户，几乎全为个人投资者，基金规模超过 353 亿元，近一年的平均净资产增长率达 24.21%，并且回撤率较低（在 -9.52% 和 -0.01% 之间）（数据来自中国基金业协会）。养老目标基金要持有较长时间才能赎回。中国的养老目标日期基金一般要求持有 3~5 年，目标日期大多在 2035 年前后，而养老目标风险基金一般要求持有至少 1 年，锁定的期间要求不长。

（四） 以房养老：低于预期

中国的"以房养老"产品通常是指老年人住房反向抵押养老保险。2013 年 9 月，国务院印发《关于加快发展养老服务业的若干意见》，提出"开展老年人住房反向抵押养老保险试点"；2014 年 7 月，京、沪、穗、汉四城市开启"以房养老"试点；2016 年 7 月，将试点时间延长至 2018 年 6 月 30 日，试点范围扩大至各直辖市、省会城市、计划单列市以及江苏、浙江、山东、广东等省份的部分地级市；2018 年 8 月，银保监会宣布将"以房养老"业务扩大到全国。从本质上讲，"以房养老"是"住房抵押"与"终身年金保险"的结合。

相较于"终身年金保险"，"以房养老"保险能节约"两个成本"，规避或大幅减轻"两个风险"，但也多出了"三个风险"。节约的"两个成本"：一是心理不适成本，即老年人居住于自有住房要比租住同样的房子更舒适，心理不适成本更低；二是一次性的搬家成本。规避或大幅减轻的"两个风险"：一是规避了房租上涨风险，即"以房养老"参与者居住于自有住房，不会面临房租上涨的风险；二是减轻了流动性风险，即"以房养老"参与者在急需用钱时可以通过退保来应对流动性需求。节约的"两个成本"和规避房租上涨风险对养老者有利，也未损害保险人的利益，所以提高了"以房养老"这项业务的效率。减轻流动性风险对养老者有利，而这种源自个体的流动性风险转移给资金池巨大的保险人来承担和分散更具效率。多出的"三个风险"：一是房价风险，即若房价大幅下跌，保险人从未来房产处置中的所得将小于已支付的保险金和相关费用，保险人将受损，而若房价上涨，非参与型"以房养老"产品的保险人将无法获得这部分收益，参与型"以房养老"的保险人按合同约定可以分享一部分房价上涨收益，但是养老者可以选择退保来谋求独享这部分收益；二是利率风险，即利率上涨会激励参与者退保，将住房变现资金用于偿还保险人已支付的成本，再将剩余资金投资于高利率产品；三是道德风险，即参与者有激励减少对住房的维护，从而降低住房价值。房价风险和利率风险对保险人不利，而对参与者有利，但保险人不能白白承担这两项具有系统性的风险，因此只能提高反向抵押保险的附加费用率，这表现为手续费率高、养老收入领取率低。例如，在美国，按照参与者平均预期余命估算，老年人住房反向抵押贷款的参与者所能领取的养老金仅为住房价值的 50% 左右。

中国的"以房养老"开展状况很不理想,市场前景不明。2015年3月,幸福人寿推出第一款"以房养老"产品;2016年10月,人保寿险成为经营该业务的第二家公司。截至2019年9月末,"以房养老"的有效保单仅为129件,共有129户家庭的191位老年人参保。因此,"以房养老"保险对居民养老的作用几乎可以忽略。"以房养老"这一保险模式尚有诸多不易解决的问题:一是传统观念根深蒂固,即老年人认为自己的房屋应该由子女等后辈继承;二是法律障碍较多,土地使用权续期、房产抵押登记、交易税费等方面的手续办理较烦琐,且存在政策不确定性;三是死亡率方面的逆向选择严重,即预期余命越长的人越会参与,使得费用率很高;四是保险公司的精算定价和投资能力有待提升。

第三节 ▶ 信托养老:大有可为

要想有效解决社会养老问题,必须大力发展养老产业,而养老产业的发展,离不开金融的有力支持。分散的、非经常性的资金支持不足以支撑养老产业发展,要大力支持养老产业发展,就必须建立完善的以解决养老问题为目标,以养老产业为依托,由有关金融监管机构统一管理,由社会基本养老保险、企业年金、商业养老保险、养老储蓄、养老住房反向抵押贷款、养老信贷、养老基金等金融服务方式构成的统一的养老金融体系。近年来,信托机制在中国养老市场中的作用日益受到重视。2004年颁布的《企业年金试行办法》和《企业年金基金管理办法》(2011年修订)明确规定采用了信托型企业年金制度。2016年3月,中国人民银行、民政部等部门联合印发《关于金融支持养老服务业加快发展的指导意见》,提出鼓励信托公司利用信托制度优势,积极开发各类附带养老保障的信托产品,满足居民养老领域金融服务需求,支持养老服务业发展,加快老年医疗、健身、娱乐、旅游等领域的消费信贷、信托产品创新。信托公司作为中国最主要的营业信托经营机构,近年来逐步涉足养老市场相关的投资、融资等金融服务。

一 养老产业:支付业务

养老产业涵盖居住、医疗(护理、康复、健康管理)等不同细分产业,产业链长、关联度高、涉及领域广,具有巨大潜力空间。养老地产由于具有很强的关联性和带动性,有望成为机构养老产业的突破口。过去几年来，民营养老服务机构、地产商、保险公司、境外投资者等已经进入养老地产领域，但赢利模式不清晰、投资周期过长的问题始终困扰其中。信托可根据土地的性质以及养老地产的开发、运营模式等进行灵活设计，提供针对特定养老地产等的投融资信托产品，为产业发展提供投融资服务支持。通过发起设立专门的信托型养老产业基金，重点向养老市场领域的服务机构或供应商提供股权、债权或组合融资，资金来源方面可以采取结构化安排，优先信托受益权面向普通投资者发售，承担相对较低的风险，享有相对稳定的收益；而机构投资者或基金投资顾问认购次级信托受益权，承担较高风险，享有超额收益。支付功能是信托服务养老产业的重要功能之一，详见专栏"五矿钱包的特点"。

专栏　五矿钱包的特点

特点一：到账效率高。客户充值 10 分钟内可以自动到账。客户通过钱包购买其他信托产品，实时进行进账匹配。钱包资金入账后的触达提醒及时精准。

特点二：资金管理灵活。钱包充值和提现无起点和时间要求，如 0.01 元起随时支取。钱包余额享有 2.5% 的年化收益，避免资金闲置。客户提现无须缴纳手续费。

特点三：投资理财便利。客户可直接使用钱包余额认购公司其他信托产品。打款账户、进账进度一目了然。无须每次都向不同信托产品账户打款，避免打错款。整体认购流程缩短至 3 分钟内。已持有产品付息、到期后的分配资金自动入账钱包份额。客户可迅速进行再投资，资金由公司统一归集管理和灵活配置。

特点四：全自动化运行。公司首个尝试全自动化运行的系统。包含五缴星在内的 10 个自动化运行业务。含业务交易、银行账户、财务核算之间共 12 个夜间自动对账的场景及监控。

二　养老证券化：盘活资产

在养老市场中，针对养老服务机构运营中形成的具有可预测、稳定现金流作用的特定财产或财产权，如老年人入住养老项目时缴纳的入门费或者抵押金，定期缴纳的养老服务费、房费、餐饮费等，可以利用证券化技术，设计推出相应的信托产品发售给社会投资者，同时实现养老服务机构的资金回收。以美国为例，美国养老产业市场化程度较高，专业分工体系完善，涉及养老房地产开发商、房地产信托投资基金（REITs）、养老住宅运营商等。其中，养老房地产开发商主要从事传统的物业开发，针对老年护理要求进行开发，如增加残障人士专用设施，配置食堂、健身房等社区会所，通过向购房者或房地产信托投资基金出售、出租物业获取收益。而 REITs 通过向投资者募集资金，以租赁、托管、购买、合资等多种方式从养老房地产开发商处取得养老物业资产，通过引入养老住宅运营商进行专业化运营，提供健康护理等养老服务，获取收益并进行分配。虽然目前中国的 REITs 制度尚未成熟，但对于运营相对成熟、现金流稳定的养老项目，可对其进行资产证券化，提高资产活性，促进市场快速发展。

三　养老理财：长期稳定

老龄人群的财产管理需求具有一定的特殊性，并不以投资回报率的高低为主要目标，而是更强调剩余寿命阶段的财产规划和长期管理，对管理费用的敏感度要低于对理财机构的信任度。目前市场上非常缺乏适合老龄人群投资的金融产品。养老规划周期往往长达数十年，包括养老资产的匹配、养老周期的匹配等，需要从跨周期的角度进行全局把握。信托机构能够根据老龄人群的特点和需求，发挥信托财产多元化和运作灵活的优势，为其设计专门的养老理财信托产品。

（一）生命周期型理财养老信托

老年人将资金交付信托机构，由受托人在指定的范围内投资运作，实现信托财产增值，按信托合同支付信托收益，用于未来支付和购买养老服务。在具体产品模式上，美国市场上出现的生命周期基金（Life Cycle Fund）即其中的成功范例，其投资组合风险资产的配置比例和风险敞口随着目标客户退休日期的临近而自动递减，极大地方便与满足了这部分个人投资者的需要。

（二）"以房养老"型信托产品

针对大部分家庭财产中房地产占比较高的情况，可以借鉴国外"反向住房抵押贷款"模式，老年人可将其拥有的房屋作为信托财产或提供抵押，由信托机构提供资金作为养老金的来源和生活保障。

（三）财产保护型养老信托

老年人除了在生活上面临缺乏照顾的困境外，在管理财产方面也存在诸多困难，包括难以对财产做妥善的规划、无力管理或处理财产，以及财产遭亲友侵害等。因此，通过设立专门的信托产品，老年人将其资金、动产、不动产或财产权交付受托人，由受托人依照委托人的指示，将信托财产以出租、出售或保管等方式加以管理，并将信托收益作为指定的养老用途。如 20 世纪 90 年代以后，中国台湾地区推出安养信托业务，以保障老年人的养老生活。

四　养老信托：五矿案例

为助力老龄化社会问题的应对与改善，打破老年人与养老服务机构之间的信息壁垒，充分发挥受托服务功能，有效解决高净值客户的养老及传承需求，五矿信托"旷世"家族办公室特成立养老信托专项小组，深入开展养老信托产品研究及设计工作，创新推出"颐享世家养老信托"产品系列，首单养老信托已于 2021 年 9 月初成功签约设立。颐享世家养老信托的正式推出，标志着五矿信托"旷世"家族办公室在家族康养板块服务能力的突破，彰显了五矿信托作为央企信托公司在服务民生保障工作中的责任与担当。"引山之喻，结水之缘；旷世传承，渊远不息"，未来五矿信托将持续引领家族信托创新趋势，倾力打造国际一流家族办公室。

养老信托是指委托人通过设立信托，在信托文件中提前约定养老分配及传承方案，并指定信托受益人享有信托受益权及养老服务权益的服务型信托。颐享世家养老信托为单一信托模式，能够根据客户需求设计定制化养老方案，可覆盖受益人全生命周期养老需求；信托存续期内，受益人可灵活行使养老服务消费权利，并委托受托人以信托财产完成相关费用结算，精准实现客户的养老与传承目标。五矿信托"颐享世家"的主要亮点有：第一，业内知名持牌金融机构，专业财富管理服务团队；第二，优质养老机构专属权益，智能消费及支付一体化；第三，五大养老服务平台板块，享全生命周期养老服务。产品设立的主要条件有：

- 委托财产：资金、金融产品受益权、保险金请求权等
- 信托规模：不低于 500 万元（经受托人同意可追加）
- 信托期限：不低于 5 年，具体与委托人协商确定
- 委托人：自然人
- 受益人：委托人或其家庭成员（支持自益型）
- 监察人：委托人指定（如需）

五矿信托
MINTRUST

YI XIANG SHI JIA
PENSION TRUST

颐享世家

养老信托

整合各类优质养老服务资源
充分运用信托制度优势
发挥受托服务能力
为高净值客户提供从养老社区入住到终极关怀的
全生命周期养老服务方案

五矿信托充分聚焦高净值客户的养老需求，在产品设计初期，专项小组投入了大量精力开展养老机构准入筛选、实地考察及评价工作，逐一走访了 10 余家养老服务机构，从行业排名、机构资质、服务体系、运营能力、配套设施、医疗保障、客户反馈等多个维度进行横向对比，最终形成了养老服务机构库，创新搭建了涵盖养老社区、高端医疗、居家改造、意定监护、临终关怀"五位一体"的高品质养老服务平台（见表 11）。

表 11　养老服务平台

服务板块	服务简介
住——养老社区	甄选养老社区，尽享高品质老年生活
医——康养服务	定制化私人医生及中医保健服务，汇聚国内外顶尖医疗资源
享——适老化改造	适老化改造上门服务，居家自在养老
护——意定监护	"信托+监护"，全面的财产管理及人身照管
终——公墓殡葬	全方位、定制化终极关怀服务

资料来源：课题组整理。

颐享世家养老信托以"专业财富管理 + 优质养老服务平台"为核心优势，配备资深财富顾问团队，旨在提供综合性、全生命周期养老及信托服务，体现了五矿信托"以金融助力养老问题解决"的决心和担当。

颐享世家养老信托以养老保障为核心目标，可提前规划部分财产用于养老支出，同时能够提供资产隔离、投资管理、传承分配、养老消费款项受托支付等综合服务，是高净值客户的养老新选择；对于迷茫于选择何种养老方式，或者对市场中各类养老服务机构了解不足、缺乏筛选能力的客户，养老信托更是打通了养老产业供需端，受托人将提供全面、客观的服务信息，并定期跟踪养老机构的市场口碑及经营动态，真正协助客户实现"老有所养、安心养老"。

五　信托普惠：五条路径

推进信托普惠化发展，不仅需要加大创新力度，引入更多创新产品和服务，而且需要扩展信托服务人群的覆盖面，打破现有市场竞争格局，提高服务效率和服务质量。

一是丰富信托品种。我国《信托法》制定之初相对保守，对信托法律关系的建立要求较为严格，所提及的信托种类较少，主要是以遗嘱信托、公益信托等书面形式设立的信托。其中，公益信托、资金信托、财产权信托等在已得到行业较好推动发展的情况下，仍难以与社会现实需求相匹配，如当受益人为非自然人、法人或者依法成立的其他组织时，前述信托难以依法设立。此外，信托种类多样，可以根据社会实际需求逐步引进。如日本 2006 年修订信托法律时，充分考虑了社会应用要求，进一步增加了宣言信托，丰富了信托设立方式；信托财产进一步扩展至知识产权，促进了知识产权信托的发展。因此，中国后续修订信托法律制度时，有必要进一步补充法定信托种类，如引入宣言信托、目的信托等。需特别提及的是目的信托，由于既没有明确的受益人，也不隶属公益慈善信托，传统目的信托主要服务于动物照料、修建墓碑、向未注册团体捐赠，现代目的信托则是为了达到控制信托、进行资金融通、表决权与经济利益相分离的目的，其应用场景不断扩展。

二是设计面向普通居民的信托产品。根据资管新规等相关监管政策，当前信托产品定位于私募产品，需要面向合格投资者发行，投资门槛较高，覆盖的客户范围较为有限。从资管产品分类看，中国私募产品发行机构众多，产品丰富多样，而面向普通居民的产品较少，以公募基金和银行理财为主，同质化程度较高，难以有效满足普通居民的特定投资需求。以日本为例，日本最早通过发行公募化的贷款信托，募集资金用于基础设施建设。日本老龄化问题出现后，日本政府即面向全社会推出了税收优惠政策的养老信托、家庭教育和儿女生活捐赠信托等。因此，中国也应推动信托制度逐步面向全社会提供服务，而不是仅仅服务于高净值客户。如面对非高净值客户，可以设计非公募发行的信托产品、兼具资产管理和财富管理功能的差异化产品、针对子女教育的储蓄基金产品等。世界大部分国家在发展不动产投资基金信托时采用了信托制，我国在试点之初可以采用变通方式，但要形成可持续发展模式，就要借鉴全球经验，大力发展信托类型的 REITs 产品。在发展这类信托产品时，有必要对参与其中的信托公司提出更高要求，如对信托公司的投资管理能力、风险管理能力、信息系统支撑和服务能力等进行评估，使其能够尽职履责，践行受托人责任。

三是加大信托应用力度解决社会难题。信托制度作为重要的财产管理制度，具有破产隔离、社会服务等重要功能，能够参与解决社会热点问题。中国可以考虑在监护制度、老年人权益保护中引入信托制度，允许当事人根据实际情况，选择设立监护制度后援信托、保护信托，实现残障人士、失能老人等对自身财产的保护。例如，中国台湾地区为保护消费者权益，在厂商发售预收款卡、房屋预售等情况下，需要首先设立信托，将预收款在信托账户中独立管理，实现相关服务后，才能获取对应的价款。又如，日本为保障残障人士权益，在监护制度下引入信托制度，评估后认为，在设立监护制度后援信托时，需要提前对被监护人财产设立信托，防止可能出现的监护人挥霍被监护人财产。在监护后援信托下，被监护人的日常费用通过信托机构支付，监护人承担的更多是照料责任，而非财产管理责任。再如，美国是一个高度老龄化的国家，65 岁人口占比超过 15%。为防止老年人丧失行为能力导致财产无人管理，美国特别允许设立保护信托。保护信托为不可撤销信托，与一般信托的区别在于，当受益人具有行为能力时，对信托财产拥有实质控制权，可以指示受托人对财产进行投资、管理等；当受益人失去行为能力后，则成为自由裁量信托，由受托人以受益人利益最大化为目的管理信托财产，支付受益人的生活、医疗等必要支出。

四是推进民事信托发展。民事信托是信托业务的重要形式，其与营业信托的关系并不是相互替代的关系，而是相互补充和相互促进的关系。营业信托主要发挥的是专业机构在财产管理等方面的专业优势，民事信托主要发挥的是服务普通居民在个人财产管理、传承以及遗嘱执行、公益事务等方面的优势和便利性，有利于推动信托文化普及、促进信托业务高质量发展。可以说，民事信托发展水平是衡量一国信托发展成熟度的重要标尺。英国是最早发展民事信托的国家，美国实现了民事信托和营业信托共同发展的良好结合，日本在 2006 年修订国内信托法时即已开始在法律制度和政策举措上推动民事信托发展。对于大陆法系国家来说，引入信托制度主要是为了满足经济发展，因此其首要任务是发展营业信托。但营业信托发展到一定程度，仍难以完全满足社会需求。随着信托文化的普及，中国开始出现一定数量的民事信托，受托人或为委托人亲属或为第三方独立机构，充分体现了信托关系的信义基础。由于现有民事信托都经过了公证，公证机构作为独立第三方，具有客观、公正等特点，经过公证的信托关系通常符合法律要求，且提升了可信度。中国在营业信托之外，可以有节奏地推动家庭财产管理、遗嘱等方面的民事信托发展，帮助居民更好地进行财产管理。

五是特定领域实现更有效的竞争。竞争是提高市场销量的有效手段。对于信托普惠化来说，意味着不仅要增加信托产品服务种类和服务对象，而且要增加参与机构，通过竞争让居民获得更多实惠。海外信托业务均经历了从专营向专营和兼营并存的发展格局，实现信托业务的开放有利于引入更多元的金融机构，不同参与主体的资源禀赋各异，有利于推动信托业务更灵活、更高效地发展。例如，英美较早即实现各类机构均可经营信托业务的格局，而银行等金融机构在客户资源、渠道等方面具有更大优势，从而占据了更大的信托业务市场份额。日本信托银行发展时间长，专业能力更强，即使其他机构纷纷进入信托业务领域，也仍然牢牢地巩固了其较高的市场地位。

中国实施分业经营、分业监管的金融体制，信托业务主要由信托公司经营。但在实际中，中国已相对开放信托制度应用机构，如公募基金遵循信托制度，主要由公募基金公司经营；慈善信托受托人可以是信托公司和慈善组织；养老金管理采用信托制，受托人既可以是信托公司，也可以是商业银行。虽然受限于中国现有的金融体制，再加上国内信托公司综合实力不足，尚不能过快实现信托业的全面开放，但可以逐步推进开放特定信托领域，如有利于发挥保单和信托双重优势的保险金信托等。

第四节 ▶ **对策建议：八个维度**

加快建设第三支柱养老保险需要全社会的共同行动，由金融、财政、人社等部门组织协调，各类机构共同发力。首先要营造外部环境，而规范产品是前提，加强税收优惠是撬板，最重要的仍是提升相关金融产品和服务的综合竞争力。建设第三支柱养老保险的过程，也是金融业扩大市场规模、优化业务结构和提高发展质量的过程。

一 提升居民的养老金融素养

中国居民的养老金融素养有待提升。金融素养包括金融感知、金融态度、金融知识、金融技能、金融行为等层次。金融素养显著影响着人们在多种经济社会活动中的选择，是居民综合素质的重要内容。发达国家的相关调查显示，居民的金融素养明显不高，而新兴市场国家和发展中国家更是如此，因此中国应当加快这方面的建设。养老金融素养是金融素养中的薄弱环节，这是因为：养老金融是基于保险保障机制的，而在相关调查中，风险分散、补偿和给付是常见金融概念中很难理解的内容；中国居民有悠久的"家庭养老"的传统，社会主义改造完成后，"养老靠政府"的观念逐渐根深蒂固，所以人们对于通过市场化的产品和服务来养老的心理准备不足；养老金融涉及生命周期、税收优惠等内容，产品结构较为复杂。

提升养老金融素养对中国居民非常重要。对于消费者来说，快速发展的普惠金融可以使其享受更多的金融服务，所以提高自身的养老金融素养，能够更好地选择适合自己的金融产品和服务，避免被信息充分的供给者"割韭菜"，最终提升获得感和满意度。对于金融机构来说，居民养老金融素养的提升，能够降低业务宣传等客户培养成本以及客户沟通成本。对于监管者来说，提高居民的养老金融素养，能够促使其形成维护自身权益的意识和能力，有利于防范金融风险。

中国在提升居民的养老金融素养时应当注意以下几点。

一是这不仅仅是金融监管者的职责，还需要国家层面的战略设计，应纳入国民教育体系。老年人的金融素养欠缺往往是其在年轻时没有足够的金融知识和经验所致。建议将养老金融的基本内容定位为常识类知识，纳入义务教育阶段的课程中，并在大学或高中的教育中增设有关课程，甚至将其作为必修课。这能培养年青一代的储蓄意愿、风险管理意识等，塑造其金融行为。

二是综合运用各种渠道宣传养老金融知识。研讨会、课堂培训等有针对性的渠道可以促进大众参与和互动，而大众传媒、艺术表演等方式有助于影响广大人群，因此使用多种工具有助于匹配不同受众的特征。在数字时代，为了提升年青一代的养老金融素养，需要加强运用数字媒体。例如，在某些交互式的消费者接触界面中嵌入"高频""简短""有趣"的教育类游戏或短视频，不仅能随时随地利用"可教育时刻"（Teachable Moments），而且能依靠网上的"自发传播"，扩大教育受众，尤其是青少年群体。

三是在讲到相关场景时，建议联系具体的养老金融产品和服务，这样既能调动从业者开展提升养老金融素养活动的积极性，也能帮助（潜在）消费者进行选择。对于产品和服务类信息，要注意提供更好而非更多的信息，因为太多的信息会让消费者感到困惑，分散他们对最重要信息的注意力，导致做出不明智的决策。

二 明确第三支柱养老保险的标准和账户规则

当前，对于第三支柱养老保险还没有明确的标准，这使得养老保障储备的统计"五花八门"，税收优惠制度的设计难以推进，市场上的产品名称也容易被消费者误解。因此，明确第三支柱养老保险的标准是"当务之急"。

标准应基于产品的实质功能，涵盖保险、银行、基金等多个经营主体，包括多类机构的产品形式。建立第三支柱养老保险的标准时，建议引入"养老风险测试"，即通过情景分析，根据有代表性的客户群体，检测参与者从产品现金流中取回的金额是否用于养老的财务支出：奖励长时期的分期领取，惩罚一次性或短期领取；鼓励供给者承担长寿风险，即寿命越长，参与者领取的总金额越多；尽量避免养老金积累期的现金分红，避免加重产品的短期投资性和复杂性。积累商业保险、储蓄存款、理财、基金、信托、基于房产的金融产品等，只要能实现养老的目的、符合标准，均可纳入第三支柱养老保险中。在产品的保障机制设计上，采用缴费确定型（Defined Contribution, DC）、给付确定型（Defined Benefit, DB）和混合型均是可以的。

为个人建立第三支柱养老保险的综合账户，采用"总－分"型的制度设计。为了激励个人承担责任，并区别于第一支柱养老保险的"社会统筹和个人账户相结合"以及第二支柱养老保险的以"单位账户"为主，建议第三支柱养老保险完全采用个人账户进行基金缴存和投资积累。考虑到第三支柱养老保险包括多类产品，金融管理部门可以采取"总－分账户"的模式，在税收优惠上对接"总账户"，在缴费和具体投资管理上对接"分账户"。应允许各分账户之间进行转移，以适应参与者风险偏好和资金需求的变化，但是转移应支付一定的费用，以防范参与者"非理性"的过度操作损害自身利益，影响金融机构的投资管理。

第三支柱养老保险设计的个人账户应能与第一支柱养老保险和第二支柱养老保险的个人账户对

接，增强可迁移性。允许职工在退休时将第一支柱养老保险和第二支柱养老保险中归属个人的资金转移至第三支柱养老保险中，提高市场化投资水平，并促进年金化发放。可借鉴美国第二支柱资金（如401k计划等）和个人退休账户（IRA）之间可以灵活转账的制度设计。此外，在对制度进行进一步整合时，要打通房产和普通存款转化为第三支柱养老保险产品的"通道"。

三　加强税收激励

完善已有税收优惠政策。一是试点地区扩面。根据美国、英国、加拿大等国家的经验，税收优惠政策能显著推动第三支柱养老保险的发展。税收递延型个人商业养老保险受目前优惠制度设计和个税政策调整的双重影响，受益者局限于较高收入群体，建议将税收递延型商业养老保险政策推广至全国，一方面，可以使更多居民，特别是欠发达地区的居民享受税收优惠政策；另一方面，可以减轻中国税收优惠政策的碎片化。二是加大税优政策优惠力度。在基金缴纳阶段，提高个人所得税的税前扣减标准；在基金积累阶段，继续免除资本利得税；在基金领取阶段，特别是对于退休后逐步领取的，降低税率，而对于个人当年/当月领取的年金未超过个人所得税免征额的，考虑免税。三是在税收优惠设计上，考虑发展第三支柱养老保险对缓释财政养老负担、稳定劳动市场、促进长期机构资金供给的重要意义，通过系统和动态的分析，加强税收优惠。

基于个人综合账户，统筹设计各类第三支柱养老保险产品的税收优惠政策。在延续商业养老保险、养老目标基金税收优惠政策的基础上，推出针对真正具有养老功能的养老存款和理财产品、养老信托、老年人住房反向抵押保险的税收优惠政策。税收优惠门槛的确定要基于个人综合账户，包括所有第三支柱养老保险产品。这样设计的优点在于：在促进个人积累资金的同时，限制税收优惠政策带来的居民财富不平等程度的提高；让各类第三支柱养老保险产品有较为公平的竞争环境；方便个人进行养老资产的管理。

四　引入竞争，促进产品和服务创新

第三支柱养老保险是个人的商业性保险，应当发挥各类机构的优势，进行适度竞争，促进产品和服务创新，提供多层次、差异化的服务。竞争主要包括以下几个维度。一是不同类型机构之间的竞争。保险公司、商业银行、基金公司、信托公司等均改进了自身产品，提供第三支柱养老保险服务。二是同一行业的不同企业之间的竞争。一个行业内部要授权多家企业提供产品，借鉴企业年金投资管理人的有益

经验，通过"内部资本市场"机制提高产品和服务绩效。三是与企业年金计划的竞争。雇员既可以通过所在企业参与第二支柱养老保险，也可以以个人身份参与第三支柱养老保险，利用劳资双方协商机制，促进这两个支柱的竞争和共同发展。四是不同地区之间的竞争。不同地区的经济发展和居民收入差别很大，而在养老保险问题上又面临人均寿命的差别，这使得税收和费率设计在权衡"效率"与"公平"上有难度。建议在第三支柱养老保险产品的认定标准和税收优惠上继续坚持"全国一致"的原则，可以在待遇领取年数和待遇领取金额上适当考虑参与者退休时常住地的情况。

第三支柱养老保险产品和服务创新要树立一定的普惠金融理念，注重合适性和公平性。一是合适性。鼓励金融机构提供能够承担更多长寿风险的平价产品，在保障层次和费用收取上与目标客户相匹配。合适的收益和费用共同创造了保险产品的价值。二是公平性，即符合平等和正义的原则。金融机构经常会为了收取高费用、激励客户的稳健行为而采取歧视性做法。当价格和利益成正比时，这种歧视可能是合理、有效率的，但可能带来社会所认为的不公平的结果。建议吸收企业年金制度设计的经验，让所有人都有机会享受第三支柱养老保险的税收优惠，且穷人享受的机会不比富人小。

第三支柱养老保险产品和服务创新要借助行为金融学和市场营销学的一些研究成果，增强人们积累养老储备的意识。一是促进"自我控制"。"时间不一致"的概念揭示了人们在不同时间点的偏好会发生冲突，而为了解决自我控制问题，建议让客户以分期付款的方式支付保费，使其能够经常看到自身养老财富的积累。二是瓦解"过度自信""锚定损失"。人们往往对自己遇到积极事件和消极事件的可能性有偏乐观的估计，如当人们不清楚自己经历困难的可能性有多大时，可能低估保险的价值。因为丧失某物的可能性会比获得某物的可能性更能刺激需求，所以要让人们意识到"人还活着，钱没了"的痛苦。三是利用心理账户。人们通常把自己的财富归类到与特定消费目标相关的单独的心理账户中，所以建议将保险与特定收入流相联系，提升人们对第三支柱养老保险产品的接受度。四是消除行动障碍。在研究决策时，经济学家往往强调个体内在特征的影响，较少关注外部环境因素的力量，而在实践中，人们的行动往往受到一些看似无关紧要的外部因素的不恰当的影响。建议采取"默认加入""工资自动扣缴""多机制扣款"等制度设计，推动人们加入第三支柱养老保险。

五　鼓励产品和服务的简明且透明

第三支柱养老保险产品是面向大众的，期限较长、资金较多、退出成本较高，所以要注重"服务客户"，避免走上"不当创新""不当激励""不当收费"等不利于服务实体的歪路。在保险业中，个人税收递延型养老保险和税收优惠型健康保险发展缓慢，而各地的惠民保却发展迅速，一个重要原因就在于操作上的简明且透明。当前，应当注意提升养老保险产品的简明性和透明性。

产品的简明性。产品说明中的附加选项可能改变决策背景，让决策者的注意力偏离有意义的选项，而选项过多会让决策者难以承受，导致拖延症或不作为。例如，在美国实行的一种快速注册机制，允许员工以预先设定的供款额注册退休账户，其参保率比员工从一系列储蓄账户选项中选择时高出两倍。在金融、电信等行业，提高产品的复杂性会使消费者无法透彻了解产品，从而对产品制定更高的价格。因此，简明化是要将消费者利益放在中心位置。养老保险产品的简明化，就是要让客户容易理解、容易比较、容易购买、容易管理，能够充分识别风险。建议各类金融机构在产品条款设计、价格表达、购买流程、监管信息以及产品信息更新等方面追求简明化。为了实现简明化，应当借助数字技术的力量。

产品的透明性。透明是指表达清晰、公开和无欺诈。只有做到透明，才能让养老保险客户基于充分、准确的信息做出判断。例如，收费机制应当简单透明，以使消费者容易识别并对费用进行评价，尤其是对于组合产品；参保人账户中资金流量和存量的信息要清晰透明，便于随时查询，以增强参保人长期进行养老储蓄的信心和意愿；应当向客户提供前瞻性的风险－收益特征分析。

六　推动金融机构完善产品治理和管理机制

明确产品提供者的责任。一是在产品提供阶段，成立产品批准委员会，委员会成员由企业的高级管理者组成，人员覆盖前台和后台的职能；新产品上市需要先完成内部产品批准过程，并由产品批准委员会签字同意；新产品被批准后，提供者应在整个生命周期中定期检查产品。二是在产品终结阶段，终结／取消授权的理由应当公正、合理，并告知客户；不能损害消费者权益，确保给消费者发送的终止通知的内容、时间符合法律和合同要求；明确所有尚未支付的利益，调整市场价值，妥善处理终结／取消授权成本。三是企业应当设计和维护防火墙，避免或控制产品交易过程中所有现存的或潜在的利益冲突。当冲突不能避免时，要最小化冲突，并向消费者披露。

健全养老保险产品设计。一是明确目标市场。产品设计者尤其应当注意以下几点：关注产品的保障成分和投资成分的构成以及目标客户的知识和经验、投资期限等；确保目标客户，特别是中老年人能理解产品及其风险；实现产品的投资目标和利润－风险组合与目标市场相匹配。二是完善产品内容。产品提供者尤其应当满足以下要求：产品设计和销售方式是公正的，能够满足目标市场的需要；产品成本是清晰和明确的；产品生命周期中的风险都已被识别并得到有效管理，产品的风险应当与利润基本对等；设计产品的假设应当是基于市场的、公正的和无偏的；任何税收相关的事项都能被识别和评估，任何税收相关的风险都能被披露和有效管理。三是选择销售和售后渠道。企业要控制销售过程，就要选择能理解产品，并覆盖目标市场的分销商；对分销商提供充分、持续的培训；在产品生命周期中从分销商处获得常规性反馈。四是企业应确保在产品售出后能持续地提供服务；持续披露产品的相关信息；处理消费者投诉。

七　基于长期视角鼓励配置权益类、成长性资产

鼓励养老保险产品投资资本市场和非标资产，降低政策约束。一方面，从国际经验看，养老金要获得长期和较合理的投资回报，离不开对资本市场的大量配置。保险公司等在管理第三支柱养老保险时，要吸取第一支柱养老保险管理的经验和教训以及企业年金投资管理的经验，加强在资本市场配置资产，减少对流动性资产的配置。另一方面，养老金投资对资本市场和国民经济发展具有重要意义。养老金有望成为资本市场的一根"定海神针"和第一大类机构投资者，显著改善中国资本市场的投资主体结构。养老金入市将提高中国的直接融资比重，降低中国企业部门的高杠杆率。

中国正处于经济转型升级时期，"新经济"不断崛起，所以中国养老金投资应当更加关注战略性新兴产业和科技创新企业。从国内外经济结构的变迁来看，"新经济"的投资回报率虽然短期波动较大，但长期平均回报率较高。此外，战略性新兴产业和科技创新领域对外部有正向溢出效应，所以对其进行投资具有积极的社会意义。

养老金的委托人和受托人在评价投资管理人的投资回报时要有长期视角，提升投资组合的风险容忍度，不要仅关注短期回报。养老金是用于养老的，负债的久期较长，所以它可配置长期资产。委托人和全社会要习惯于从较长期的视角评价养老金的投资业绩，如采用"夏普比率"等指标来衡量投资收益率时，应当采用更长的时间窗口来计算作为分母的投资收益的波动率。对于这一点，可以参考社保基金理事会的投资经验。社保基金理事会在加强委托投资和市场化运营后，近几年的投资收益率明显高于旧体制时期，在机构投资者中的表现也较好，即使调整投资资产类型、行业等因素，仍然有一定的超额投资收益（当然，它处于政策上的优势地位）。此外，对于固定收益类投资，可以采用摊余成本法进行会计核算。

养老金投资可以关注环境、社会和治理（Environment, Social and Governance, ESG）的标准，不过当前不宜作为唯一的标准。这是因为考虑到以下因素：ESG 评级的"分类法"（Taxonomy）可能不是基于经过严格证实的客观事实，而是更多地基于个人主观信念、伦理观点或偏好；无法有效测量资金委托人/收益人对可持续性的偏好；存在"漂绿"情况，一些声称采用 ESG 标准投资的基金的表现其实难以持续；关于"采取 ESG 投资是否提升了基金的投资收益"的研究结论存在很大分歧（Friede et al., 2015）；ESG 投资的实施可能造成投资上的"从众"行为和"绿色泡沫"。如果基于 ESG 标准进行投资，建议设计专门基金，供个体投资者自行选择。

八　信托普惠的四条建议

信托普惠化发展是一个系统性工作，不仅需要监管部门的大力推动，而且需要从法律法规等顶层设计上给予支持，还需要通过信托文化建设、沙盒监管等方式，稳妥推进，有效把控风险。

一是完善信托法律法规。中国信托法律制度的制定已有 20 年，但在当前阶段已不能更好地适应信托制度应用和信托业务发展，需要加快修订信托法。在修法过程中，要考虑进一步丰富信托产品种类，给予居民更多选择，满足社会实际需求；进一步细化受托人职责，诸如忠诚、审慎等行为原则的具体内涵和表现，以便明确信托当事人的责任边界，维护当事人权益；解决信托财产、税收等配套法律制度问题，打破阻碍财产信托发展的桎梏；借鉴遗嘱信托等具体业务细则，便利此类业务的推进，指导业务实践。

二是建设信托文化。信托文化建设可以结合现今社会交流沟通渠道和媒介，如拍摄短视频、制作信托漫画、建设专门的信托知识普及网站；开展信托知识进万家活动，走进企业、社区，大力宣传信托知识；与高校联合开设信托专业、信托选修课，培养更多具有专业背景的信托人才。通过信托文化建设，让更多人了解信托，让决策部门在制定制度的过程中充分考虑信托的可能参与路径，充分发挥信托制度提升国家治理和社会治理水平的良好作用，让广大民众能够更好地解决生产生活问题。

三是利用沙盒监管推动普惠化创新。信托制度应用和普惠化发展具有创新性与探索性，为有效把握其中的风险，可以采用沙盒监管模式，更好地观察信托创新应用的社会效应。如设计面向普通居民的信托产品，一方面，信托公司以往都是服务高净值客户，服务普通居民的经验较少；另一方面，市场对创新产品的接受度及其风险不易把握。因此，在充分进行社会需求调研及产品评估的基础上，可以通过监管沙盒模式检验产品的运行效果，评估其经济效益和社会效益后，再考虑是否进一步推广。例如，如果引入保险公司作为受托人开展保险金信托业务，可以由个别符合试点要求的保险公司在特定区域试点，试点期限结束后，再设计进一步推进的路径，制定后续业务的规范。

四是强化服务能力。信托制度作为财产管理的法律制度，具有较强的专业性。信托公司要以受益人利益最大化为根本出发点，强化资产管理、风险管理等专业能力，充分尽职履责，提高客户满意度。除信托公司等行业参与机构外，还要发展专业律师事务所、公证处、法律援助机构等中介机构，帮助解答居民疑惑，参与设计满足其需求的信托法律方案。而在民事信托和营业信托等较易出现利益纠纷的案例中，则需要法院提供公正、客观的审判，特别是要逐渐形成丰富的判例和法律指导，供信托公司参考，规范行业发展。

注释：

1. "中国城乡老年人生活状况抽样调查"是由全国老龄办主办、各省级老龄办协办的专项老龄国情调查，自 2000 年以来，该调查已经开展了 4 次。第四次调查的时点为 2015 年 8 月 1 日，调查范围由 20 个省区市扩展到 31 个省区市，样本规模增加到 22 万个。

2. 养老金收入包括雇主发起的养老金（含军队的退休支付）、退伍军人养老金、商业年金、周期性保单分红、401k 账户、KEOGH 计划、个人退休账户等。

3. 2005 年，世界银行在"三支柱"模式的基础上增加了零支柱（即提供最低保障水平的非缴费型保障）和第四支柱（家庭互助等非正规保障形式），即扩展为"五支柱"模式。制度分析通常采用的仍是"三支柱"模式。

4. 根据国际劳工组织《社会保障最低标准公约》的规定，养老金替代率大于 70% 时，可维持退休前的生活水平；如果低于 50%，则生活水平较退休前会有大幅下降。

5. 如李扬教授在 2013 年"中国国家资产负债表分析国际研讨会"上所说，社会保障体系的资金缺口，特别是养老保障体系的资金缺口，已经成为发达国家全面性经济危机最重要的诱因。

6. 我国企业年金制度于 2004 年基本形成，自 2006 年下半年起开展市场化投资运作，2007 年开始有完整的、跨年度的统计数据，故历年情况从 2007 年开始。

参考文献：

［1］樊鑫淼、魏雁飞、李丽丽：《我国养老金融发展研究》，《西南金融》2018 年第 8 期。

［2］范华：《以养老信托构建养老金融服务新生态》，《银行家》2021 年第 2 期。

［3］何小欢、张健明：《基于三支柱的养老金融产品适老化设计》，《中国物价》2021 年第 3 期。

［4］李军、王丽民：《我国老年人的收入状况——基于第四次中国城乡老年人生活状况抽样调查数据的分析》，《老龄科学研究》2018 年第 6 期。

［5］王向楠：《人口老龄化与养老保险第三支柱建设》，载张晓晶主编《中国金融报告 2020：新发展格局下的金融变革》，中国社会科学出版社，2021。

［6］王玉国：《老龄化背景下养老信托的功能与模式创新》，《山西财经大学学报》2018 年第 S1 期。

［7］袁吉伟：《"十四五"时期我国信托普惠化发展建议》，《当代金融家》2021 年第 8 期。

［8］张明玺、郭凯迪：《养老信托助力养老金第三支柱建设的实践探讨》，《金融纵横》2020 年第 11 期。

［9］Friede，G., Busch, T., Bassen, A.，"ESG and Financial Performance: Aggregated Evidence from More than 2000 Empirical Studies"，*Journal of Sustainable Finance & Investment*, 2015, 5 (4).

SIX

▶ **第六章　国内养老金融市场的监管建议**
——信托视角

近年来，养老信托得到了信托法理论界和实务界的高度关注。信托界对于境外的养老信托实践进行了深入的研究，对于这些国家（地区）养老信托的理论发展、实践操作、司法实践、监管政策等展开了较为全面的分析。[1]在本报告的前几部分，对于这些问题已有较为深入的阐述，本章不再赘述。

最近几年国内信托公司也高度关注养老信托的业务发展，并有部分信托公司尝试开展了养老信托业务，推动了养老信托制度在中国的"落地"。但从前文的讨论中也可以看出，与国外相对而言较为成熟的养老信托制度相比，我国的养老信托创新实践尚处于起步阶段，目前并没有完善的制度立法和监管政策，监管机构对于实践中养老信托如何开展并没有给予充分的指引。而既有的养老信托实践多带有一定的"摸索"特性，本身并没有形成成熟的业务模式和完善的理论基础。此外，很多实务机构对于养老信托也还处于"观望"阶段，虽然希望开展此类创新业务，但尚缺乏专业的人才队伍、完善的制度机制。在此背景下，有必要对于我国养老信托的立法和监管做一个初步的分析，检讨当下立法和监管所存在的问题以及可以改进的方向，并在此基础上对影响养老信托发展的重要制度构成进行深入的阐释讨论，提出相应的完善建议，以期推动我国养老信托制度的逐步完善和实践运用。

基于上述问题意识，本章的讨论主要侧重于从两个方面展开：一是对于当下养老信托制度的立法规则和监管政策进行评述，并就立法完善和监管优化提出相应的建议；二是对于当下养老信托的体系漏洞和制度缺陷进行分析，并提出相应的制度改革方案。

第一节 ▶ 政策概述：整体内嵌

我国是世界上拥有老龄人口最多的国家。2021 年 5 月 11 日国家统计局在国新办发布会上发布了第七次全国人口普查关键数据：在人口年龄构成方面，0~14 岁人口为 25338 万人，占 17.95%；15~59 岁人口为 89438 万人，占 63.35%；60 岁及以上人口为 26402 万人，占 18.70%（其中，65 岁及以上人口为 19064 万人，占 13.50%）。与 2010 年相比，0~14 岁、15~59 岁、60 岁及以上人口的比重分别上升 1.35%、下降 6.79%、上升 5.44%。人口老龄化给我国经济社会发展带来了诸多问题，比如劳动力短缺、社会养老负担加重、对产业结构调整造成一定影响、老年人社会保障面临挑战。据专家预计，随着生育率水平继续维持低下水平（2019 年我国生育率为 1.69，低于全球 2.41 的平均水平），"十四五"期间我国老年人口总量可能会突破 3 亿人，进入中度老龄化阶段。在"未富先老"的情形下，这不但会影响潜在生产率、降低储蓄率和投资率，而且对我国养老保障体系的可持续发展也会带来巨大冲击。[2]

随着我国老龄化社会的到来，从金融角度支持养老事业发展已经得到了理论界和实务界的重点关注，养老金融也成为人们长期热议的话题。对于与养老信托有关的讨论，也必须放置在老龄化社会的整体背景之下和养老金融的体系框架之中，不能脱离这一整体背景和体系框架去思考其理论和实践问题。[3]

就目前我国的养老金融体系而言，通常认为由三大支柱构成：第一大支柱为政府主导并负责管理的基本养老保险制度；第二大支柱为政府倡导并由企业自主发展的企业年金和职业年金制度；第三大支柱则由个人商业养老金融制度构成，通常通过个人商业养老保险、个人商业养老理财、养老信托等加以实现。其中，第一大支柱所提供的养老保障是基础性的、根本性的，其有助于保障老人退休之后的基本生活。目前我国在城镇职工基本养老保险和城乡居民基本养老保险两方面已覆盖了 9.87 亿人，获得公共养老金服务的人数是世界上最多的；第二大支柱在近年来也得到了较快的发展，制度覆盖面逐步扩大，基金规模持续增长，投资收益稳步提升，在更好满足人民群众多样化养老需求方面发挥了重要作用，对于第一大支柱构成了有益的补充。据人社部统计，截至 2020 年末，全国企业年金积累资金规模为 22496.83 亿元，同比增加 4511.5 亿元，增幅 25.1%，较"十二五"期末增加了 12971.3 亿元，增幅为 136.2%。全国共有 10.5 万个企业建立了企业年金计划，同比增加 0.9 万个，增幅 9.4%，较"十二五"期末增加了 3.0 万个，增幅为 40%；参加企业年金计划的职工人数为 2717.5 万人，同比增加 169.6 万人，增幅 6.7%，较"十二五"期末增加 401.3 万人，增幅为 17.3%。企业年金自 2007 年投资运营以来，年均加权平均收益率为 7.3%；第三大支柱近年来虽然也得到了政府部门和实务机构的充分重视，但发展情况并非特别理想。目前我国养老三大支柱的构成比例大致为 78：18：4，第三支柱发展空间较大。实际上，我国可用于养老金融的资金规模高达 160 万亿元，但是由于缺乏真正具备长期、稳健、灵活等基本特征的养老金融产品，上述资金并未真正转化为长期养老资金。第三支柱没有得到充分发展的原因和我国既有的收入分配格局、养老金结构、税收激励优惠以及监管制度政策等因素也存在一定关系，未来需要在这些方面进行充分的改革，以充分释放第三支柱的发展潜力。[4]

从狭义的角度来看，养老信托产品仅仅是第三支柱的一个组成部分，虽然我国部分信托公司已经开发了一些养老信托产品，但受制于这些产品相对较高的投资门槛和较为复杂的交易结构，目前信托公司所提供的养老信托金融产品在养老金融服务体系当中所占的比例并不是很高。从实践情况来看，人们可能更倾向于去选择第三支柱中的养老保险产品和养老理财产品。比如，近年来中银理财推出了"（长三角养老）中银策略－稳富"定期开放式净值型产品，交银理财推出了"稳享养老 3 年封闭式理财产品"，招银理财推出了"招睿颐养五年封闭 1 号"，光大理财推出了"阳光金颐享养老主题产品"；2018 年开始试点的个人税收递延型商业养老保险产品是目前政府认可的、唯一采取税优型的第三支柱养老金融产品，老百姓目前可以选择的养老保险产品多属于此类。受制于老百姓对养老信托制度的认知理解程度，养老信托产品的普及和推广可能还需要一定的时间。[5]

然而从广义的角度来看，信托制度在养老金融领域的应用实际上已经非常广泛。无论是第一支柱，还是第二支柱和第三支柱，在养老金融的具体活动当中信托制度的运用其实是全面和灵活的。例如，第一支柱中社保基金管理机构本质上是一个信托受托人，它的主要职责在于管理社保基金，本身应当受到信托受托人信义义务规则的约束；第二支柱中企业年金管理人本质上也属于信托受托人，其对企业年金的管理投资运用也必须遵守《信托法》的基本规则；而在第三支柱当中，信托公司作为信托受托人，发起设立养老信托产品并对相应信托财产进行管理处分，为受益人的利益最大化而勤勉尽责履行受托人职责。不管委托人交付给受托人的信托财产形式如何、具体投资方式如何，受托人均应按照《信托法》的要求履行相应的信义义务。[6]

从这个角度来看，必须认识到养老金融体系下信托法律制度的重要性。可以说，养老金融的具体制度实现离不开信托法律制度的支持，在具体的养老金融产品中都能观察到信托法律关系的存在。养老金融产品相关主体的权利义务关系都可以通过《信托法》来加以界定，尤其是养老资金的受托管理主体可以被认定为《信托法》意义上的受托人，其必须严格按照法律规定和合同约定履行自身的信义义务。[7]

近年来，为了推动养老金融事业的发展，政府部门出台了一系列鼓励养老金融发展的政策文件（见表 1、表 2），对于养老金融提出了一系列政策要求。虽然这些政策文件当中并没有明确对"养老信托"进行解释，但基于上文的讨论分析可以看出，养老信托本身是养老金融体系中的重要组成部分，而信托公司在三大支柱中的深度参与、《信托法》在三大支柱中的广泛运用对于养老金融的制度完善具有重要的意义。换言之，对于养老信托的制度理解、信托公司在养老金融服务中的功能发挥必须被纳入养老金融的整体制度框架之中。

表1 养老金融相关政策[8]

时间	文件名称	主要内容
2011年2月	《企业年金基金管理办法》	一个企业年金计划应当仅有一个受托人、一个账户管理人和一个托管人,可根据资产规模大小选择适量的投资管理人
2013年3月	《关于扩大企业年金基金投资范围的通知》	企业年金的投资范围在《企业年金基金管理办法》规定的金融产品之外,增加商业银行理财产品、信托产品、基础设施债权投资计划、特点资产管理计划、股指期货
2015年8月	《基本养老保险基金投资管理办法》	养老基金实行中央集中运营、市场化投资运作,由省级政府将各地可投资的养老基金归集到省级社会保障专户,统一委托给国务院授权的养老基金管理机构进行投资运营;养老基金投资运营,必须坚持安全第一的原则,严格控制风险
2017年12月	《企业年金办法》	适用于企业及其职工,企业缴费不超过年度工资总额的8%,企业和职工缴费之和不超过年度工作总额的12%。对企业缴费分配差距做出限制(不得超过5倍)
2018年2月	《养老目标证券投资基金指引(试行)》	标志着我国养老基金产品开始进入规范化的运作阶段。养老目标基金采用基金中的基金(FOF)的形式进行运作:应当采用成熟稳健的资产配置策略;应当采用定期开放的运作方式或设置投资人最短持有期限
2021年2月	《关于开展专属商业养老保险试点的通知(征求意见稿)》	在业内征求意见,拟自3月1日起在北京市、浙江省开展专属商业养老保险试点,试点期限1年。专属商业养老保险是以养老保障为目的,领取年龄在60岁及以上的养老年金保险产品,该类产品的设计分为积累期和领取期两个阶段。产品须为投保人提供风险偏好不同的多个投资组合,且不同组合可转换;明确规定针对新产业、新业态从业人员和各种灵活就业人员的特殊保障等

表2 养老服务、养老产业相关政策

时间	文件名称	主要内容
2014年11月	《关于创新重点领域投融资机制鼓励社会投资的指导意见》	对非营利性医疗、养老机构建设一律免征有关行政事业性收费,对营利性医疗、养老机构建设一律减半征收有关行政事业性收费
2015年4月	《养老产业专项债券发行指引》	支持专门为老年人提供生活照料、康复护理等服务的营利性或非营利性养老项目发行养老产业专项债券,用于建设养老服务设施设备和提供养老服务
2017年8月	《关于运用政府和社会资本合作模式支持养老服务业发展的实施意见》	引导和鼓励社会资本通过PPP模式,立足保障型基本养老服务和改善型中端养老服务。按规定享受现行投资、补贴、税收、土地等优惠政策,保障养老服务设施用地供应
2018年8月	《中国银保监会关于扩大老年人住房反向抵押养老保险开展范围的通知》	进一步深化商业养老保险供给侧结构性改革,积极发展老年人住房反向抵押养老保险
2019年4月	《国务院办公厅关于推进养老服务发展的意见》	减轻养老服务税费负担,支持养老机构规模化、连锁化发展,拓宽养老服务投融资渠道,扩大养老服务就业创业,扩大养老服务消费(支持银行、信托等金融机构开发养老型理财产品、信托产品等养老金融产品),促进养老服务基础设施建设

第二节 ▶ **养老信托：操作指引**

为了鼓励养老信托的发展，近年来部分专家学者、实务界人士对于养老信托的发展提出了一些发展建议，比如全国人大代表方燕提议"建立养老信托制度"、全国政协委员金李提议"大力发展养老信托"，而这些建议也最终反映到了政府部门的监管文件当中。在近年来政府的一些监管文件当中，"养老信托"被正式纳入了发展议程，鼓励和支持养老信托发展已经成为我国养老金融事业的一个重要组成部分。

2019 年 3 月，《国务院办公厅关于推进养老服务发展的意见》从发展养老普惠金融的角度明确表示支持信托公司开发养老型信托金融产品。该意见强调"支持银行、信托等金融机构开发养老型理财产品、信托产品等养老金融产品，依法适当放宽对符合信贷条件的老年人申请贷款的年龄限制，提升老年人金融服务的可得性和满意度。扩大养老目标基金管理规模，稳妥推进养老目标证券投资基金注册，可以设置优惠的基金费率，通过差异化费率安排，鼓励投资人长期持有养老目标基金。养老目标基金应当采用成熟稳健的资产配置策略，控制基金下行风险，追求基金资产长期稳健增值"。

2019 年 6 月，人社部与财政部牵头，会同相关部门研究制定养老保险第三支柱政策文件，提出拟考虑采取账户制，并建立统一的信息管理服务平台，强调符合规定的银行理财、商业养老保险、基金等金融产品都可以成为第三支柱的产品。这为银保监会推动将养老信托纳入第三支柱的可选金融产品范围创造了空间。

2020 年 11 月，银保监会关于政协委员提案的答复意见提出：争取尽快出台养老信托有关税收优惠政策，推动养老信托规范、健康发展。同时，在支持养老体系建设方面，应当充分发挥信托"风险隔离"的制度优势和信托公司的专业投资优势。在关于给养老信托提供适当税收优惠方面，银保监会也表示下一步将与相关部门沟通协调，争取尽快出台养老信托有关税收优惠政策，推动养老信托规范、健康发展。在提及关于设置专门行业协会推动养老信托工作的建议时，强调应明确按照《社会团体登记管理条例》规定，社团按照章程规定，可按照业务需要设立分支机构。如信托业协会计划设立相关专业委员会，可由其依据章程按程序设立。银保监会将会同相关部门，鼓励信托业协会开展相关研究。

当然，从目前的监管政策文件来看，当下我国对于养老信托的监管基本上还属于较为初步的阶段，对于养老信托的适用领域、受托机构、设立条件、运作要求、法律责任等，监管政策并没有做出明确的规定。

实践中，养老信托是信托制度在养老领域中的运用，既可能体现在养老需求端，即养老服务的消费和养老财产的管理；也可能体现在养老产业供给端，即养老医疗服务的提供和养老基础设施的发展。养老信托的存在形式本身可能是多样的，随着实践探索的不断深入，各种类型的养老信托产品均会出现，具体而言可能包括养老金信托、养老服务信托、养老产业信托等。各种养老信托产品会涉及复杂的利益关系、多元的参与主体，如果不能对之加以有效监管，部分主体可能利用设立管理养老信托产品的机会从事违法行为、牟取不当利益，养老信托的发展可能会走向歧路。

我国养老信托监管机构已经对养老信托的发展做出了一定研究，并且初步确立了一些具体的监管政策措施，但和养老金融制度发达的国家和地区相比，依然存在很多不足。从促进养老信托发展的目的而言，监管机构有必要从两个方面继续努力：一方面要对养老信托的发展加强引导，通过制定"养老信托操作指引"等方式明确养老信托的操作标准，使得养老信托的实践能够标准化、规范化，进而更好地引导养老信托的发展；另一方面要加强对养老信托的监管，尤其是对养老信托受托人的行为加强监管，保护养老信托委托人和受益人的合法权益，这对于养老信托的规范化和法治化具有重要的意义。

就我国当下养老信托开展机构和业务实践情况来看，对于养老信托负有监管职责的政府部门较多，包括中国人民银行、银保监会、人社部、财政部、证监会等。在确立养老信托相关监管政策的时候，各个政府部门不能仅从自身监管角度去考虑，还应当建立有关养老信托的监管协调机制，对于养老信托业务开展机构及其业务实行统一协调监管。

监管机构对于养老信托的监管应当秉承以下几个基本原则。[9]

第一，鼓励创新原则。养老信托毕竟属于新生事物，如果在其摸索尝试阶段就施加过于严格的监管政策，有可能会影响养老信托的实践创新。从这个角度而言，必须从政策角度提倡对养老信托的"包容监管""审慎监管"，建立养老信托领域的监管沙盒制度，鼓励养老信托从业机构大胆开展创新。对于养老信托从业机构而言，在目前监管立法和监管政策不够明确的情况下，可以大胆运用《信托法》基本原理设计创新型养老信托产品，在尊重养老金融基本逻辑的基础上充分考虑养老信托委托人的多样化需求，围绕养老资金管理、养老服务提供、养老产业发展等方面提供适应实践需要、契合中国国情的养老金融服务产品。

第二，弱化事前监管、强化事中事后监管。对于养老信托产品的设立，监管机构原则上不应进行实质性的"审核"或"核准"。监管机构不应对信托机构开展养老信托业务进行实质性的干预，但这并不意味着不需要对养老信托业务进行监管，而是应当将监管重心从"事前监管"调整到"事中事后监管"。在养老信托机构设立养老信托产品之后，强调其应当按照监管要求履行信息披露义务，同时对于存续过程当中违反法律法规的行为严格追究法律责任。通过这样的监管方式既鼓励养老信托的市场化发展，又有效地惩治养老信托业务开展过程当中的违法违规行为，促进养老信托规范化发展。

第三，强化监管协调、落实功能监管。养老信托本身的交易结构较为复杂，可以在不同领域加以适用，在这个过程当中也必须注意到养老信托制度可能被"误用"或"滥用"，一些人可能利用养老信托产品从事违法违规活动，比如以提供养老服务、发展养老产业为名非法募集资金。在这种情形下，必须突破传统行业监管或机构监管的局限，坚持以"功能监管"为基本原则，对于养老信托的资金来源、资金运用进行实质性的识别分析。对于那些利用养老信托产品实现违法目的的行为，必须以"穿透性监管"识别其本质、否定其效力，进而防范违法违规养老信托行为的发生。

第四，落实监管法律责任。对于养老信托的有效监管，必须辅以严格法律责任机制。当养老信托业务开展过程当中出现了不法行为时，监管机构必须严格地按照法律规定和法定程序对行为主体进行调查，如果违法违规行为确实存在并且造成了损害，监管机构必须追究相关主体的法律责任。只有通过严格的法律责任机制，才能对养老信托相关主体加以严格有效的约束，否则监管目的难以达到、监管效能不易发挥。政府监管必须强化法律责任机制，不能采取选择性执法、运动性执法的方式，必须确保养老信托监管的动态化、全面化和实质化。

而就养老信托具体监管制度的完善而言，主要建议包括以下几个方面。

首先，建议监管机构对于当下养老信托的发展现状进行全面的调研，对于实践中存在的养老信托业务模式、具体产品进行统计分析，结合域外成熟的养老金融实践，探讨养老信托在我国养老金融领域的可适用性、可应用场景，切实地把握养老信托在实践中所遇到的理论难题和实务争议，尤其是给政府监管所带来的挑战和难题。在上述调研工作基础上，监管机构可以明确养老信托监管的基本立场、原则机制、实施路径等重要问题，这是规范养老信托产业合法合规发展的重要制度前提。

其次，建议在全面调研的基础上就养老信托的业务开展制定相应的监管操作指引，明确养老信托的操作模式、设立条件、受托人资质要求、受托人行为要求、财产管理运用方式等要素，对于各个环节可能出现的争议问题提出相应的规范操作建议。通过规范化文件的制定引导养老信托业务的规范化操作，也更好地鼓励信托机构开展养老信托业务。

再次，建议监管机构针对养老信托业务建立统一的、协调的监管机制，使得养老金融领域的养老信托业务能够得到全面的、动态的监管，尤其是要求养老信托业务开展机构切实履行信息披露义务，将养老信托具体业务开展情况向监管机构进行披露。将养老信托业务的开展全面纳入政府监管范畴，对于养老信托的规范化发展具有重要的意义。

最后，建议针对养老信托的实际情况建立有针对性的法律责任机制。在养老信托业务机构及其从业人员从事违法违规行为时，监管机构要能及时介入，实施监管执法调查。通过对养老信托违法违规业务主体的严格行政执法调查，及时地阻止违法状态的延续，同时依靠适当的、合比例的行政处罚措施对违法违规的主体进行教育警戒。

第三节 ▶ 对策建议：四个维度

理论界和实务界比较关注的问题是：是否需要专门立法对养老信托加以规范？从前面的讨论可以看出，在目前的养老金融体系下，信托制度已经得到了广泛的运用，广义上的养老信托产品其实已经普遍存在，而狭义的养老信托产品虽然数量不多且尚处于尝试摸索阶段，但是依据当下的《信托法》也基本上可以规范调整养老信托产品相应主体之间的权利义务关系。

由此可以看出，当下很多养老金融产品虽然没有冠以"信托"之名，但本质上也是以《信托法》作为法律基础，相关养老金融产品主体之间的法律关系是信托法律关系。对于养老资金的受托管理人，本质上应以信托受托人的基本职责去加以约束，尤其是强调受托人在管理运用养老财产的过程当中应当遵循忠实义务和注意义务，不能利用管理养老信托财产的机会谋取不当利益，同时应当充分地发挥自己的专业管理技能为养老金融产品的受益人最大化谋取利益。[10]

就这个角度而言，《信托法》作为我国信托领域的基本法，基本上适用于养老金融领域的大部分养老金融产品，《信托法》对于委托人、受托人、受益人的权利义务进行了明确界定，同时对于信托财产的独立性也有较为完善的规定。《信托法》的这些基本规定对于规范养老金融领域相关金融产品的发展具有重要的意义，有助于约束受托人的行为，有助于保障委托人和受益人的利益。尤其是信托财产的独立性原理能够确保养老信托受托管理财产的充分独立和风险隔离，这对于发展养老金融事业具有至关重要的意义。

当然，我国《信托法》也不是"尽善尽美"的，《信托法》在立法之时受限于立法理念和立法技术的不完善，在信托财产所有权、信托登记、信托税制等方面，并未做出较为完善的规定，这些问题也在一定程度上影响了养老信托的具体业务开展。而在《信托法》生效之后20年的实践历程中，理论界和实务界也意识到了其体系不足和制度缺陷，均强调通过《信托法》的全面修订推动信托法律制度的完善。对于今后养老信托的创新发展而言，《信托法》的全面修订和制度完善也是至关重要。我国信托业监管机构也意识到了这一问题的重要性，银保监会曾表示将会同相关部门推动修改《信托法》，进一步完善信托财产转移、信托登记、信托税收等方面的相关规定，为养老信托的发展提供制度保障。目前，我国《信托法》的全面修订工作已经启动，有关《信托法》漏洞的填补、规范的优化、体系的调整将成为此次修订工作的主要议题，我们期待立法机构能在全面总结实践经验、充分借鉴域外成熟立法的基础上建构具有本土特色、符合中国国情的信托法律制度体系，清除养老信托发展过程中的制度障碍和法律难题，形成有利于养老信托业务创新、保障养老信托规范发展的信托法制环境。

同时需要注意的是，由于养老金融本身的特殊性，《信托法》在养老金融领域的适用也应当逐步确立更为特殊的法律规则。以我国的"企业年金管理运用"为例，企业年金属于第二支柱的重要组成部分，对于弥补第一支柱在养老金融服务层面的不足具有重要的价值，因此在企业年金的投资管理活动当中，必须充分意识到企业年金本身的特殊属性、风险偏好、收益要求等，进而对于企业年金受托管理人的基本资质、投资策略、风险控制、合规管理等确立更为具体的要求，而这些要求都体现在了我国有关企业年金投资管理的具体监管法规之中。例如，我国的《企业年金基金管理办法》就强调"根据劳动法、信托法、合同法、证券投资基金法等法律和国务院有关规定，制定本办法"，以"维护企业年金各方当事人的合法权益，规范企业年金基金管理"。可以看出，在企业年金领域，我国已经针对企业年金的特殊性建立了相对而言较为完善的受托管理制度，相应的监管法规较为完备。

但是，在第三支柱领域，我国对于商业型养老信托产品并没有制定特别的法律规则，目前的《信托公司管理办法》《信托公司集合资金信托计划管理办法》等监管文件也没有针对养老信托的特殊性确立特别的规则，这对于商业型养老信托业务的开展有所影响。从这个角度而言，我国有必要针对第三支柱领域商业养老信托的特殊性制定更为具体、更有适应性的法律规则，从商业养老信托的特殊属性出发对商业养老信托的委托人、受托人、受益人等主体的权利义务，信托财产的管理处分，信托产品的设立、变更、终止确定等方面提供更为全面具体的法律指引。同时，养老信托产品资金运用应当遵循安全审慎、长期稳健原则，追求长期保值增值，针对收益确定型、收益保底型、收益浮动型等不同收益类型的养老信托产品应确立不同的管理标准，这些基本要求也贯彻落实在养老信托具体产品之中。实际上，实务界人士也意识到了这一问题的重要性，他们也建议监管部门根据养老信托的实际发展情况制定相应的监管法律规范。这对于商业型养老信托的发展至关重要。

而就养老信托的具体制度完善而言，可以结合法律法规的完善从以下几个方面加以努力。

一是提升养老信托受托人的专业管理能力。由于养老信托有别于传统金融业务，对于长期从事商业投资信托业务的信托公司而言，开展养老信托业务中必然会遇到新问题、面临新挑战。在此背景下，信托公司必须转变传统思维，提升养老信托管理服务能力，理解养老信托的业务逻辑和实践难点，相应地配置专业人员、优化管理流程，进而专业化地管理处分养老信托财产，为信托受益人利益最大化而努力。特别是养老信托产品存续期限较长、信托财产形式多元、投资风险偏好相对保守，作为受托人的信托公司必须根据养老信托产品的上述特点确立相应的投资管理策略，通过专业化地管理处分信托财产实现养老信托目的。养老信托的既往实践也证明，只有具有专业化管理能力的信托公司，才能在竞争激烈的养老金融领域占领市场、形成优势。当然，养老信托专业管理能力的提升并非"朝夕之事"，而是需要信托公司长期实践、不断总结。

二是拓展养老信托的适用领域，使更多主体可以成为委托人进而参与养老金融事业。设立养老信托的主体不应限于传统意义上的"高净值人群"，而应当尽量扩展，使有设立养老信托、享受养老金融服务意愿的主体均能参与。换言之，养老信托产品应当成为"普惠式"金融服务，使有意愿利用信托机制享受养老金融服务的主体均能实现其目的。养老信托受托机构不应当设立过高的委托人门槛，可以根据实践需要灵活设计养老信托产品，使不同类型的委托人群体均能选择合适的养老信托产品。在既有的养老信托产品中，往往会要求委托人具备一定的投资经验、资产条件和风险承受能力，商业养老信托产品的初始认购金额通常较高（比如部分养老信托产品认购金额不低于 300 万元），大多数有养老金融需求的老年人往往难以满足要求。如果信托公司能够区分委托人的群体类型进而设计相应的信托产品、设置较低的准入门槛，比如针对有养老金融基本服务需求的群体设立投资门槛较低的养老信托产品，可能更有利于该类委托人群体养老目的的实现。以中信信托推出的"中信和信居家养老消费信托"为例，该信托产品是中信信托与四川晚霞合作推出的居家养老产品。委托人可缴付约 1 万元、2 万元、3 万元，分别购买中信和信消费信托银卡版、金卡版、白金卡版产品。该信托产品为期 1 年，信托存续期间银卡、金卡及白金卡消费者可以分别以不同的折扣价享受四川晚霞居家养老服务、中颐信健康管理服务及远盟康健紧急救援服务。[11]

三是明确养老信托财产的范围。传统意义信托公司业务多以资金信托为主，即委托人多是将资金委托给受托人加以管理。但在养老信托语境下，除了传统意义上的资金之外，委托人还可能将其他形式的财产（比如股权、房产、金融投资商品等）委托给受托人，由受托人按照信托设立文件管理处分并将信托利益加以合理分配。从鼓励养老信托发展的目的来看，需要通过专门立法明确养老信托财产的范围，使资金以外的其他财产也能成为养老信托的信托财产，同时确立相应的受托人管理处分规则，使受托人能够在信义义务框架下勤勉尽责地管理不同种类的信托财产。当然，对与信托财产相关的登记制度也必须加以完善，这是保障信托财产独立性的重要制度保障。对于养老信托而言，随着信托财产形式的不断丰富，势必需要建立相应的信托财产登记制度，明确信托财产的权属和独立构成。

四是强化养老信托受益人的权利保护。养老信托制度构造的特殊性决定了对信托受益人的权利保护更值得重视。相对其他类型信托产品而言，很多养老信托委托人在设立养老信托时是为了保障自身晚年生活，尤其是在由于自身原因出现各种不便之时能够得到基本的养老服务保障。在此情形下，对于养老信托受益人的权利保护就应当给予特别的关注和强调。除了《信托法》等法律法规确立的信托受益人保障机制之外，有必要根据养老信托受益人权利保障的实践需要确立更为特殊的保护机制，比如引入养老信托的特别监察人机制、养老信托受托人的特别信息披露机制等。

五是优化养老信托的税制，通过合理的税制优惠促进养老信托发展。税制是影响养老信托发展的重要影响因素，合理的税收优惠可以促进养老信托产业的快速发展。目前我国的信托税制并不完善，对于养老信托尚无成型的税收优惠机制。参照借鉴其他国家和地区的经验，要想推动养老信托的发展，税收制度层面的优惠鼓励至关重要。在我国已经面临老龄化社会挑战的情形下，有必要对于养老信托确立合理的税收优惠机制，通过合理的税制优惠促进鼓励养老信托的发展。2020 年 11 月，银保监会表示将与相关部门沟通协调，争取尽快出台养老信托有关税收优惠政策，推动养老信托规范、健康发展。目前，有实务界人士建议，结合税收递延型商业养老保险和企业（职业）年金的税收政策特点，以及现行的个税专项附加扣除政策，未来养老信托的税收政策可以按照以下方式操作：在缴费环节统一为个人工资的10% 免征个税，每个月免征额度最高不超过 2000 元，其他环节维持现有政策，即投资环节免税，领取环节 25% 予以免税，其余 75% 按照 10% 的税率缴纳。[12] 而从比较法的角度来看，为了推动养老信托的业务开展，对于委托人将信托财产转移给受托人的环节（也即养老信托设立过程）原则上不应征税，而在受托人将信托财产及其收益向信托受益人分配的环节（也即养老信托分配过程）则应当尽量安排税收优惠措施，通过合理的税收激励鼓励委托人和受托人积极参与养老信托事业的发展。

注释：

1. 熊鹭：《养老金融国际比较与借鉴》，《中国金融》2021 年第 5 期。

2. 毛奉君：《什么是第三支柱保险？如何发展？》，《学习时报》2021 年 1 月 4 日，第 7 版。

3. 彭晓娟：《老龄化挑战下养老信托优势和发展对策研究》，《西南金融》2017 年第 4 期。

4. 朱俊生：《促进养老保险第三支柱发展》，《中国金融》2020 年第 16 期。

5. 方玉红：《从"三支柱"谈养老信托》，《中国银行保险报》2021 年 3 月 21 日，第 7 版。

6. 方玉红：《养老信托如何参与第三支柱建设》，《中国银行保险报》2021 年 1 月 5 日，第 7 版。

7. 孙博：《老龄化时代应建立大养老金融思维》，《清华金融评论》2016 年第 2 期。

8. 中融研究：《人口老龄化背景下我国养老信托发展空间巨大》，新浪财经，2021 年 4 月。

9. 信托业监管的一般理论参见夏小雄《信托业监管体系重构: 问题剖析、理论反思与制度完善》,《金融监管研究》2020 年第 9 期。

10. 更为深入的理论分析参见尹迪《责任投资趋势下的养老基金信托责任》,《环球法律评论》2020 年第 4 期。

11. 常艳军：《养老信托靠不靠谱？》，《经济日报》2017 年 2 月 16 日，第 13 版。

12. 方玉红：《养老信托如何参与第三支柱建设》，《中国银行保险报》2021 年 1 月 5 日，第 7 版。

SEVEN

▶ 第七章　专题研究

● 三支柱养老金体系现状、差距及其改革路径

郑秉文　全国政协委员、中国社会科学院世界社保研究中心主任

一　近年来的养老保险改革政策动态

近一年来，中国养老保险体系十分重视第三支柱和多支柱建设，中央多次提到构建多层次多支柱养老保险体系：2019 年底中共中央国务院印发的《国家积极应对人口老龄化中长期规划》提出"夯实应对人口老龄化的社会财富储备"；2020 年 5 月中共中央国务院发布的《关于新时代加快完善社会主义市场经济体制的意见》提出"健全可持续的多层次社会保障体系"；2021 年"十四五"规划纲要提出"发展多层次、多支柱养老保险体系"；2021 年 2 月中央政治局第二十八次集体学习时习总书记提出"要加快发展多层次、多支柱养老保险体系"；等等。

重要的是，近一段时间以来，中央文件多次提到发展第三支柱养老保险，将第三支柱单独提出来并放到重要地位。例如，2020 年 12 月 18 日，中央经济工作会议首次提出"要规范发展第三支柱养老保险"；2021 年 3 月召开的两会上，总理在政府工作报告中也首次提及"规范发展第三支柱养老保险"；2021 年 6 月人社部发布的《人力资源和社会保障事业发展"十四五"规划》提出："发展多层次、多支柱养老保险体系，大力发展企业年金、职业年金，提高企业年金覆盖率，规范发展养老保险第三支柱，推动个人养老金发展"。其间，人社部相关负责人和银保监会相关负责人在多个场合提到要贯彻落实中央提出的"规范发展第三支柱养老保险"。

一系列政策文件和领导人讲话释放出的信号显示，为应对人口老龄化，未来几十年里，中国养老保障体系改革取向将从"一柱独大"的"负债型"养老保险体系，逐渐向三支柱养老保险鼎立的"资产型"养老金体系与模式过渡，尤其是要大力发展第二、第三支柱养老保险，把多层次和多支柱养老保险制度真正建立起来，这就成为"十四五"时期我国养老保障体系改革的主攻方向之一。

二 我国三支柱养老保险的基本现状

我国第一支柱基本养老保险迄今为止是覆盖人数全球第一、收支规模全球第二的基本养老保险制度，其中，截至 2020 年底，城镇职工基本养老保险基金结余 4.8 万亿元，可用于支付 11 个月的养老金；城乡居民基本养老保险积累的养老基金余额约 1 万亿元，可用于支付 3 年的城乡居民基本养老金；城镇职工基本养老保险和城乡居民基本养老保险合计覆盖人数为 9.99 亿人，覆盖率为 91%。[1] 从覆盖面和基金规模来看，我国第一支柱养老保险明显大于第二、第三支柱养老保险。但是，我国基本养老保险负债型特征仍十分明显，例如，城镇职工基本养老保险的缴费激励性不足，费基明显小于真实社会平均工资水平，替代率大约为社会平均工资水平的 46%，成为我国退休人员的主要退休收入来源，在我国退休制度中第一支柱占绝对优势。其中，我国养老金体系负债型特征最为明显的特征是第二、第三支柱发展"瘸腿"和严重不足，与我国 GDP 全球排名第二的地位相差甚远。

我国第二支柱养老金由企业年金和职业年金构成，截至 2020 年底，基金积累总计 3 万多亿元，占 GDP 的 3% 左右。其中，企业年金建立 17 年来，覆盖面没有明显变化，进入经济新常态以来，覆盖人数和企业数量的增速明显下降。截至 2020 年底，全国参与职工人数仅为 2700 万人，领取年金待遇人数仅为 223 万人，覆盖企业数量大约 10 万多户，基金积累仅为 2.2 万亿元。[2] 由于盖面狭小，企业年金常被人诟病为"富人俱乐部"。第二支柱的另一分支职业年金覆盖的目标群体是机关事业单位人员，覆盖范围远远高于企业年金，但在事业单位里，差额拨款或工资自筹人员难以被职业年金覆盖，存在制度"死角"，只有部分事业单位人员通过资金"自筹"的方式加入了企业年金。另外，职业年金建立时间较短，至今只有 5 年时间，积累金额不足 1 万亿元。

我国第三支柱税延型商业养老保险从 2007 年开始启动，一直到 2018 年 5 月才开始试点，原定试点期 1 年，但至今已试点超期 2 年多，投保人数只有几万人，保费收入只有 4 亿元，规模之小，可忽略不计。公募基金业在没有税优政策支持的条件下也于 3 年半前开始试运行"养老目标基金"，至今共建立基金 130 多只，总规模超过 700 多亿元。但由于没有赋予税收优惠政策，随着封闭期的逐渐解禁（封闭期分为 1 年、2 年、3 年不等），在没有锁定退休日的条件下将逐渐开始赎回，届时，养老目标基金将与普通公募基金没有区别。根据国际惯例，不属于"合格"的第三支柱养老金统筹范畴。由于没有税优政策，银行理财产品资金没有获得支持被纳入第三支柱养老保险的制度。

三 我国三支柱养老保险存在的巨大差距

上述数据显示，截至 2020 年底，我国三支柱养老金总规模合计 8.8 万亿元，加上战略储备基金"全国社保基金"2.2 万亿元（去重后），四个板块养老基金总计为 11 万亿元左右，占 GDP 的 11%。其中，第一支柱基本养老保险（城镇职工基本养老保险和城乡居民基本养老保险）基金 5.8 万亿元，占 GDP 的 6% 左右，第二支柱（企业年金和职业年金）约 3 万亿元，占 GDP 的 3% 左右，第三支柱养老保险基金可视为"0"，储备基金"全国社保基金"占 GDP 的 2% 左右。

与世界平均水平相比，我国养老金的 GDP 占比存在很大差距，例如，2019 年全球各类养老金总计 60 万亿美元左右，占全球 GDP 总量 86 万亿美元的 70%。如果仅将我国第二、第三支柱养老金占 GDP 的比例与国际相比，差距就更大了，例如，我国第二、第三支柱养老金 3 万亿左右，占 GDP 比重仅为 3%。而在全球养老金 60 万亿美元中，有 51 万亿美元来自第二、第三支柱，占全球 GDP 的 60%。如果对标美国，我国的差距就更大了：美国三支柱养老金总计 35 万亿美元，占 GDP 的 167%，其中第一支柱不到 3 万亿美元，而第二支柱高达 22 万亿美元，第三支柱超过 10 万亿美元，第二、第三支柱合计占 GDP 的 152%。

由国家税收优惠支持和市场化运行的第二、第三支柱养老金制度实行的是积累制，是夯实应对人口老龄化社会财富储备的核心资产。而养老金第一支柱是国家建立的基本养老保险制度，在中国和绝大多数发达国家实行的都是现收现付制，这种融资方式积累的资产规模很有限。所以，第二、第三支柱是积累养老金资产的主要载体，这是最佳国际实践的重要启示和趋势。因此，在 2021 年 2 月中央政治局第 28 次集体学习时习总书记强调"要加快发展多层次、多支柱养老保险体系"，也正是由于基于这些判断，中央文件多次强调发展第三支柱。

四 我国第三支柱发展滞后的主要原因

早在 30 年前的 1991 年，中央政府在《国务院关于企业职工养老保险制度改革的决定》（国发〔1991〕33 号）中提出，"随着经济的发展，逐步建立起基本养老保险与企业补充养老保险和职工个人储蓄性养老保险相结合的制度"。虽然这个重要文件并未明确提出"三支柱"概念，但其关于三支柱的制度框架与思路却比世界银行正式提出并向各国政府推荐建立三支柱提前了 3 年。在改革开放初期，我国刚刚摆脱计划经济的禁锢和"大锅饭"的体制，国有企业参与市场竞争急需社会保障制度"保驾护航"，国家首先建立第一支柱养老保险体制是顺理成章的，所以，30 年来，第一支柱养老保险制度建立最早，投入最大，最为成熟，它所替代的是旧体制下的传统劳动保险制度，体现的仍是"集体保障"理念和观念。

接着，在传统的企业互助会体制背景下和企业补充养老保险制度基础上，2000 年中央及时提出了企业年金的概念，2004 年企业年金制度作为正规的信托制第二支柱养老保险正式开始运行，至今也积累了 17 年的宝贵经验。从本质上讲这也是"集体保障"的一种重要形式，例如，在制度运行之初的很多年里只有单位缴费享有税优政策，职工个人基本是不参与缴费的。在国有经济和集体经济占绝对优势地位、个体经济几乎看不到的计划经济时期，"养老"是政府的事情，这种根深蒂固的文化传统和体制惯性在建立第三支柱时就显得十分"陌生"。因此，中国保监会在 2007 年提出建立的个税递延型商业养老保险自然就经历了一个较长的适应过程。即使 2018 年试点至今，这个新生事物也同样面临着制度配套、观念更新、认识提高和不断学习的"试错"过程，面临着部门博弈、行业竞争和重新定位的曲折过程。

虽然个税递延型商业养老保险试点结果不尽如人意，试点至今已超期 2 年多，但是，它毕竟是一个制度创新。它让人们认识了什么是第三支柱并看到了"个人养老金"的雏形，而且第三支柱的概念逐渐被全社会所理解和接受，个人承担养老责任越来越成为社会共识。更重要的是，"第三支柱"这个重要概念数次进入中央文件，成为当下和未来构建多层次多支柱养老保险体系的重要改革领域，这是我国社会保障史上一个历史性的跨越。其实，在发达国家也是一样，他们或是先建立了第一支柱（例如德国），或是先建立了第二支柱（例如美国），第三支柱几乎都是紧随其后、后来居上的，相对于第一和第二支柱来讲也都属于"新生事物"。只不过，在顶层设计缺位的情况下，我国的第三支柱在短短几年就很快经历了从个税递延型商业养老保险的 1.0 版本到"个人养老金"的 2.0 版本的"升级"，于是就有了"规范发展第三支柱养老保险"的重要提法。

五　我国第二、第三支柱养老保险的改革路径

发展多层次多支柱养老保险体系，大力发展第二支柱和规范发展第三支柱要靠科学的制度设计和配套的财税政策同时发力。

从制度设计上讲，首先，第二支柱养老保险虽然运行良好，但目前须最大限度地扩大参与率。这是当前第二支柱企业年金面临的主要任务，其具体改革举措包括引入"自动加入"机制、取消雇主缴费归属期、放开个人投资选择权、引入生命周期基金、扩大投资范围等，继续深化企业年金改革，坚持"一张蓝图绘到底"。其次，第三支柱的 2.0 版本顶层设计应尽快出台，在吸取前期经验教训的基础上，加大税优比例，简化个税抵扣手续，完善产品线，覆盖保险、基金、银行理财产品等，个人申请建立第三支柱必须要参加第二支柱的限制条件应该取消，使之成为真正的中国版的"个人养老金"。最后，应打通第二、第三支柱养老保险制度之间的通道，这是一个实现双赢的举措，与扩大第二和第三支柱养老保险参与率是相互促进的。

从财税政策配套改革上讲，这是推进第二、第三支柱养老保险的"突破性"条件。首先，应建立养

老金友好型个税制度，这是大力发展第二、第三支柱养老保险的重要基础。具体而言，应坚持宽税基、简税制、低税率的原则，个税免征额的本质属于"个人生计豁免"，社会平均收入不断提高，恩格尔系数正大幅降低。否则，个税如果长期成为"精英税"，第二、第三支柱就难以成为"大众养老金"，甚至会被诟病为"富人俱乐部"。其次，2019 年我国成功实现了分项所得税制向个人综合所得税制的转变，改革还应继续，最终应以家庭总收入为单位进行年终汇算清缴，这是带动家庭成员参与第二、第三支柱养老金体系的重要举措。最后，应尽快建立资本利得税制度，这是推动发展第二尤其第三支柱的根本条件，否则，100 万亿元的居民银行存款是不可能"水往高处流"的。

总之，构建多层次多支柱养老保险体系是我国养老保障改革的既定制度目标，扩大第二支柱和发展第三支柱是夯实人口老龄化社会财富的重要手段，其是我国养老保障体系的主要物资基础与核心资产，缩小第二、第三支柱与发达国家的差距是我国成为全球 GDP 第二大国后的战略目标，需要具有前瞻性的顶层设计和科学的态度和路径，这是"十四五"时期养老保障体系改革的一项重要任务。

注释：

1. 郑秉文：《构建多层次养老保险体系与第三支柱的"突破"》，百家号—中工网，https://baijiahao.baidu. com/s?id=1708818631322086165&wfr=spider&for=pc，2021 年 8 月 23 日。
2. 郑秉文：《构建多层次养老保险体系与第三支柱的"突破"》，百家号—中工网，https://baijiahao.baidu. com/s?id=1708818631322086165&wfr=spider&for=pc，2021 年 8 月 23 日。

● 长寿时代的理论与对策 [1]

陈东升　武汉大学董辅礽经济社会发展研究院、泰康保险集团

一　引言

随着世界老龄人口占比不断提升的趋势日益明显，学界普遍认为，这一速度加快会带来一系列社会问题，日本等部分国家已出现经济衰退现象，但也有实证研究发现，老龄人口不断增加与经济增长之间没有负面关系，经济学家将其归因为相关国家科技的发展及其对老龄化的适应速度较快（Acemoglu，Restrepo，2017）。面对人类寿命日益增长，一些学者聚焦寿命实质增长对生活与就业的影响，提出"长寿时代"（The Age of Longevity）的概念（琳达·格拉顿、安德鲁·斯科特，2018）[2]。我们认为，"长寿时代"这一概念虽然包含"老龄化"所描述的一些典型人口现象，但更多地指向老年人口占比升高后人类社会的一种相对稳定状态，有着更丰富的含义。首先，"长寿时代"更具前瞻性，强调人口结构转变后的新均衡及其带来的影响，启迪个人和社会应立足全生命周期，积极主动地应对这一变化。老龄化更多关注老年人口变化的阶段性和发展困境，往往着眼于老龄人口本身及其产生的问题，偏向被动应对。其次，"长寿时代"涵盖的领域更广，包括长寿与健康、财富等主题的内在关联，蕴含着人口现象背后的一系列挑战和机遇。最后，在阐述"长寿时代"特征时，我们不仅停留在死亡率、出生率下降这两个导致出现"老龄化"的因素上，而且增加了对寿命增长和人口结构变迁长期趋势的预测，把"长寿时代"所指的长期的、相对稳定的人口和社会经济形态界定得更清晰。本文旨在系统性地阐述"长寿时代"的内涵与外延，扩充与完善相关学术理论，并在社会、政府、企业层面探讨对"长寿时代"的应对思路。

数据表明，世界正在快速地"变老"。《2019 年世界人口展望》显示，2019 年，世界人口平均预期寿命达到 72.6 岁，比 1990 年提升 8.4 岁，预计 2050 年，全球平均预期寿命有望达到 77.1 岁。1990 年，全球 65 岁及以上老人约占总人口的 6.2%，2019 年，这一数字上升到 9.1%，预计 2050 年达到 15.9%。与此同时，80 岁以上高龄人口的增速超过低龄老人，1990 年，全球 80 岁以上人口只有 5400 万人，2019 年已达 1.43 亿人，预计到 2050 年达到 4.26 亿人。联合国数据还显示，在过去几十年里，全球几乎都在经历生育率下降的情况，总和生育率已从 1990 年的 3.2 降至 2019 年的 2.5，

到 2050 年可能降至 2.2 的水平。这导致全球出生人口增速变得非常缓慢，预计 2045 年后，全球出生人口数量将逐年下降。根据联合国人口司中等假设水平预测，全球人口规模可能在 2100 年前后到达顶峰并开始回落，也有一部分人口学家认为，2050 年可能迎来人口拐点（达雷尔·布里克、约翰·伊比特森，2019）。

联合国给出的人口中位数变化趋势显示，与许多欧美国家相比，东亚国家的老龄人口增长速度更快。其中，日本老龄人口占比从 2005 年开始超过北欧国家，高居全球首位，其老年抚养比目前已达到48%。2010~2019 年，日本的死亡人数比出生人数多 260 万人，预计到 21 世纪中叶，日本人口将减少到 1 亿人左右，21 世纪末将进一步减少至 7500 万人。近年来，类似日本的情况在亚太地区（韩国、新加坡、中国香港和台湾地区等）相继重演，其发展脉络具有借鉴意义。

与东亚发达国家和地区类似，中国的人均期望寿命也在增加，老龄人口增长速度不断加快，人口年龄结构正在发生深刻变化。中国 2016 年的人口预期寿命为 76.3 岁，在 195 个国家中排第 68位，有学者认为，若按此趋势保持下去，2040 年，中国的排名会上升至第 39 位，人口预期寿命达到 81.9 岁（Foreman et al.，2018）。在老龄人口结构及增长速度方面，根据国家统计局公布的数据，中国 65 岁及以上人口占比已从 2000 年的 7.0% 上升至 2019 年的 12.6%。根据联合国的预计，2025 年，中国 65 岁及以上人口占比将上升到 14%，到 2045 年，预计每 4 个中国人中就有 1 个老人。

与世界发达国家相比，中国将面临更多挑战。中国人口基数大，生育率下降快，老龄人口增长速度更快；国家医疗保障体制、福利保障体系难以匹配将要到来的人口年龄结构；人口预期寿命快速增长，但人均收入及储蓄水平均不及同时期的发达国家，难以支撑个人退休期间的消费水平，或导致"未富先老""又老又穷"的社会现象发生。2019 年，中国 65 岁及以上人口占比达 12.6%，人均 GDP 突破1 万美元，而美、日、韩等国的老龄人口比重达 12.6% 时，人均 GDP 均在 2.4 万美元以上。有国外专家提出，中国未来的老龄人口增长速度很可能比日本更快，引发的问题也更严重。

人类进入 18 世纪中叶，尤其是工业革命以后，期望寿命开始前所未有地增长，长期以来，相对恒定的人口年龄结构发生深刻改变，这引起学者的极大兴趣和理论思考（安格斯·迪顿，2014）。近代人口学诞生以来经历了三个主要理论发展阶段：一是从 18 世纪末发展至今的马尔萨斯主义理论；二是 20 世纪后期兴起的人口衰竭理论；三是近 20 年间对"积极老龄化"（Active Aging）的广泛探讨及相关研究。然而，面对目前全球范围内的老龄人口增长浪潮，各种理论都难以有效应对。

第一类理论涉及马尔萨斯主义学派。近代人口问题研究的先驱马尔萨斯在其人口理论中阐述了农业社会中资源对人口增长的限制作用，后衍生出马尔萨斯主义学派，强调控制人口的必要性。20 世纪 70年代，著名民间学术组织罗马俱乐部对工业时期的人口过度增长及其所导致的经济增长极限进行建模预测（德内拉·梅多斯等，2013），认为马尔萨斯式的人口增长及资源利用将导致出现不可控的衰竭，应予以警惕重视。这类预测在近年来被真实数据证明存在偏误，未充分考虑技术革命带来的资源解放及城市化导致的生育意愿下降，过度放大了人口增长存在的潜在风险。

第二类理论密切关注老龄人口增长问题，并提出人口衰竭的预期。20 世纪末至今，全球相继迈入老龄人口快速增长阶段且各国缺乏有效应对方案，有关人口老龄化、人口规模衰减的分析、研究开始大量兴起。1987 年，德克·范德卡（Dirk Van de Kaa）提出"第二次人口转变"（The Second Demographic Transition），对生育率低于人口替代率的现象做出解释（Van de Kaa，1987）。在分析老龄人口增长及人口规模下降的成因及影响方面，多国学者均指出，人口老龄化及人口负增长会对消费、生产力、就业、创新、竞争力、财政储蓄与文明传承产生压力，此类研究强调老龄人口的负担性及人口负增长带来的挑战（Maestas et al.，2016；大前研一，2018；梁建章、黄文政，2018；达雷尔·布里克、约翰·伊比特森，2019）。

从 20 世纪 90 年代起，"积极老龄化"引发广泛探讨。联合国及世界卫生组织等国际组织开始倡导"健康老龄化"，后又提出"积极老龄化"概念，人们意识到应多角度看待老龄人口增长现象，研究领域逐渐多样化、细分化。老龄人口增长开始被看作科技、医疗、健康护理、公共卫生等多方面的进步，人们普遍认为该问题"机遇与挑战并存"。与此同时，2000 年以来，中国关于养老问题的研究成果增加，上升趋势明显（曹献雨、睢党臣，2018）。

在各国老龄人口占比均不断提升的时代背景下，经典人口学理论暴露出诸多缺陷，对老龄人口问题的研究，一方面以碎片化成果为主，缺乏体系性的理论指导；另一方面偏重数据分析和预测推演，缺少针对未来人口年龄结构的实践经验及系统性解决方案。站在过去看未来，将受制于当前社会阶段的发展逻辑，难以有效应对挑战。本文通过解读全球人口发展脉络，指出"长寿时代"具有不可逆性，应立足未来人口和社会形态分析各要素间的相互作用，并由此推导出合理、有效的对策。本文将延伸、丰富"长寿时代"的理论价值，建立一套发展的、符合未来寿命和人口年龄结构长期趋势的理论分析框架，深入剖析"长寿时代"的挑战和机遇，并指出企业及个人的应对思路。

本文首先阐述"长寿时代"的主要特征及形成原因，探讨低死亡率、低生育率，以及预期寿命保持增长、人口年龄结构趋向柱状、平台期老龄人口占比超越 1/4 等人口现象。其次，从微观角度指出"长寿时代"与健康时代、财富时代的关联：长寿时代下预期寿命的延长、生存质量的提高和社会功能的变化将造就健康产业及健康经济，同时，社会储蓄结构及财富积累形式将发生变化，对养老金替代率充足的需求会推动出现"第二次人口红利"（Mason，Lee，2004）。再次，从宏观角度说明"长寿时代"对生产、需求、就业、增长、社会公平等方面的影响。最后，本文着重探讨"长寿时代"中个人及社会需要做出的调整、政府的作用，以及企业应如何创新商业模式、保持活力、承担社会责任，通过市场经济的方式解决社会问题，积极迎接机遇与挑战。

二 "长寿时代"的特征及形成

（一）"长寿时代"的特征

18世纪中期开始的工业革命打破了农业社会资源承载人口能力的限制，世界人口从此开启了前所未有的大规模增长阶段。基于对人口增长过程中出生率和死亡率变化的研究，1929年，美国人口学家沃恩·汤普森（Warren Thompson）提出按人口增长模式可将各国划分为三类。在此基础上，1945年，弗兰克·诺特斯坦（Frank Notestein）进一步将人口增长模式归纳为潜在下降、转变增长、潜在高增长三个类别。此后，学界在对人口增长模式进行描述的基础上逐步发展形成了人口转变理论。当前普遍将人口转变分为四个阶段，它们的特征是：第一阶段是高出生率、高死亡率，人口规模不变或增长极其缓慢；第二阶段是高出生率、死亡率下降，人口快速增长；第三阶段是出生率下降、低死亡率，人口增速放缓；第四阶段是低出生率、低死亡率，人口规模趋于稳定。

当前，世界正在由人口转变的第三阶段快速转向第四阶段，但第四阶段以及之后会进入什么状态？我们在此提出"长寿时代"的概念，认为它将是人口转变后的新均衡。这一时代具有五大特征：低死亡率、低生育率、预期寿命保持增长、人口年龄结构趋向柱状、平台期老龄人口占比超越 1/4。

1. 死亡率下降至低水平

19世纪，人类的死亡率开始显著下降。当时，生活水平提高、营养改善是决定性因素。工业革命带来社会生产力水平大幅提升，使人们逐步摆脱饥饿的困扰，增强了抵御疾病的能力。英国和法国的预期寿命分别从1750年的37岁和26岁增至1900年的48岁和46岁。英国学者托马斯·麦基翁（Thomas McKeown）提出，19世纪英国死亡率下降是由于经济和生活条件的改善，其中，最重要的是，饮食的改善（McKeown，Record，1962）。美国学者罗伯特·福格尔（Robert Fogel）也提出，人们对周围环境的控制和创造技术革新的能力的相互促进推动死亡率不断降低（Fogel，2004）。

公共卫生条件的改善对死亡率的下降同样具有重要作用，尤其是对传染性疾病的控制。以美国为例，由于通过水和空气传播的传染性疾病得到有效控制，1900~1940年，美国整体死亡率下降了40个百分点，预期寿命从47岁提升至63岁，原来在城市生活死亡率更高的问题也在这一时期消失了。研究发现，净水过滤和氯化系统的广泛应用在其中发挥了巨大作用，为美国带来了史无前例、最为快速的死亡率下降（Cutler，Miller，2005）。此外，20世纪40年代，抗生素类药物的使用进一步降低了传染病的致死率。例如，美国疾控中心公布的数据显示，在此期间，肺结核的死亡率从1945年的39.9/10万降到1955年的 9.1/10万。

到20世纪下半叶，医疗和技术进步与死亡率下降的关系越来越密切。有研究指出，美国20世纪50年代以来死亡率下降更多地得益于医疗进步带来的心脏病、中风等心血管疾病死亡率下降。

1950~2016 年，美国预期寿命提升了 11 岁，其中，一半以上的增长与 65 岁及以上人群生存率提升有关（Catillon et al.，2018）。此外，欧美发达国家公共卫生方面的知识和现代医药技术向发展中国家的传播推动了全球死亡率的快速下降。1960~2000 年，公共卫生基础设施、免疫接种、疾病专项防治等成为带动发展中国家死亡率下降的重要因素，而收入和营养条件改善产生的影响已不像欧美发达国家早期所经历的那样显著（Soares，2007）。

中华人民共和国成立后，政府对卫生健康领域非常重视，并取得了巨大的成就，实现了死亡率的快速下降。20 世纪 50 年代初期发起的全民卫生运动极大地改善了中国的公共卫生状况，显著提升了我国对传染病的防治能力。《中国妇幼健康事业发展报告（2019）》显示，与中华人民共和国成立前相比，到 2018 年，中国孕产妇死亡率从 1500/10 万下降到 18.3/10 万，婴儿死亡率从 200‰ 下降到 6.1‰，平均预期寿命从 35 岁提升至 77 岁，世界、中国、日本、美国 5 岁以下儿童死亡率变化趋势见图 1。

2. 生育率下降至低水平

在农业社会，人是最重要的经济资源，孩子是生活保障和劳动力的来源，因此，在高死亡率的生存

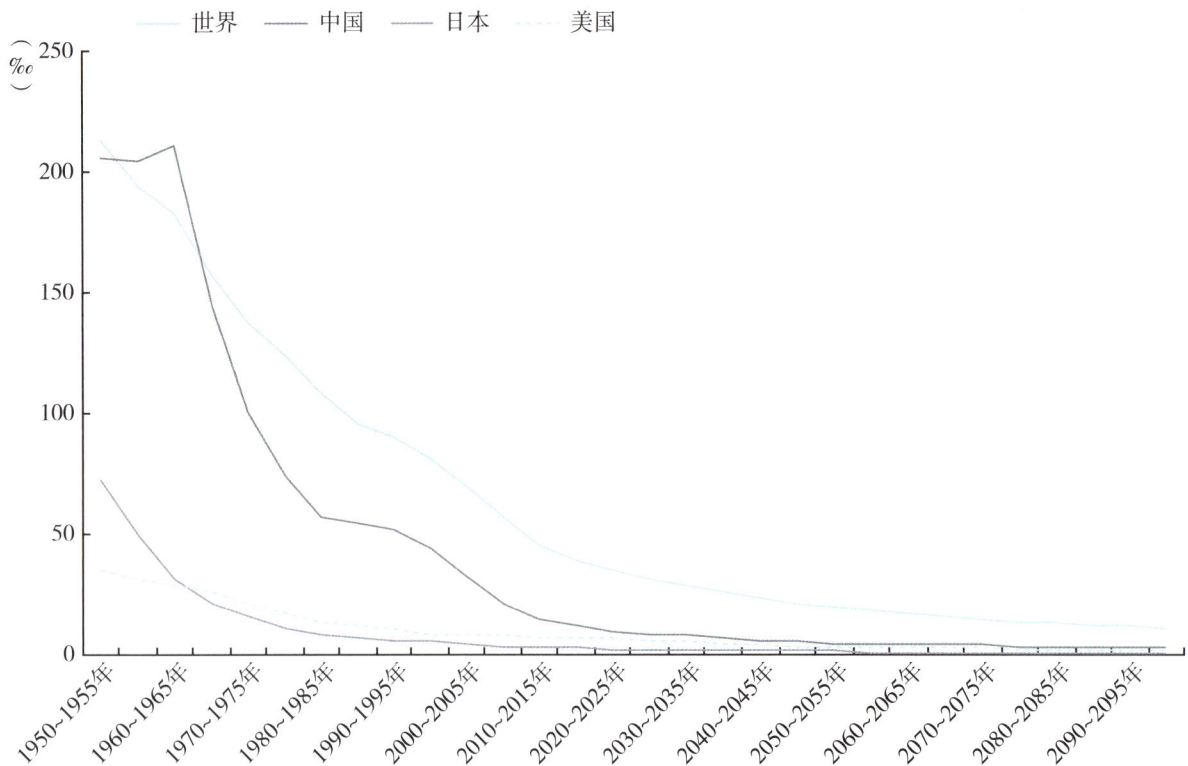

图 1　世界、中国、日本、美国 5 岁以下儿童死亡率变化趋势

资料来源：联合国 World Population Prospects 2019 数据库，https://population.un.org/wpp/Download/Standard/Population/。

环境下，高生育率是维持社会发展的需要。而工业革命的到来加速了城市化的进程，在这一过程中，女性的地位得到了根本性的提升，生育意愿也因此发生改变。

首先，儿童死亡率的显著下降使人们对生育孩子数量的意愿发生变化。孩子的质量与父母在时间和金钱上的投入相关，夫妻在潜在生育孩子的供给量和需求量上需要寻求一个平衡（Becker，1960）。其次，女性受教育水平不断提升，增强了女性进行社会和工作参与的能力，改变了女性对生育的态度，在一定程度上也相应推迟了结婚和生育年龄。此外，对有效避孕知识的掌握和避孕工具的普及使两性行为与生育实现了分离。随着20世纪60年代廉价、便捷的避孕药在美欧及此后在全球的快速普及，有效的避孕工具变得简单易得（保罗·莫兰，2019）。

从20世纪70年代开始，生育率走低成为全球性趋势。不仅是发达国家，随着不断发展，低收入国家的生育率也开始下降。1950~2017年，所有国家和地区的总和生育率都出现了不同程度的下降，全球总和生育率下降了49.4%，由4.7个活产婴儿降至2.4个（Murray et al.，2018）。另据联合国中等假设水平预测，全球生育率还将继续走低，到2050年，每名妇女生育子女的数量将降至2.2个，到2100年将降至1.9个。

中国自20世纪70年代起经历了生育率的快速下降，1980年，总和生育率已经从6左右降至3以下，到20世纪90年代已降至替代水平以下。其中，生育政策的影响只是一个方面，实际上，社会、人口、经济的发展变化越来越成为影响生育率的主导因素（都阳，2005）。近年来，中国"二胎"政策放开并没有带来生育率的回升，从国际经验来看，一些低生育率国家鼓励生育的政策也需要漫长的时间积累才能看出成效（杨昕，2016）。世界、中国、日本、美国总和生育率变化趋势见图2。

3. 预期寿命持续延长

新兴药物的不断创新、先进医疗技术的普及应用和进步使心脑血管疾病、癌症、糖尿病、艾滋病等逐渐从致死性的疾病杀手变成可控制的慢性疾病，人类的预期寿命得到持续延长，在过去半个多世纪里，主要发达国家的人口预期寿命都保持了每10年增长2~3岁的趋势。以癌症为例，研究数据显示，与1991年相比，2017年，美国癌症死亡率已经下降了29个百分点，其中，2008~2017年，平均每年下降1.5个百分点，2016~2017年更是下降了2.2个百分点，创历年新高（Siegel et al.，2020）。

从全球来看，1950年以来，人口预期寿命显著提升。1950~2017年，全球男性预期寿命从48.1岁增至70.5岁，女性从52.9岁增至75.6岁（Dicker et al.，2018）。毫无疑问，人类的预期寿命还将保持稳步增长，有预测研究指出，到2040年，全球男性和女性的预期寿命都将提升4.4年，届时，日本、新加坡、西班牙、瑞士有望超过85岁，另有59个国家将超过80岁（Foreman et al.，2018）。需要指出的是，近年来，研究发现，美国和英国的人均预期寿命出现轻微下降，这背后是由青年人滥用药物、酗酒和自杀等社会问题引起的，并不是因为老年人去世早了，这不能代表长期趋势（Ho，Hendi，2018）。

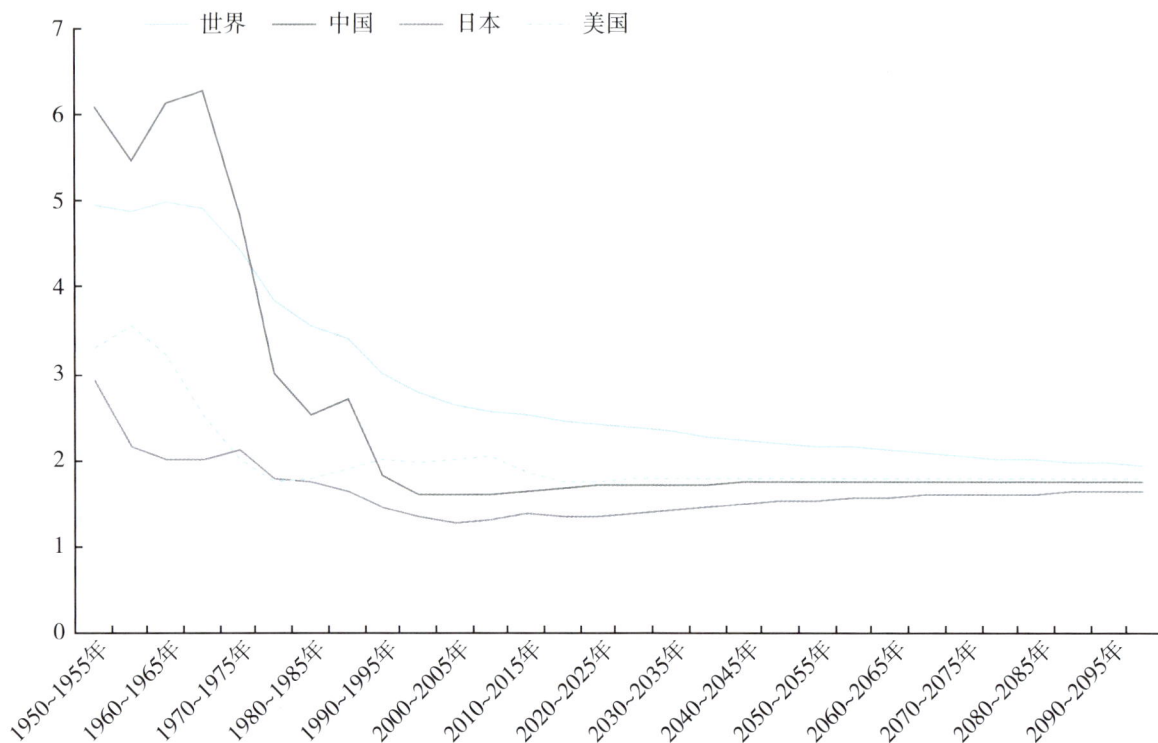

图2 世界、中国、日本、美国总和生育率变化趋势

资料来源：联合国 World Population Prospects 2019 数据库，https://population.un.org/wpp/Download/Standard/Population/。

在中国，伴随着死亡率快速下降，预期寿命得到大幅提升。20 世纪 60 年代至 20 世纪 70 年代的 20 年间，中国的预期寿命增长了 22 岁，之后以每 10 年增长约 3 岁的速度稳步提升，到 2018 年已达 77 岁。有研究预测，到 2040 年，中国预期寿命将达到 81.9 岁，也就是未来 20 年保持每 10 年增长约 2.5 岁的趋势（Foreman et al.，2018）。尽管联合国的预测相对保守，但是中国未来 30 年预期寿命仍将以平均每 10 年增长 1.6~1.7 岁的速度稳步提升。世界、中国、日本、美国预期寿命变化趋势见图 3。

对于人类寿命是否存在增长的极限，目前尚无定论。有研究在回顾了 1900 年以来多国的数据后提出，人类的寿命受到的各种自然因素的限制是存在天花板的（Dong et al.，2016）。但是也有研究发现，当年龄超过 105 岁时，死亡风险水平基本上不再变化，死亡率不再随着年龄增加而上升（Barbi et al.，2018）。从经验角度看，经济、社会、医学的发展可以不断推动人类寿命延长，人类的预期寿命可以持续增长（Oeppen，Vaupel，2002；Vaupel，Kistowski，2005）。

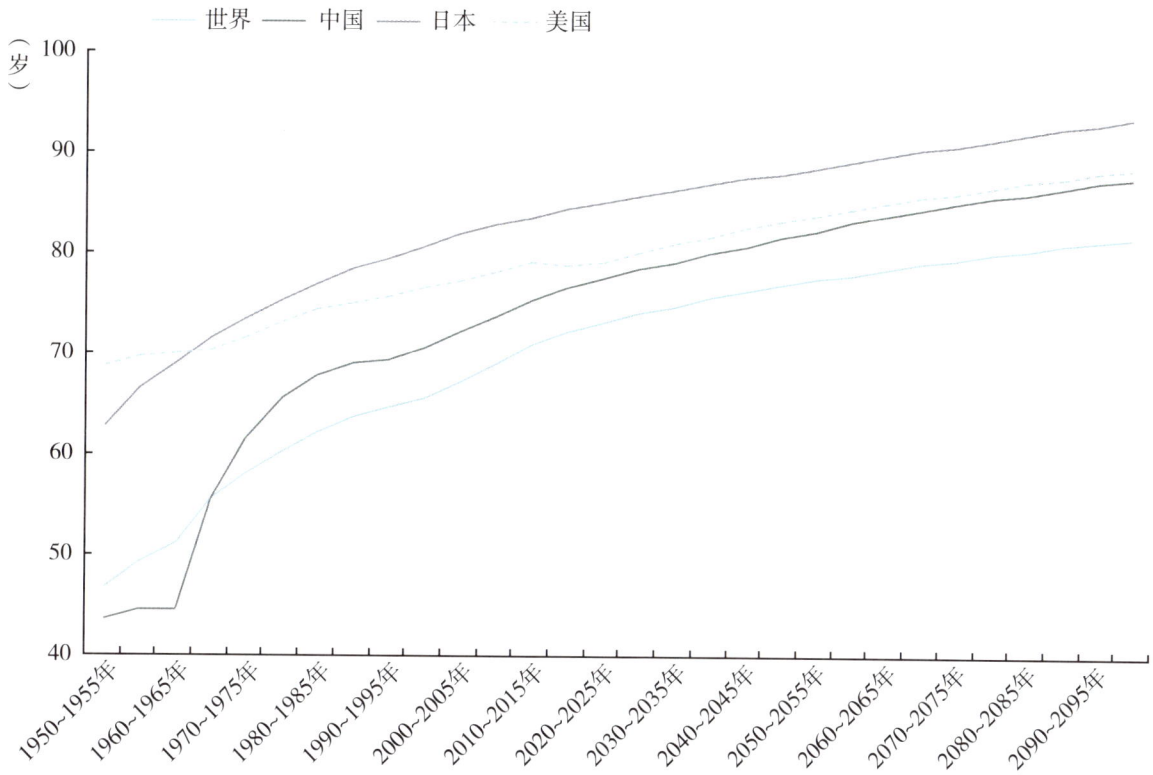

世界 —— 中国 —— 日本 ⋯⋯ 美国

图3　世界、中国、日本、美国预期寿命变化趋势

资料来源：联合国 World Population Prospects 2019 数据库，https://population.un.org/wpp/Download/Standard/Population/。

4. 人口年龄结构趋向柱状，高峰平台期老龄人口占比超越 1/4

在死亡率和生育率下降的双重作用下，世界人口增速放缓，全球的人口年龄结构在由传统的"金字塔"形向柱状转变，即各年龄段人口占比朝着均等化方向发展，老龄人口与青少年人口数量实现均等化（Haub，2013）。从更为长期的角度看，由于生育率持续下降，人口年龄结构可能出现倒梯形。

联合国数据显示，1960~2020 年，全球 0~14 岁少儿人口占比不断下降，由 37.2% 降至 25.4%；65 岁及以上老龄人口占比持续上升，由 5.0% 增至 9.3%，并且预计 50 年后二者将趋于均等。同时，在过去的 60 年间，各国人口年龄结构转变的速度有所不同，例如，美国在移民持续涌入的影响下，人口年龄中位数由 29.7 岁增至 38.3 岁，只增长了 8.6 岁；而日本受生育率快速下降且长期低迷的影响，人口年龄中位数由 25.4 岁跃升至 48.4 岁，增长达 23.0 岁。相比世界平均水平，中国人口年龄结构也发生较快的变化。1960~2020 年，人口年龄中位数从 21.3 岁增至 38.4 岁，其中，1960~1990 年只增加了 3.6 岁，而 1990~2020 年增长了 13.6 岁。

经济学上将由于劳动年龄人口数量和占比增长快于其他年龄组人口所带来的经济增长称为"人口红利"（Demographic Dividend）（Bloom，Canning，Sevilla，2003）。它通常发生在人口转型的第三阶段末，因为此时生育率发生快速下降使受抚养的青幼年人口明显减少（Bloom，Williamson，1998）。中华人民共和国成立后的前 20 年，死亡率大幅下降，而生育率继续保持高水平直至 20 世纪 70 年代初才开始明显下降，这使改革开放后劳动年龄人口出现爆发性增长，抚养比下降、劳动力供给充分带来的人口红利推动中国高速发展。然而，随着人口年龄结构进一步转变，中国的人口红利在快速消退。国家统计局公布的数据显示，中国的总抚养比在 2010 年已降至低点，2013 年，劳动年龄人口数量也已达到峰值。伴随着死亡率、生育率降至低水平并趋于稳定，预期寿命稳步提升，老龄人口占比提升，中国的人口年龄结构开始日渐趋于柱状（见图 4）。

大多数经历人口转型第三阶段的国家出现过或长或短的"婴儿潮"，之后生育率便急速下降。"婴儿潮"时期出生的人口老去的时候，正好也是人口跨越第三阶段到达第四阶段的时候。低死亡率、寿命

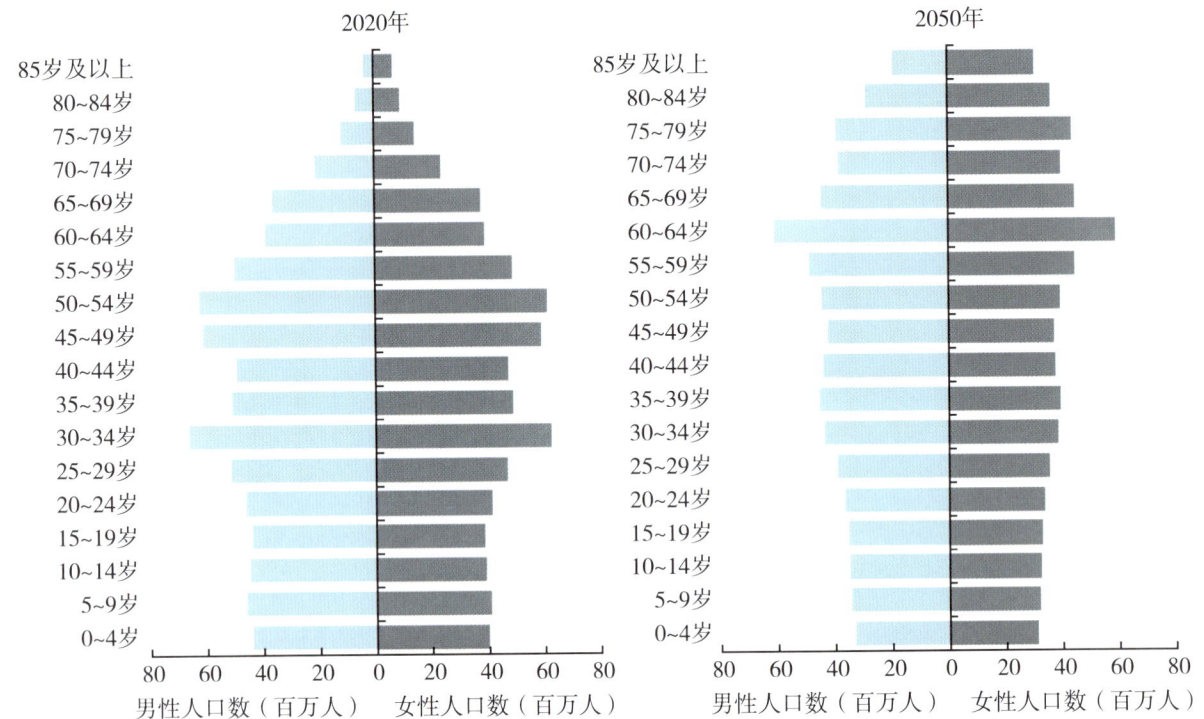

图 4 中国 2020 年、2050 年人口年龄结构预测

资料来源：联合国 World Population Prospects 2019 数据库，https://population.un.org/wpp/Download/Standard/Population/。

延长、生育率骤降造成后期老龄人口快速增长。经历过"婴儿潮"的国家，老龄人口占比都会加速提升，超越总人口的 1/4，并且在达到峰值后，由于稳定的低生育率和预期寿命的持续延长，其会保持相对稳定。

与这个规律相符，中国老龄人口数量及占比正在进入快速增长期。国家统计局公布的数据显示，2019 年，中国人口达到 14 亿人，其中，65 岁及以上人口为 1.76 亿人，占比达到 12.6%。2017 年、2018 年、2019 年，65 岁及以上人口分别新增 828 万人、827 万人、945 万人。联合国预测，中国 65 岁及以上人口数量还将继续保持高位增长，直至 2040 年之后，年均增长数量才会降至 500 万人以下。2057 年，65 岁及以上人口数量与 80 岁及以上人口数量有望达到峰值，分别为 4.0 亿人和 1.3 亿人，占 29.6% 和 9.8%。同时，从全球视角来看，中国是世界老龄人口数量最多的国家，2030 年左右，中国 65 岁及以上人口在全球老龄人口中的占比将超过 25%（见图 5）。

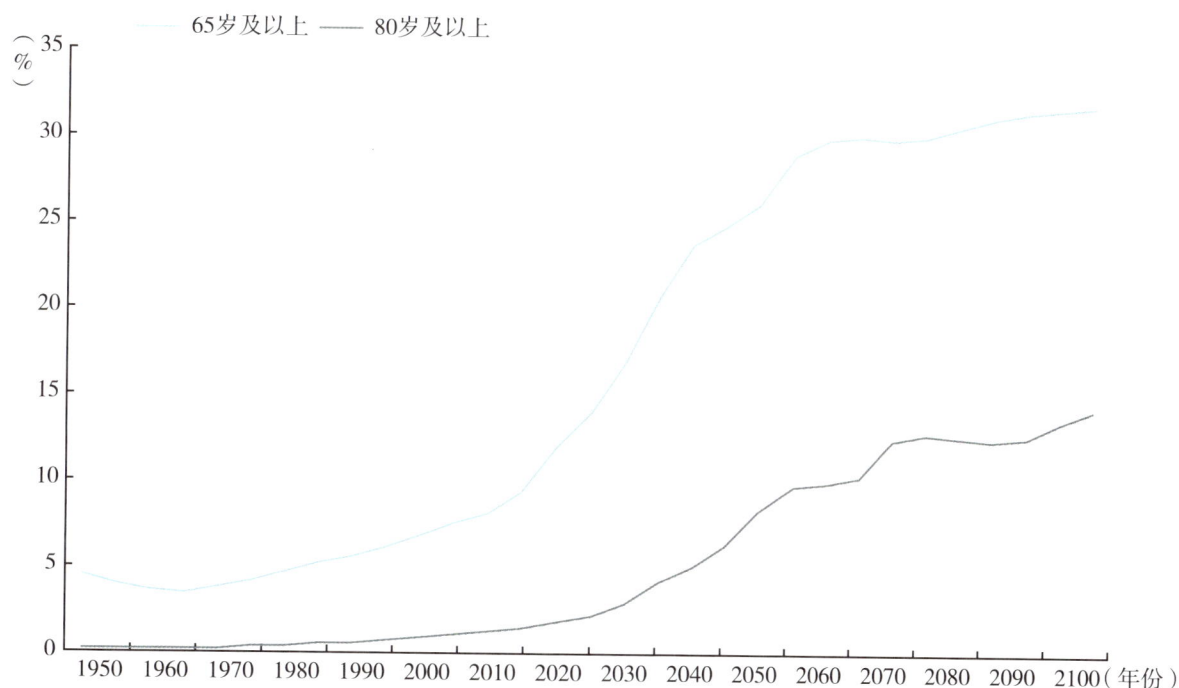

图 5　中国 65 岁及以上与 80 岁及以上人口占世界总人口的比例变化趋势

资料来源：联合国 World Population Prospects 2019 数据库，https://population.un.org/wpp/Download/Standard/Population/。

（二）"长寿时代"与健康时代

在"长寿时代"，人类的预期寿命获得延长，同时也面临与之前完全不同的健康挑战。健康成为更为迫切的需求，且这种需求将更加多样化和长期化，成为健康产业成长的强劲动力，健康时代随之来临。

1. "长寿时代"的疾病谱发生重大改变

人类疾病类型的流行病学转变（Epidemiological Transition）（Omran，1977）与"长寿时代"同步来临。2002 年召开的联合国第二次世界老龄大会指出，全球各区域都处于流行病学转变这一阶段，即从以罹患传染性疾病和寄生虫病为主转向以罹患慢性疾病和变性疾病为主（宋新明，2003）。

华盛顿大学健康指标与评估研究所（IHME）在 2017 年对 195 个国家和地区的研究表明：1990~2017 年，新生儿疾病、肠道感染、下呼吸道感染、结核病等传染性疾病导致的过早死亡人数下降，而缺血性心脏病、中风、慢性阻塞性肺疾病等慢性病，老年性疾病导致的死亡人数则大幅上升，特别是缺血性心脏病成为全球首要致死原因（Roth et al.，2018）（见表 1）。

表 1　1990~2017 年全球主要致死原因变化情况

排名	1990年	2017年
1	新生儿疾病	缺血性心脏病
2	下呼吸道感染	新生儿疾病
3	肠道感染	中风
4	缺血性心脏病	下呼吸道感染
5	中风	肠道感染
6	先天性出生缺陷	道路交通伤害
7	结核病	慢性阻塞性肺疾病
8	道路交通伤害	艾滋病
9	麻疹	先天性出生缺陷
10	疟疾	疟疾

资料来源：华盛顿大学健康指标与评估研究所。

中国也正在面临同样的变化，中国 1990~2017 年致死和生命损失疾病谱的前五名已经从传染性疾病、新生儿疾病等急性疾病及儿童期疾病转变为心脑血管疾病、肿瘤、退行性疾病等慢性疾病及老年性疾病（Zhou et al.，2019）（见表 2）。

表 2　中国 1990~2017 年致死和生命损失疾病谱的前五名

排名	1990年	2017年
1	下呼吸道感染	中风
2	新生儿疾病	缺血性心脏病
3	中风	气管、支气管和肺癌
4	慢性阻塞性肺疾病	慢性阻塞性肺疾病
5	道路交通伤害	肝癌

资料来源：中国疾病预防控制中心、华盛顿大学健康指标与评估研究所。

正是因为流行病学的转变，人类平均预期寿命延长的最大威胁已经从传染性疾病转移为由衰老导致的退行性和人为疾病（如道路交通伤害、意外死亡等），那些慢性退行性疾病会随着人类生活方式变得更加健康、医疗技术创新速度加快、最终死亡年龄延长，将在"长寿时代"与人类共存更长时间。

各类非传染性慢性病正成为影响人类长寿的主要原因。根据世界卫生组织（WHO）的定义，伤残调整生命年（DALY）用于估量由各种致命及非致命疾病导致的健康损失，它等于寿命损失年数（YLL）与残疾生命年数（YLD）之和（Murray，1994）[3]。使用华盛顿大学健康指标与评估研究所公布的数据计算的结果表明：1970~2016 年，传染病以及营养不良所导致的健康损失下降了 40.1%，与之对应的各种非传染性慢性病所导致的健康损失却整体增加了 36.6%，其中，心血管疾病增长了 32.4%，神经系统疾病增长了 59.4%；同期，全球范围内 80 岁以上人口贡献的健康损失增长了 98%（Wang et al.，2017）。老龄人口的增加给中国带来的健康损失情况比全球平均水平更为严重。

2. "长寿时代"使带病生存时间延长

在"长寿时代"，更多疾病将与高龄老人共存，带病生存成为"长寿时代"的普遍现象。如果将 60 岁以上老年人的状态分为健康状态和带病状态，就会发现人群预期寿命增加主要表现为带病生存时间延长，特别是各种非遗传性慢性病导致的健康损失并不会在短期内致人死亡，而是与人长期共存。华盛顿大学健康指标与评估研究所对 195 个国家和地区的研究表明：1990~2017 年，全球绝大部分国家的健康预期寿命[4]的增速要低于预期寿命的增速，预期寿命增加 7.4 年，而健康预期寿命只增加 6.3 年（Kyu et al.，2018）。英国学者基于对欧洲 25 个国家的数据进行的研究表明，2005~2011 年，65 岁老人的预期寿命增加了 1.3 年，而同期的健康预期寿命没有变化（Brown，2015）。在中国，1993 年，中国老年人供养体系调查显示，60 岁以上老年人在 60 岁以后的预期寿命中的约 3/4 时间处于患有各种慢性病的状态（王梅，1993）。《2018 年我国卫生健康事业发展统计公报》显示，我国 2018 年人均预期寿命是 77 岁，健康预期寿命仅为 68.7 岁，存在较大落差。

我们可以看到，全球发展趋势表明，越是长寿，带病生存越将成为普遍现象。虽然我们的寿命在不断增加，但生存质量不一定随之变得更好。因此，获得额外的寿命时，身体处于健康还是疾病状态，如何面对"长寿时代"带病生存这一情况，都将对卫生系统的规划、相关健康支出和健康产业的发展产生重大影响。

3."长寿时代"将促使健康产业发展

"长寿时代"的带病生存状态使人们与健康相关的支出剧增。根据国内外有关资料，人均医疗费用和年龄密切相关，一般情况下，60岁以上年龄组的医疗费用是60岁以下年龄组的医疗费用的3~5倍（李剑阁，2002）。同时，老龄人口规模的扩大必然带来社会医疗总费用的增加。日本的研究显示，医疗技术进步、经济财富增加、人口老龄化和民众患病结构的不断变化共同导致医疗卫生支出不断攀升，医疗技术进步占比为40%，为首要因素，其他因素分别占26%、18%和16%（胡苏云，2013）。

医疗技术进步是近年来推动医疗费用增长的最重要原因之一。回溯医疗技术的发展路径可以看到，研究投入和医疗资源更多地向急性或者致死性疾病倾斜，在消除或延缓与年龄相关的慢性病和细胞变性类疾病方面的投入却不够。这种不平衡的投入在很大程度上是由于早期研究所处时代的人口结构不同造成的，那时，人均期望寿命不超过80岁是常态，带病生存的人口所占比例较小，对社会的影响也有限。当前阶段，人口结构已经开始发生重大变化，因此，需要重新审视社会资源的分配方式。英国的一项研究显示了这种资源的错配情况，以呼吸道和神经精神类疾病为例，这项研究指出两种疾病的伤残调整生命年的占比分别为8.3%和26.7%，而研究经费占比仅为1.7%和15.3%，表明这两种疾病带来较大的社会负担却未获得对等的资源投入；此外，癌症的伤残调整生命年的占比为15.9%，明显低于神经精神类疾病，但研究经费占比高达19.6%[5]。目前，主流的医疗手段还是以医院内使用的针对重大疾病的治疗手段为主，此类技术的成本和使用门槛高，导致费用较多。将患者从医院引流至基础医疗机构，使用更多低成本的医疗技术，加强疾病预防和健康管理，不仅对患者自身的健康有利，也对遏制医疗费用快速上涨起到积极作用。

我们可以预见，"长寿时代"将促使健康产业结构升级。在"长寿时代"，人体衰老不可避免地会出现相关健康问题，带病生存成为常态，健康将成为个体关注的第一要素和最宝贵财富。第四次中国城乡老年人生活状况抽样调查结果显示，老年人照护服务需求持续上升。2015年，我国城乡老年人自报需要照护服务的比例为15.3%，比2000年的6.6%上升近9个百分点；城乡老年人的居家养老服务需求项目排在前三位的分别是上门看病、上门做家务和康复护理，其所占比例分别是38.1%、12.1%、11.3%。这些都是老年人群庞大的潜在需求，目前来看，只有部分社区可以提供这些服务，大部分社区存在供给短缺的情况（杨晓奇、王莉莉，2019）。

在"长寿时代"，庞大的健康需求将促进大健康产业极大发展。为人们提供健康生活解决方案，是大健康产业最大的商机，也将推动社会进入健康时代。在美国，卫生总支出占GDP的17.9%，大健康产业是最大的产业。美国65岁及以上老人占总人口的比例为16%，卫生总支出占比达到36%；如果从55岁算起，那么29%的人口花费了56%的卫生支出[6]。截至2018年，在中国的经济结构中，房地产相关费用占比最高，接着是汽车，卫生总支出占GDP的比重仅为6.6%。

健康时代里核心的产业是医药工业、健康服务和健康保险。2019年《财富》世界500强榜单中，美国有15家大健康企业，中国只有2家企业算是大健康企业。按照《"健康中国2030"规划纲要》的目标，到2020年，中国健康服务业总规模超8万亿元，2030年达16万亿元。可见，中国大健康产业具有巨大的成长空间，拥有实现产业结构转变的机会，未来有望成为中国经济的支柱产业之一。

（三）"长寿时代"与财富时代

在"长寿时代"，人们的预期寿命延长，居民高度关注养老资金是否充沛。在公共养老资金有限的情况下，理性人将更有动机地增加财富总量和延长财富积累期限以储备更多养老资金，形成旺盛的财富管理需求，因此，与"长寿时代"相伴而生的是财富时代。

1. 在"长寿时代"，养老金替代率是关键

根据生命周期理论，人的储蓄行为受所处年龄阶段的影响（Ando, Modigliani, 1963）。年轻时提供劳动力增加储蓄资本，老年时将其用于消费。随着预期寿命增加和预期抚养比上升，个体会通过调整消费和储蓄行为、在年轻时增加资本积累等方式应对延长的老年生活的消费所需（Lee, Mason, 2006），保证充足的替代率（平均养老金与社会平均工资之比）以满足平滑消费，拥有与生命等长的现金流。

在老龄人口占比提升的背景下，公共养老金会持续承压，老年抚养比的上升和领取养老金年限的延长势必导致狭义养老金替代率下降。广义养老储蓄资本（包括公共养老金和个人养老储备）在提前筹划、尽早储备的前提下可以实现随老龄人口占比提高而增加。2019年，墨尔本美世养老金指数报告中的样本国家数据显示，养老金充足率指数与老龄人口占比呈现正相关性关系，相关系数为58%。养老金指数排名前二的荷兰、丹麦的养老金结余资本占GDP的比重分别是173.3%和198.6%，随着老龄人口占比提高，养老金指数呈上升趋势。荷兰、丹麦等国家的老龄人口占比较高，但由于鼓励养老储蓄政策的存在，养老资金储备的充足率较高。

国家统计局公布的数据显示，自1997年中国城镇居民基本养老体系进行改革以来，养老金社会平均工资替代率从71.51%降至45.92%。在广义养老金总量上，与发达国家相比，中国的养老金储备有待增加。中国养老金"三支柱"占GDP的比重仅为8%，OECD国家的平均占比为49.7%，而美国的占比达到146%（孙博，2018）。在养老金结构上，中国的养老储备严重依赖第一支柱，第二支柱和第三支柱占比过低。由于企业负担和经济结构存在差异，中国"第二支柱"养老体系发展迟缓，亟须提高"第三支柱"占比，以让个人养老保险发挥更大作用。

2. "长寿时代"带来财富的增长

在提出"人口红利"理论之后，人口经济学家提出"第二次人口红利"理论，即理性人会调整自己

的消费和储蓄行为、人力资本投资行为、劳动力供给行为，以应对"长寿时代"的各项挑战（Disney，2000；Lee，Mason，2006；蔡昉，2009）。

人力资本在"第二次人口红利"形成过程中起到重要作用。经济学家卢卡斯认为，人力资本的"质量取决于教育程度的有效劳动力"（Lucas，1988）。人力资本的重要成分包括健康和教育，在前文我们已经对健康进行了讨论，在这里，我们将重点放在教育上。个人层面，教育水平提高有利于受教育者竞争力的增强，促进职业生涯发展和工资收入增加。预期寿命的增加可以激励教育投入增加。个体理性预期的调整包括基于人力资本积累预期的教育年限和教育投资的调整（杨英、林焕荣，2013）。预期寿命的增加使教育投入的受益时间拉长，个体更愿意进行教育投资（Hansen，Lønstrup，2012；Cervellati，Sunde，2013）。宏观层面，老龄人口占比提升加速产业结构调整，劳动密集型产业让渡给资本、技术密集型产业，人力资本的价值更加重要。世界银行公布的数据显示，预期寿命越长的国家，受教育水平越高。预计中国劳动人口的平均受教育年限将从2018年的10.5年上升到2035年的12年。总之，人力资本的质量提升将促进劳动生产率提升，居民收入水平亦将随之提升，进而促进社会财富总量增加。

养老财富积累期限的延长，也将促进社会财富总量增加。伴随着人口预期寿命延长与健康水平提升，健康低龄老人数量将大幅增加，叠加教育投入增加带来的人力资本质量提升，人力资本的折旧速度将放缓，该人群具备延长工作年限的基本条件。如果劳动人口的工作年限延长，那么其养老的财富储备期限也将延长。事实上，多个老龄人口占比较高的国家采取了延迟法定退休年龄的方式（作为应对措施之一）。此外，为应对"长寿时代"的问题，理性人会在年轻时期更早地筹划用于养老的财富储备。以上两种方式都将延长养老财富储备的期限，增加社会财富总量。部分国家退休年龄及其老龄人口占比见表3。

表3 部分国家退休年龄及其老龄人口占比　　　　　　　　　　　单位：岁，%

国家	原退休年龄（男）	原退休年龄（女）	对应年份	新退休年龄（男）	新退休年龄（女）	对应年份	延迟年数男/女	65岁及以上人口占比（2018年）
英国	65	60	2012	65	62	2015	0/2	18.4
德国	63	60	1985	65.5	65.5	2019	2.5/5.5	21.5
日本	61	60	2010	65	64	2019	4/4	27.6
美国	65	60	1983	—	—	—	—	15.8
中国	60	55	2011	—	—	—	—	10.9

资料来源：OECD Pension Policy Notes。

3. "长寿时代"居民的财富管理需求引领财富时代

在"长寿时代"，居民将更加依赖投资回报和财富积累来养老，财富管理需求旺盛，"长寿时代"将引领财富时代。随着老龄人口总量和比例快速增加和提升，公共养老金替代率呈下降趋势。同时，少子化使依靠子女养老的可能性下降。因此，个人和家庭的投资回报对于居民养老的重要性提高。以中国、美国、日本、英国、德国等老龄人口占比较高的国家近 20 年的数据为例，随着老龄人口占比不断提升，个人财富的市场规模也持续扩大。而且，一国个人财富市场规模与 GDP 的倍数关系基本趋于稳定，甚或上升。例如，瑞信 2019 年全球财富报告（Global Wealth Report 2019）显示，近 20 年来，中国的老龄人口占比从 7% 上升至 12%，个人财富市场规模从 4 万亿美元上升至 64 万亿美元，与 GDP 的倍数关系从 3.1 倍上升至 4.7 倍，倍数呈持续上升态势；同期，美国的老龄人口占比从 16% 上升至 19%，个人财富市场规模从 42 万亿美元上升至 106 万亿美元，与 GDP 的倍数关系从 4.1 倍上升至 5.2 倍，倍数呈上升趋势。

在财富时代，中国居民财富结构将更加多元化。居民财富管理将直接影响居民消费，其中包括老年时期的消费。根据西南财经大学与广发银行联合发布的《2018 中国城市家庭财富健康报告》，中国居民财富管理的结构不合理，主要表现为家庭住房资产占比过高（70%），远高于美国的 31%，严重挤压了金融资产配置的空间。下一步，中国居民财富从房地产向金融资产转移是大趋势，中国居民财富结构将更加多元化。另外，经历资本市场洗礼，个人投资者开始变得更加理性，更加成熟，更倾向于向专业的财富管理机构寻求投资建议。瑞信 2019 年全球财富报告指出，中国人均财富在近 20 年间从 4293 美元提升至 5.85 万美元，增长了近 13 倍；同期，与美国相比，中国人均财富水平从占美国的 1/49 上升至 1/7.5，仍有较大的提升空间。随着中国经济持续发展，中国人均收入水平不断提升，个人财富市场规模将持续扩大。

综上所述，"长寿时代"的人口年龄结构将逐步形成新均衡，并以低死亡率、低生育率、预期寿命持续提升、人口年龄结构趋向柱状、平台期老龄人口占比超越 1/4 为主要特征。在"长寿时代"，人类疾病谱转向慢性非传染性疾病，对健康寿命的关注将产生庞大的需求，促使健康产业结构升级，推动社会进入健康时代。同时，在"长寿时代"，养老金替代率成为关键，人力资本质量提升、养老财富积累期限延长将促进社会财富总量增加，个人消费、储蓄、财富积累的方式会为之改变，财富管理的旺盛需求将引领财富时代。随着人类迈入"长寿时代"，健康时代和财富时代必然到来，需要用大健康的视角系统性地分析三者的关系。

三 "长寿时代"对社会经济的影响

在"长寿时代"，社会经济发展面临挑战和机遇。根据柯布 - 道格拉斯生产函数，经济增长主要受劳动力、资本和科技进步的影响。在"长寿时代",上述变量都会发生显著变化,进而对宏观经济产生深远影响。一些研究认为,老龄人口比例提升将导致经济增速放缓,或因为劳动力供给不足,或因为社会的储蓄率下降造成资本形成率低,或因为老龄化社会创新力不足等(陆旸、蔡昉,2014;马学礼、陈志恒,2016;周祝平、刘海斌,2016)。"长寿时代"的社会还面临财富不平等加剧的挑战,低收入群体的境况在"长寿时代"可能进一步恶化,他们的生存需求和健康需求对社会保障提出更高要求,公共财政也面临更大压力。

另外,当人们活得更长、更健康,并继续积极参与经济活动时,长寿也将成为社会的财富来源。最新研究表明,"长寿时代"未必会出现经济增速下行的情况,主要原因是自动化技术的普及应用有效替代了减少的劳动力(Acemoglu, Restrepo,2017)。长寿正在定义未来,给经济和社会带来新的供给和需求,为各个年龄段的人提供创新、就业和实现经济增长的机会。沃顿商学院人力资源中心主任彼得·卡普利(Peter Cappelli)主持的美国老年学协会的"长寿经济学"课题提出,社会和经济应最大限度地利用长寿,消除年龄歧视,促进"长寿经济"发展。

(一)"长寿时代"下社会经济面临的挑战

1. "长寿时代"劳动力人口供给减少,冲击传统的工业化组织形态

劳动力是经济增长的核心因素之一。一方面,作为主要的生产要素,劳动力的增长可以推动生产发展;另一方面,劳动力也可以为社会提供广泛的终端需求,拉动相关产业发展(施锦芳,2015)。然而,进入"长寿时代"后,出生率明显下降,年轻人口占比乃至绝对数量都开始减少,新增劳动力人口规模下滑,对经济发展产生负面影响。

劳动力的长周期下滑可能对人类传统的工业化组织形态造成冲击。工业化时代,生产组织形式从家庭逐渐演化为工厂和企业,生产的聚集性明显提升。劳动力人口大量聚集带动工业化和城镇化发展。同时,社会化大生产促进社会分工,劳动效率持续提升,劳动力需求持续增加,产出水平持续提高。当人类处于高生育率阶段时,劳动力供给源源不断,可以满足生产需要。同时,劳动力人口占比较高还会形成高储蓄和高投资局面,这被称为"第一次人口红利"。从历史上看,凡是成功实现工业化的国家,无论是英国、美国还是日本以及改革开放以来的中国,大都享受了"第一次人口红利",经济也获得了高速发展。

"长寿时代"面临劳动力供给的挑战。由于出生率不断下降,年轻劳动力在长周期内将出现萎缩,部分工厂和企业将面临无人可用的局面。这一趋势目前在日本已经有所体现。日本民间企业信誉调查机构——东京商工调查所公布的数据显示,2019 年,日本因"人手不足"而负债 1000 万日元以上并因此破产的企业数量达 426 家,比上一年增加 10%,2019 年是该因素被纳入统计范围以来破产企业数量最多的一年。可用劳动力的减少将对人类的发展产生深远影响,一方面,这将迫使传统工业企业加速

进行智能化、自动化转型，从而减少生产活动对劳动力的需求；另一方面，长期的劳动力短缺也可能会对工业化的组织形式产生冲击。由于技术进步将减少生产对人力资源的依赖，人类有可能演化出新的组织和生产形式，以应对新增劳动力资源减少带来的挑战，我们将在后文中进行讨论。

2. "长寿时代"储蓄率下降，导致资本形成率下降

传统经济学理论认为，老龄人口数量不断增加，消费率上升，储蓄率下降，对资本形成率产生负面影响。有研究指出，随着老龄人口占比提升和年轻人口占比下降，人口抚养比将上升，导致抚养支出增加，储蓄率下降（陆旸、蔡昉，2014），储蓄率下降则会导致资本形成率（资本形成占 GDP 的比重）下降。另有研究也表明类似观点：人口老龄化最终会导致生产性人口相对乃至绝对减少，消费性人口相对乃至绝对增加（李军、刘生龙，2017）。因此，一个社会的老龄人口比重越高，意味着其分享、产出的成果的比例越高，可用于生产投资的产出比例相对较低，宏观上就会导致国民储蓄率下降、消费率上升，这不利于资本积累。从全球角度看，美联储前主席格林斯潘甚至提出人口老龄化使全球投资萎缩[7]。

与之相对应，"第二次人口红利"理论认为，在人口结构变化过程中，人力资本回报水平变高，个体会调整消费和储蓄行为，通过个人资产配置和延长劳动力供给年限等方式应对未来的不确定性，促使社会财富积累增加。更进一步，老龄人口占比提升将导致社会劳动力减少，因此资本／劳动比率上升可以推动经济增长，该过程将对冲社会整体储蓄率下降产生的效果。然而，"第二次人口红利"能否真正释放，仍然依赖许多外部性和制度性因素。一方面，老年人从生产者变成纯粹的消费者，不断消耗积累的资本。减缓老年人的资本消耗要求社会建立起更全面、更包容的养老制度和服务体系。另一方面，人均资本的增加转化为促进经济增长需要依赖外部的制度性建设，尤其是资本市场的建设。

3. "长寿时代"劳动力老化，影响社会创新效率

"长寿时代"面临整个社会创新效率的挑战。人类的创新活动并非平均分布在整个生命周期中。研究表明，个人创新能力随着年龄的增长而呈倒"U"形曲线，老年人的学习能力、创新能力、开拓进取能力不如年轻人，劳动力老化将对劳动生产率提高和科技创新动力提升带来不利影响（马学礼、陈志恒，2016）。此外，"长寿时代"将延长人类的工作年限，年长者处于组织内重要位置的时间也会相应增加，年轻人升迁难度提高，有可能限制创新才能和创新意愿的发展。综上，"长寿时代"可能会对社会整体创新效率产生负面影响。

4. "长寿时代"社会不平等程度加深

"长寿时代"的到来本身也可能加剧财富不平等。为了研究作用机制，可将社会人口分为年轻人口和老龄人口两组。从组内角度看，长寿时代可能导致收入和消费的差距随时间延长而不断扩大。同龄人之间的消费和收入差距将随着年龄的增长而扩大，因为个体的收入和消费受教育、职业、健康状况、家庭背景等因素的影响，而这些差距会随着时间的推移不断扩大（Deaton，Paxson，1997；Chen et al.，2017）。例如，脑体劳动者收入的"剪刀差"长期存在。近年来，由于劳动成本上升，上述情况

有所缓解。但脑力劳动者可以通过经验积累、不断学习等方式减缓人力资本下降的速度，而体力劳动者的劳动能力直接受身体健康状况的影响，随着年龄增加，丧失劳动能力的风险不断增加，因此，长期来看，二者的收入差距有可能拉大。中国 1996~2009 年的收入和消费数据显示，人口老龄化确实会加剧组内收入不平等（董志强等，2012）。

从组间角度看，"长寿时代"可能拉大年轻人口和老龄人口的收入差距。在现行的工作模式和退休制度下，"长寿时代"将产生更多不直接参与生产的老龄人口，这部分人口不参与第一次分配，而主要参与第二次分配。然而，由于社会建构因素的影响，老年人在第二次分配中也不占据主导地位，因此，老龄人口的经济状况主要取决于年轻时的财富积累。随着老龄人口不断增长，参与社会生产的年轻人和不参与社会生产的老年人之间的财富差距将不断拉大，进而导致社会不平等程度加深。

与收入不平等伴生的是健康不平等问题。由于缺乏营养、无法有效获取医疗资源等多重因素，低收入群体的健康状况相对更差。研究指出，中国老龄人口的健康不平等情况日益凸显（杜本峰、王旋，2013）。综上所述，在"长寿时代"，一部分老龄弱势群体可能面临贫病交加的境况，他们需要获得社会的更多关注和支持，同时，这也对现行的福利制度和公共财政提出更高要求。

（二）"长寿时代"下社会经济发展的机遇

1. "长寿时代"技术进步对劳动力的替代率提升

在前文的分析中，我们从理论层面列举了老龄人口占比增加对经济增长可能产生的一些负面影响。但是，针对 OECD 国家 1960~2011 年的实证研究显示，人均 GDP 的变化和老龄人口占比的关系并不显著（Gehringer，Prettner，2019）。

理论层面与实证分析的偏离可能源于人们低估了"长寿时代"技术进步对劳动力的替代效应，当前，老龄化进程较快的国家往往是自动化技术发展较快的国家。Acemoglu 和 Restrepo（2017）的文章从两个方面讨论了劳动力减少对经济的影响。一方面，劳动力减少导致总产出下降；另一方面，由于劳动力减少会内生性地激发产业自动化和机器人产业发展，最终的总产出并不一定下降。后者会发生主要是由于当资本和劳动力的缺口足够大时，资本变得比劳动力更便宜，通过资本转化的机器代替劳动力变得有利可图。另有研究指出，长寿对技术进步和生产力增长产生积极影响，其对 OECD 国家的实证分析证实了这一理论（Gehringer，Prettner，2019）。

2. "长寿经济"创造新的供给与需求

随着老龄人口增加，老年人的消费成为经济的重要组成部分，但目前这种消费观念是在工业时代建立的，认为老年人退出劳动力市场后，保持老年人健康的唯一方法就是休息。欧盟委员会的一项研究显示，主导老年人消费的是保健品和照料服务，在这个观念下，有学者将此称为"银发经济"。虽然这是社会整体消费的重要组成部分，但不可否认的是，这部分消费对社会整体的投资和消费的挤出效应更大，并且在劳动力市场上争夺年轻劳动力，引发人力资源危机。消耗性的老年人消费加速社会出现总体资源危机，反过来，社会总体资源危机又加剧老龄人口生活拮据，所以，"银发经济"对经济的正面影响极其有限（Caplan，2014）。

与"银发经济"强调老年人的消耗性消费不同，真正适应"长寿时代"社会经济结构的是更有活力的"长寿经济"。在"长寿经济"中，老年人除作为消费者外，同时还扮演生产者和创新者的角色，在消费端和供给端同时推动经济增长和社会进步。我们正处于一个科技驱动的转型期，对体力劳动的需求在持续减少或者其可以被机器人所代替，互联网正在重新组合生产要素，使空间上的移动需求大大减少，人工智能正在与人类智力结合。老年人的价值将被重新认识、定位和发掘，而不是停留在社会资源的消耗者这个刻板的定位上。运用新思路，让老年人通过更灵活的方式参与劳动力市场，传授知识技能、传递经验或者进行社会服务工作，让老年人"持续"生产和创新，创造属于他们自己的"第三次人口红利"。正如美国麻省理工学院老龄实验室（The aging lab）的约瑟夫·库格林（Joseph Coughlin）教授在《长寿经济》一书中指出的那样，长寿世界的未来取决于老年人在其中的行动（Coughlin，2017）。

"长寿经济"是老龄人口推动的所有经济活动及其连锁反应的总和。一方面，世界上几乎每个国家的老龄人口的比例都在增加，市场需求非常庞大且可以预见将出现增长。老年人通过不断变化的需求推动大量新产品和服务出现并为其提供资金，特别是那些采用技术进行创新的产品和服务，以直接、间接或者引导的方式形成和改变市场，缔造全新的"长寿经济"。波士顿咨询集团（The Boston Consulting Group）预计，到 2030 年，美国 55 岁以上的人口的消费支出将占美国自 2008 年以来消费支出增长的 50%，日本和德国的这一数字分别升至 67% 和 86%。美国退休人员协会（AARP）预测，老年人对于经济和社会的贡献举足轻重，2050 年之前，随着老龄人口的增加，其贡献将持续上升。例如，2018 年，美国 50 岁及以上人口的直接消费支出为 7.6 万亿美元，占全部人口的 56%，至 2050 年将达到 27.5 万亿美元，占比将提升至 61%。这些趋势将为未来 30 多年的经济增长奠定基础。另一方面，人们在过了退休年龄之后继续活跃于劳动力市场，继续工作或创业，继续赚取和支出工资，那么他们的经济活动做出的贡献将持续增加，推动经济增长。在许多情况下，老年人的生产力和创造力甚至可能随着年龄的增长而提高。一个常被提及的现象是，年长的劳动力大多受雇于知识密集型行业，具备更多的知识技能和经验，并因此更有价值。事实上，这些知识技能和经验的积累也有助于创业。根据美国退休人员协会的统计，在美国，50 岁及以上人士的创业率最高，约为 20 多岁人士的 2 倍，他们建立了美国近 1/3 的创业企业。尊重老年人，让他们有机会持续利用自己的知识技能和经验，或者创业，他们可以成为振兴经济的更强大的力量。

"长寿经济"蕴含巨大的商业机会，经济收益不可估量，将吸引越来越多的企业、机构和投资者参与其中。这些商业机会超越我们现有的规范界限，因为新时代的老年人在平均意义上比上一代更为富裕，且接受过高等教育,财富水平和支出方式持续演进,他们习惯于参与由创新驱动的市场的活动。企业、机构和投资者在突破传统思维方式、持续创造面向老年人的产品和服务的过程中,需要真正理解老年人的多元化需求,应在满足他们的基本生理或安全需求之外,更好地满足他们更高层次的需求,例如,提供适老化科技产品、提升生活质量的医疗产品以及满足其继续发展需求的教育文化产品等。

企业、机构和投资者还需为老年人参与经济活动、创造价值、建设和影响周围的世界全面赋能,例如,鼓励老年人参与创新活动、为老年人提供工作岗位和适老化环境、为老年人增强竞争力创造条件等,从而增加老年人的收入。以汽车制造商为例,宝马为了留住技术熟练、经验丰富的老龄工人,改造生产线、创造合适的工作环境以便让其继续工作。2011年,宝马的新生产线被应用于其在德国丁戈林(Dingolfing)的一个大型新工厂,该工厂完全由50岁及以上的工人运营。此外,宝马、奥迪、大众等汽车制造商均在创新实验可穿戴机器人——外骨骼,通过减轻关节负担并增强力量来提升和增强老龄工人的生产力水平和竞争力。"长寿经济"在某些特定领域的表现尤为显著,主要包括金融服务和保险(Migliaccio,2019)、医疗健康和科技,这些特定行业正被推向创新和拓展的新领域,例如,无龄感的智能家居技术、无人驾驶等。

发展"长寿经济"有利于缓解社会不平等。市场将围绕老年人的多元化需求形成丰富的业态,为老年群体的健康生活和顺利工作提供更细致的服务和支撑。同时,更多的老年人将参与到生产创造中。老年人在岗时间的延长和收入增长能在一定程度上缓解养老金替代率不足的问题,也有利于减少对劳动人口比例下降导致财富差距扩大的担忧。

在互联网、人工智能、机器人等技术不断进步的基础上,"长寿经济"作为一种新的经济模式,在全球老龄人口占比上升的大趋势中,将成为全球经济的驱动力,并造福于各年龄层和各代人。随着人口预期寿命延长,个体在较长的生命周期内学习、生产、生活的方式发生巨大转变,经济和社会价值也开始出现整体转变,"长寿经济"变得更为普遍,充分激发"第三次人口红利",进而成为经济和社会的核心之一。

(三)对"长寿时代"下日本社会经济变化的分析

目前,日本是全球人口老龄化最严重的国家之一。世界银行公布的数据显示,2014年,日本65岁以上人口比重达到25%,可以说率先进入"长寿时代"。"长寿时代"下的日本社会经济发生深刻变化。我们根据前文提供的理论视角分析日本的变化,发现其给中国更加深入的启示。

人口红利衰退,储蓄率下降,经济增长缓慢。第二次世界大战后至20世纪70年代,日本经济进入高速增长时期。世界银行公布的数据显示,1970年,日本65岁及以上老龄人口占总人口的比重达到7%,社会开始正式步入老龄化时代。人口的拐点也标志着劳动密集型经济高速发展模式的结束。1994年,日本老龄人口所占比重已达到 14%，日本步入重度老龄化社会。与之对应，20 世纪 90 年代以来，日本经济总体走下坡路，长期处于低迷状态。这一期间，日本储蓄率与 15~64 岁人口占比在 1991 年前后同时到达高点，之后开始步入漫长的下降通道，储蓄的萎缩也带来日本投资的萎缩。日本投资增速从 20 世纪 90 年代初开始震荡下行，随后一直在 0 附近徘徊。日本的利率随之持续下行，日本甚至进入负利率时代，背后的主要原因是资金的需求（投资）的下降速度快于资金供给（储蓄）的下降速度。

日本劳动生产率增速放缓，技术替代加快。劳动生产率代表每个单位的有效劳动的平均产出，是决定一国经济是否具有增长性的标志性指标。日本劳动生产率增速在 1970 年后的下行趋势明显。劳动生产率来自三个方面：资本深化、全要素生产率、劳动力素质。资本深化即资本劳动比的提高。亚洲生产力组织（Asian Productivity Organization）公布的数据显示，近 40 年影响日本劳动生产率的三个要素都出现不同程度的下降（见图 6）。资本替代方面，劳动力成本上升、数量短缺促使资本加大对劳动

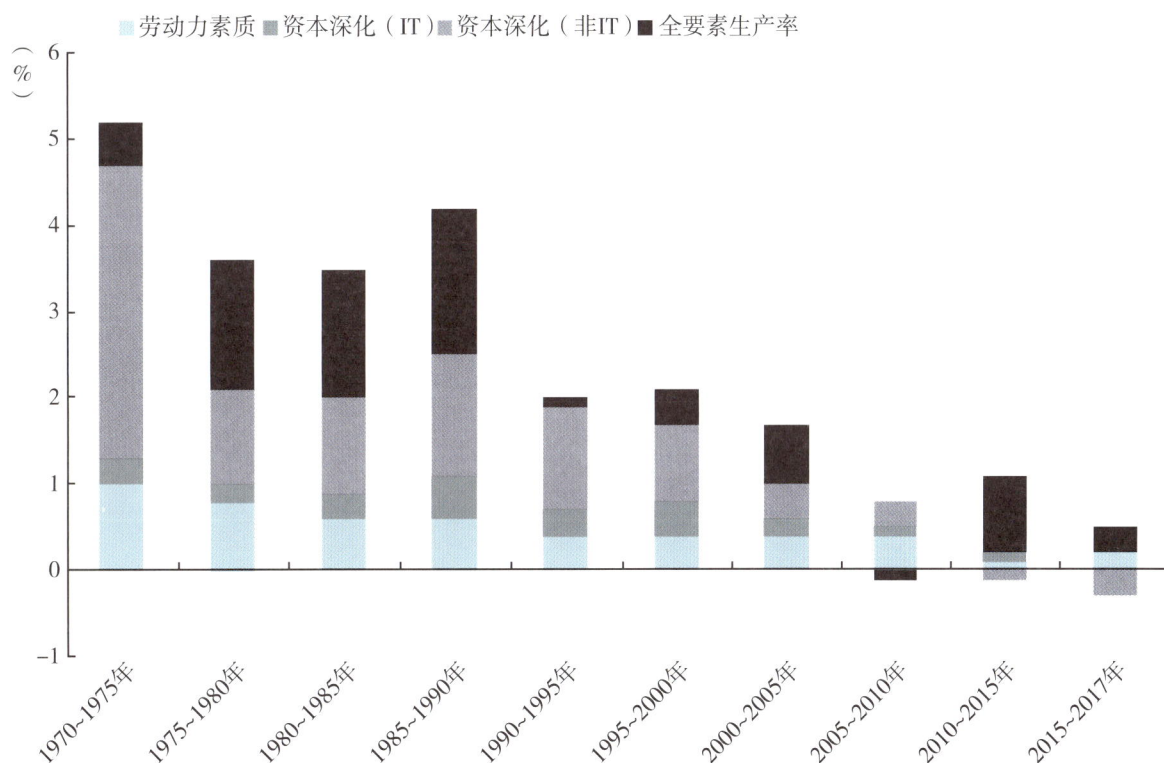

图 6　日本 1970~2017 年劳动生产率增速分解

资料来源: Asian Productivity Organization 报告 APO Productivity Databook 2019, https://www.apo-tokyo.org/publications/ebooks/apo-productivity-databook-2019/。

力的替代力度。随着资本对劳动的边际替代率递减和投资萎缩，近几年，资本深化对劳动生产率甚至产生拖累。全要素生产率方面，老龄人口占比的提升刺激了技术替代，日本机器人和自动化等尖端技术高速发展。20世纪70~80年代，日本全要素生产率强力支撑劳动生产率，但是泡沫经济破灭后，这种支撑有所减弱。全要素生产率的逐步低迷与"长寿时代"日本社会阶层固化和家长式企业管理结构抑制创新有关。劳动力素质方面，世界领先的高等教育普及率表明日本人口素质整体较高，高素质劳动力成为对冲劳动生产率下行的重要因素。

日本"银发经济"的相关消费需求增加，但并未完全迎来"长寿经济"。"长寿时代"下的消费是日本经济增长最重要的驱动力，日本内阁府公布的数据显示，消费贡献了近60%的GDP。虽然日本人口总量近年来出现缩减，但日本的消费总量整体呈稳定、低速增长的态势。日本社会与老年人相关的医疗保健、护理类消费支出在总消费支出中的占比逐渐提升。日本的老年人更多扮演消费者的角色，通过消耗性的消费推动经济进步。虽然日本也在应对老龄化带来的挑战，部分老年人退休后仍参与劳动力市场的活动，但我们认为，参与程度、生产力规模和创造力还不足以使日本老年人扮演生产者和创新者的角色，"长寿经济"在日本并未完全实现。

老年贫困也拉大了日本社会的收入差距。随着"少子老龄化"现象加剧和医疗成本提升，日本的老年贫困问题日益突出（丁英顺，2017）。同时，劳动人口减少导致养老金缺口逐年扩大，对公共财政造成沉重压力。由于收入水平相对较低的老龄人口的比例不断提高，日本社会总体的收入差距呈扩大趋势。从反映收入分配差异程度的基尼系数来看，1985~2015年的30年间，日本社会的基尼系数大幅上升（见图7）。其他发达国家的数据也表明，随着老龄化进程加快，社会的不平等程度将加深。

（四）对中国的启示

1. 通过教育提高人力资本，以抵消劳动力和生产率下降产生的影响

与日本20世纪70年代相似，中国正处在经济结构转型的过程中，消费逐渐成为经济的驱动力，与之相对应，第三产业产值占GDP的比重上升，第二产业的占比在经历顶峰后下降。产业结构转型直接影响劳动力需求结构，以服务业为代表的第三产业的劳动力需求也相应增加。

在服务社会，教育带来人力资本上升，可以抵消部分劳动力供给和劳动生产率下降产生的影响。不论是从个人收入角度还是从宏观经济角度来看，教育的投资回报率都极高（Psacharopoulos，1994）。教育是造成各国生产力存在差距的重要原因。劳动力受教育程度越高，生产力越发达（Mankiw et al.，1992）。正如日本高素质劳动力是对冲劳动生产率下行的重要因素，教育红利对劳动力需求有较强的替代作用。"长寿时代"的老龄人口占比提升对经济的负面影响主要集中在工业社会中，通过投资教育提高人力资本水平，在服务社会可以有效抵消劳动力萎缩给经济带来的负面影响。

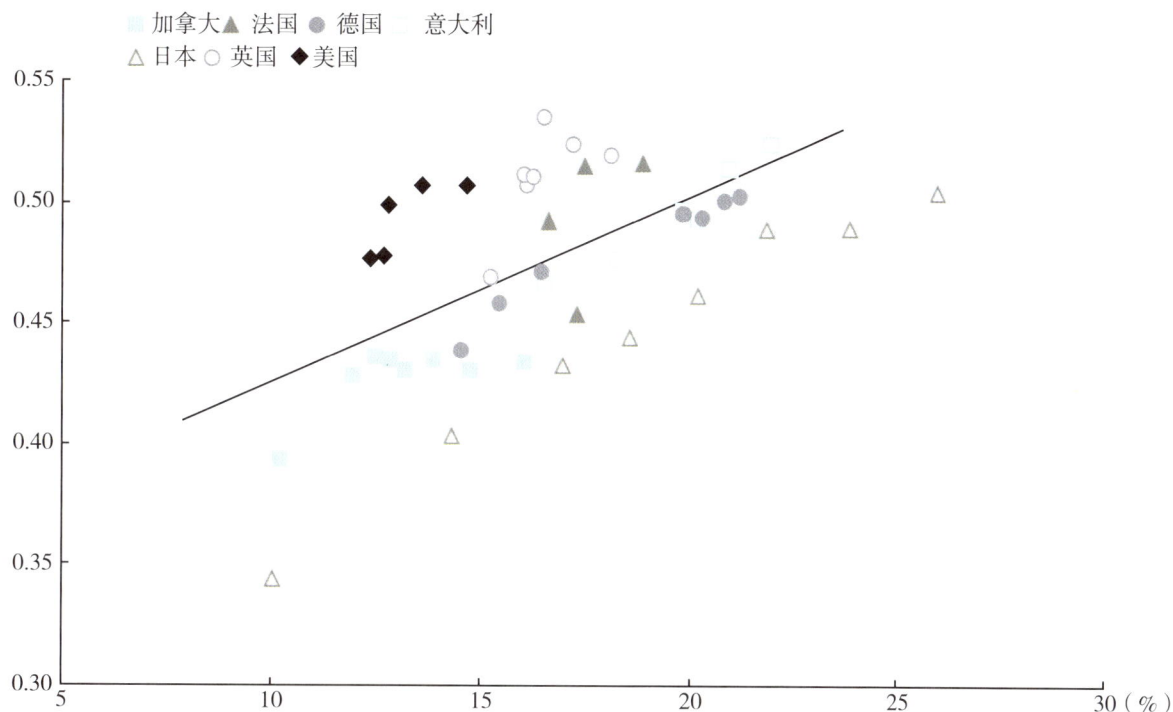

图 7　部分国家 1985~2015 年老龄化（65 岁及以上人口占比）与基尼系数变化趋势

资料来源：OECD 数据库，https://stats.oecd.org/。

2. 加快技术替代，通过技术创新促进经济增长

自动化和机器人的应用将成为应对劳动力减少的重要手段。在日本的例子中，自动化和机器人产业顺应"长寿时代"蓬勃发展，许多行业加快了机器和技术替代人力的速度。随着技术的不断发展，经济学家预言的机器人替代人工劳动的时代在不断逼近。世界银行公布的数据显示，OECD 国家中将有57%的工人的工作被机器取代。1993~2007 年，欧美已经投入经济生产过程中的机器人增长了 4 倍，数量为 150 万~175 万个。波士顿咨询集团估计，这一数量在 2025 年将增长至 400 万~600 万个。各行业使用机器人的情况分别为：汽车行业使用了 39% 的机器人，居各行业之首；电子、金属、塑料化工行业的比例分别为 19%、9% 和 9%（Acemoglu，Restrepo，2017）。机器人替代传统人力，将提高生产效率，加快自动化及相关行业的发展，进而进一步引导创新，促进经济增长。

3. 通过建设有效的资本市场提升"第二次人口红利"的效率

有效资本市场是释放"第二次人口红利"的最佳渠道。改革开放促进中国"第一次人口红利"释放。随着劳动力素质提高、社会公共环境改善，"第二次人口红利"的机会窗口已经开启。"第二次人口红利"

的要求更高，人均资本的提升要转化为经济增长的动力，需要依赖外部的制度性建设，尤其是资本市场的建设。如果资本的市场化程度低，融资渠道单一，就会造成融资成本高，资源难以被有效分配。日本的例子显示，社会进入"长寿时代"也会直接影响利率及投资收益率。未来，如果全球新兴市场都进入"长寿时代"，全球的资本市场和投资收益也必将进入新的均衡状态。另外，养老金资产规模持续扩大使获得高收益的难度提升。上述几重作用将挑战中国养老财富的长期投资收益率，应使其持续显著超越通货膨胀，实现保值、增值。因此，中国的养老金投资机构需要重视权益资产配置，提升对资本市场的直接融资水平。

4. 引入"长寿经济"，创造"第三次人口红利"

引入"长寿经济"理念，让老年人"持续"生产和创新，创造属于他们的"第三次人口红利"，需要改变原有的受教育、工作、退休"三段式"的工业时代的用工方式，需要运用新思路创造属于老年人的消费和生产方式。

传统理论认为，老龄化对经济的负面作用主要来自劳动力短缺，资源的消耗和阶级固化对创新产生阻碍。"长寿经济"下，情况可能发生变化。首先，劳动力短缺可以通过机器人和人工智能替代予以解决，同时，受过良好教育的老龄人口有能力和意愿参与生产，在某种程度上可以缓解传统劳动力下降的压力。另外，老年人阅历、经验、学识丰富，可以增加对智力要素的供给。其次，对于资源的消耗，可以通过发展新兴健康产业减少资源挤占。过往老龄化对投资的挤出作用主要来自医疗、护理等环节对资源的消耗。这些部门从急症诊疗角度提供产品，造成资源浪费，甚至阻碍经济增长。在认识到老人带病生存后，新的健康产业将以基础医疗和慢病管理为中心，这将减少对资源的挤占。最后，创新面临的阻碍可能会在"长寿经济"新的组织形态下减少。当全球步入"长寿时代"，在传统经济之外将产生围绕老龄人口的"长寿经济"，其范畴和结构、组织形态和生产方式都是新的，可被视为社会经济的增量。在增量经济的影响下，不同年龄层人口的社会矛盾和冲突可能缓解。

在中国老龄人口占比持续提升的背景下，在需求侧，适应老年人需求的创新将在更大程度上拉动经济，比如，无人驾驶、智能家居可能成为重要的产业；医养结合社区可以更好地满足老年人的生活需要，与之相关的养老产业链也将蓬勃发展。在供给侧，如何让老年人能够"持续"生产，创造属于他们的"第三次人口红利"也值得探索。在"长寿时代"的主题下，"长寿经济"与科技可能产生前所未有的生产方式。自动化与人工智能技术进一步对初级劳动力进行替代，信息化和互联网强化智力要素供给，全新的经济形态、生产方式会出现，劳动生产率或将大幅提升。全新的、生产需要的劳动力素质将不同于传统，对教育部门提出进行终身教育的需求，并促进劳动力市场在年龄结构上达到一个新的平衡。

5. 重塑政府职能，促进实现"长寿时代"下的社会公平

在"长寿时代"，社会面临的最大挑战是财富不平等加剧，以及与之伴生的健康不平等问题。如何确保低收入者能保持健康长寿是政策制定者需要考虑的关键议题。日本相对完善的老龄人口社会保障体

系固然可以借鉴，同时，也要看到，由于日本经济增长迟缓、快速老龄化，公共养老金支出不断增加，给政府带来沉重的财政压力，产生了政府债务风险（张士斌等，2012）。我们认为，政府更重要的职能是激发"长寿时代"的经济活力，促进个人在不同生命阶段进行财富积累，如提高教育水平、倡导进行终身学习和职业教育、鼓励企业进行面向老龄人口的创新、允许存在更灵活的就业形式和用工形式；同时，提升基本医疗卫生服务水平，提升卫生服务的效益，满足多层次的医疗健康需求；在全面提高国民在人力资本和财富积累水平的基础上进行合理的再分配，缩小收入差距，提高弱势群体的生活质量和健康水平。

四 "长寿时代"的对策

"长寿时代"是关系人类未来发展的重大议题，如何应对"长寿时代"带来的挑战，如何让"长寿时代"不伴随贫困和疾病，是整个人类面临的全球性大问题，甚至是关系人类未来发展方向和生死存亡的问题。"长寿时代"和随之而来的健康时代和财富时代，影响的不仅是老龄阶段的个体，而且涉及全生命周期的人生规划。重新规划"长寿时代"个体全生命周期的安排，使个体可以更好地应对"长寿时代"的挑战，是社会、政府和企业都需要考虑的问题。

1. 在社会层面，需通过产业结构的变迁满足"长寿时代"的个人需求

个人是社会的基本单元，在"长寿时代"，个人需求呈现新特征。在工业化时代，人们通常将人生划分为三个阶段：教育期、就业期和退休期。随着"长寿时代"的到来，人生将由多个阶段组成，而不是工业化时代单一的线性维度（琳达·格拉顿、安德鲁·斯科特，2018）。随着生命的延长和人生阶段的变化，个人需要重新审视生命过程，对人力资本和财富的积累与消费重新进行规划。在此背景下，个人需求表现出三个特征：一是健康需求，让生命质量得以有效延长，有充分的活力面对人生阶段的变化，而不是在虚弱和病痛中虚耗漫长的人生；二是财务和养老金需求，为预期增加的寿命储备更多的资金，维持财务稳定，满足养老和健康需求，从而获得有质量的长寿人生；三是获取新知识、新技能的需求，在"长寿时代"，个人维持生计所需的知识和技能将不断变化，需要进行终身学习，随时代变化掌握新的技能，以更好地积累财富进而应对长寿人生。这些个人需求的变化对现行的社会经济、政治、文化、教育、就业等都提出挑战。

个人需求的变化将带动社会产业结构从工业化向后工业化迈进。在这方面，中国可以借鉴很多发达国家转型的经验。从美国劳工统计局公布的数据来看，进入21世纪，与服务相关的第三产业在经济中的占比得以提升。1869年，农业产值占美国GDP的近40%，到2013年只占1%。与农业相比，服务业在经济中的份额从1929年的40%上升到2013年的65%左右。与这个趋势类似，"长寿时代"

中个人核心的三个需求恰恰都对应当前服务业中的高端产业。未来，与长寿相关的健康、养老、教育产业和与之对应的科技、研发产业的增长速度将明显高于均值。

2. 在政府层面，需健全社保体系，推动医养供给侧改革，引导"长寿经济"转型和个体行为转变

面对"长寿时代"的到来，社保体系的筹资与支付面临更大的挑战，从维护社保体系稳定的角度看，政府可采取适当推迟职工退休年龄、增加社保缴费年限、提高社保筹资基数等措施。同时，政府应使社会保障体系适应"长寿时代"的变化，比如，优化养老金"三支柱"比例，发展个人养老"第三支柱"，推动长期性广义养老金进行市场化投资；同时，合理支出医保资金，提升慢病管理的效益，建立广覆盖的长期照护机制等。除了维护基础社会保障体系的稳定和高效外，政府应该着力降低"长寿时代"供给侧的成本，通过各类政策引导和激励增加医养服务供给，充分发挥市场的作用，弥补养老和健康服务的缺口。政府可以通过实施相关土地与税费政策以及水、电、气等基础能耗的价格优惠政策，降低医养服务供给方的建设和运营成本；进一步放宽社会资本设立健康服务、养老机构的准入条件，为医养行业拓展投融资渠道；加强医养运营服务的市场化监管与标准体系建设，推动社会与公立医养服务供给方享受同等的发展与扶持政策。同时，政府应该持续引导保险与金融领域完善支付与产品体系，有效促进与健康、养老相关的服务消费，使供给方在满足"长寿时代"服务需求的同时也能获得不断创新发展的动力。此外，政府应该鼓励教育和互联网产业提供可以满足"长寿时代"下民众多层次职业教育、兴趣学习和社会交流需求的平台。

在经济政策层面，正如前文分析，为了减轻老龄人口对经济的冲击，政府除了持续推动技术升级外，还需要大力推动"长寿经济"发展，创新就业岗位、提高就业的灵活性，为老年人继续参与经济活动、创造社会价值提供条件，在此基础上，全面激发老龄人口的多元化需求，提升产业结构转型的质量和对"长寿时代"的适应性。

最后，政府应积极引导个人转变认识和行为，使个人更积极主动地规划长寿人生。"长寿时代"的到来是一个不可逆的命题，政府可加大教育、宣导力度，帮助民众更清晰明确地认识到新时代的到来及个体将面对的挑战，鼓励个人持续积累人力资本，更早地开启财富规划。如前所述，在"长寿时代"，个人的人生将不再是单一的线性维度，在教育、职业选择等方面，个体将具有更大的灵活性。对此，政府有必要考虑采用更灵活的社会治理模式与政策制度，帮助个体实现非线性人生所需的过渡，提高适应性。

3. 在企业层面，需加速商业模式和组织转型以应对"长寿时代"的挑战

作为国民经济的细胞、市场经济活动的主要参与者，企业在"长寿时代"发挥的作用对社会、政府和个人来说都具有重要意义，同时，企业未来的发展也必将受到"长寿时代"的影响，"长寿时代"正是企业解决突出矛盾、满足人民群众对美好生活的向往、创造核心价值的时代。"长寿时代"的社会需求以老龄人口的需求为基础，老人的需求不仅是维持生存，而且是实现自己的愿景，企业必须深刻了解这一需求变化，在商业上进行创新。哈佛大学的管理学者克莱顿·克里斯坦森（Clayton

Christensen）于 1997 年提出颠覆性创新理论，指出颠覆性创新就是用更简单、更便宜、比现有技术更可信赖和更方便的技术去争取胜利（克莱顿·克里斯坦森，2014）。为了满足"长寿时代"老人的需求，企业需要不断降低成本，使面向老人的产品和服务更方便和实惠。举例来说，美国养老社区的发展，就遵从了这样一个创新原则，如"太阳城"，通过出售老年人可以贷款购买的大型养老社区住宅，把高尔夫俱乐部变成老年人的日常的生活场所，开启了美国人对积极退休生活的消费（Trolander，2011）。目前，新一代的养老社区正在把消费型的社区变成一个小型的长寿经济体，既通过规模化、集约化的方式满足老年人的基础性和发展性消费需求，又鼓励老年人发挥"银发智力"继续进行创作与生产，这大大降低了高品质长寿生活的成本。

与需求改变和供给侧的创新相对应，我们认为共享和生态将成为企业的新组织形式。为了应对"长寿时代"的挑战，"长寿时代"的企业需要建立共享机制，以激发组织活力，提升组织效率。工业化时代的企业习惯于标准化的、流程化的、易于执行和管理的工作机制。伴随"长寿时代"的到来，多阶段人生使人们的工作和生活变得更灵活，这种灵活性将使传统企业的流程化、标准化和可预测性的诉求难以得到满足。为了适应这种变化，企业自身的内部形态也需要有足够的灵活性以适应未来更多样化的个人职业发展需求。企业传统的雇佣模式将转变为合伙模式，建立利益共享机制，让成员找到归属感、价值感，体现企业家精神，从而最大限度地展现积极性和创造力。同时，由于"长寿时代"人口年龄结构呈现柱状特征，各年龄段人口分布均匀，年龄组内和组间的需求趋于多元化，这会带来市场集中度的下降和市场需求的多样化。面对市场变化，只有建立生态产业体系的企业才能满足"长寿时代"客户多样化的需求。在"长寿时代"，随着信息技术带来的便利，传统的大型企业将有可能被更多的小而精的细分领域的更专业的企业所包围，大型企业将与越来越多的小企业组成生态系统，共同迎接未来的挑战。

我们注意到，相较其他企业，商业保险公司在参与构建"长寿时代"下的产业体系方面具有独特优势。保险行业属于金融服务业，更是民生产业，与养老、健康产业有天然的交集。一方面，商业保险公司可以通过不同类型的保险金的累积，解决不同层级客户长期的养老和健康资金需求；另一方面，在"长寿时代"，商业保险公司不仅可以是个人和家庭医养支付资金的重要承担者，而且是企业和政府采购养老和健康保障计划的产品提供者，也可以成为医疗、养老、健康服务产业创新发展的有力促进者。借用保险资金特有的长期性和稳定性，商业保险公司长期投资支持养老地产、医疗健康产业发展，不仅能解决上述产业发展面临的融资问题，也能实现保险资金投资的多元化，还是保险产业链的延伸，其通过建立产业生态取得协同效用。

中国正在迎来"长寿时代"，中国领先的保险公司都在不同程度上探索企业解决方案。泰康保险集团在 23 年的商业实践中把一家传统的人寿保险公司逐步改造、转变、转型为大健康生态体系，探索出一套满足和应对长寿时代需求与挑战的企业解决方案，具有一定的典型性，行业纷纷效仿，已经成为哈佛商学院的教学案例[8]，在这里，我们将其作为案例加以研究。泰康保险集团股份有限公司成立于 1996

年，至今已发展成为一家涵盖保险、资管、医养三大核心业务的大型保险金融服务集团。作为保险业首个在全国范围投资养老社区进行试点的企业，该公司已完成北京、上海、广州等 19 个全国重点城市养老社区布局，成为全国最大的高品质连锁养老集团之一。秉承医养融合理念，养老社区内配建以康复、老年医学为特色的康复医院。围绕"长寿时代"的主题，该公司通过打造长寿、健康、富足三个闭环，构建大健康产业生态体系。其中，长寿闭环指寿险与养老服务构成的闭环，客户购买寿险和年金保障，在养老社区安享晚年；健康闭环指健康险与医疗服务构成的闭环，客户购买健康保险保障，在医疗体系享受诊疗等健康服务；富足闭环指养老金与资管构成的闭环，客户购买各类财富管理产品实现财富的保值增值，保障自己的医疗和养老需求。我们认为，通过支付加服务，再结合中间的投资积累时间价值，泰康的商业模式产生了不同于传统保险竞争的全新维度，具有比较优势。

从商业模式角度来看，创新的本质是便捷和实惠。面对"长寿时代"的挑战，泰康将保险与实体医养相结合，通过专属的年金保险产品"幸福有约"附加养老社区保证入住函的方式，既为客户未来的长寿生活提供足够的资金积累，又提前锁定优质养老社区资源，实现了保险客户与养老服务的连接。在此基础上，泰康进一步提出活力养老、高端医疗、卓越理财、终极关怀"四位一体"的全生命周期商业模式，在实体服务方面实现了对老年生命链的整合，目标是使长者以最优的成本、最高的效率获得最优质的医养康宁全方位服务和体验。同时，为了能够配合该商业模式的销售和服务，该公司打造了"健康财富规划师"这一全新职业，"幸福有约"系列产品、泰康之家养老社区和健康财富规划师"三位一体"满足了"长寿时代"人们对美好生活的向往。我们认为，泰康这种模式带来的效率提高和成本降低体现在以下几个方面：首先，养老社区在设计上体现适老化（如采用小户型设计），在建设运营上体现集约化，在连锁经营上从品牌推广到供应链都具有规模经济，这都体现了商业创新的本质；其次，养老社区的连锁运营有利于养老科技的创新和应用，替代部分昂贵人力，这有助于效率的进一步提升，使居民享受更高质量和便捷的服务；最后，社区居民通过泰康的保险产品提前进行储蓄，享受复利效应，在入住后可以大大降低财务压力。泰康这种商业模式将使更多中产阶级能够负担得起高品质的养老生活，提高支付能力，降低消费成本，更好地追求"长寿时代"下的愿景，推动一场养老革命。

作为一个企业面向"长寿时代"的探索，我们也发现，它会对政府政策和社会发展产生深远的影响。近年来，国家颁布一系列文件鼓励和支持保险企业为社会服务领域提供长期股本融资、参与养老服务机构的建设与运营、引领医养领域进行改革，比如，2020 年，银保监会等 13 个部门联合发布的《关于促进社会服务领域商业保险发展的意见》指出，允许商业保险机构有序投资设立中西医等医疗机构和康复、照护、医养结合等健康服务机构；鼓励保险资金与其他社会资本合作设立具备医养结合服务功能的养老机构，增加多样化养老服务供给；等等。泰康方案的实践与国家政策的制定、颁布相互促进和印证。在社会层面，泰康养老社区正在通过提供"长寿服务"向社会赋能，尝试成为"长寿经济"的试验田。在需求端，养老社区致力于提供健康咨询、健康管理等医疗服务，提供高质量的文化活动及交流场所，通过科技应用打造更多适老化设施，实现健康养老、文化养老、智慧养老；在供给端，养老社区为长者发挥余力、反哺社会搭建新的平台，通过提供远程教学、搭建专家平台等方式让长者积累的知识经验持续指导社会生产，持续创造价值。

综上所述，泰康方案的本质是用商业方式推动一场养老革命，用市场经济的方法和商业创新不断提升效率、降低成本，为人类社会进入"长寿时代"提供应对思路。这不仅是"长寿时代"的企业解决方案，而且是一种以企业的力量推动社会和政府应对"长寿时代"挑战的方案。在"长寿时代"的浪潮之下，中国需要更多企业投入社会民生工程的建设中，并成长为大健康和大民生工程的核心骨干企业。

五 结论

各类数据都表明，人类社会正在进入"长寿时代"，人口年龄结构将逐步出现新均衡，低死亡率、低生育率、预期寿命稳步提升、人口年龄结构趋向柱状、平台期老龄人口占比超越 1/4 成为这一时代的五大特征。伴随着"长寿时代"的到来，带病生存将成为普遍现象，为了使漫长的长寿生涯可以更加有质量，个体投入在健康上的费用将剧增，庞大的健康需求将促进健康产业发展和健康产业结构变化；同时，"长寿时代"的社会储蓄结构及个人财富积累形式将发生变化，个人将更加依赖投资回报和财富积累来满足养老和健康的需求，"长寿时代"必将带来健康时代和财富时代。从宏观角度看，当前，对于"长寿时代"对宏观经济的影响有不同的观点：有的认为，老龄人口比例提升将导致经济增速放缓；最新的研究表明，"长寿时代"未必会导致经济增速下行。"长寿时代"下社会经济的发展既面临挑战，如社会创新效率受限以及财富不平等程度加深等，又存在机遇，尤其是适应"长寿时代"社会经济结构的是更有活力的"长寿经济"，老年人的价值将被重新认识、定位和发掘。目前，日本是全球人口老龄化最严重的国家之一，"长寿时代"下的日本劳动力、社会经济发生了深刻变化，为中国应对"长寿时代"的冲击提供经验启示。从日本经验可以推知，通过提高人力资本、加快技术引导、促进社会公平、建设有效的资本市场、引入"长寿经济"创造"第三次人口红利"等可以有效促进经济发展。"长寿时代"已经来临，相比其他国家，中国人口基数大、老龄人口增长进程逐渐加快，但人均收入及储蓄均不及同时期发达国家，难以支撑个人退休后的健康和养老消费，"长寿时代"的到来对中国社会和经济的影响程度更大，重新规划"长寿时代"个体全生命周期的安排，是社会、政府、企业都需要考虑的问题。中国的企业已经在积极探索"长寿时代"的解决方案，为中国乃至全球面对"长寿时代"的挑战和机遇提供了一种以企业实践推动社会变革的可持续、稳定的发展方案。

本文系统性地阐述了"长寿时代"的特征与形成，扩充并丰富了其内涵与外延，对相关的学术理论进行了翔实的研究，并从动态视角探讨了"长寿时代"的挑战和机遇，提出了中国的应对策略，初步提出了对解决方案的设想和具体商业实践。在"长寿时代"的理论框架下，下一步需进一步扩充、完善与"长寿时代"相关的人口学、健康经济学、长寿经济等学术理论研究，深入解析"长寿经济"的需求结构和生产方式，延伸、丰富"长寿时代"解决方案的实践探索，重点探讨在中国社会经济发展的背景下如何前瞻性地根据"长寿时代"的理论推动社会产业结构变化，引领商业企业发展变革，解决"长寿时代"可能带来的各种社会问题。

注释：

1. 原文刊发于《管理世界》2020 年第 4 期，第 66~85、129 页。

2. 2014 年，International Health Economics Association（iHEA）以"长寿时代的健康经济"（Health Economics in the Age of Longevity）为主题举办世界健康经济大会。

3. 寿命损失年数（YLL）是带病患者的死亡年龄与该年龄所对应的人口预期寿命之间的差值。残疾生命年数（YLD）等于一种疾病 / 受伤的普遍性指数乘以此疾病的严重程度。一个单位 DALY 代表健康损失了 1 年。针对每种疾病 / 受伤可以计算一个人群的 DALY 值，以说明不同疾病所带来的健康损失。

4. 健康预期寿命（HALE）将伤残权重应用于健康状态，计算可以预期健康生存的年数，参见 https://www.who.int/gho/mortality_burden_disease/life_tables/hale_text/en/。

5. 数据来源于 UK Health Research Analysis 2009/10 报告，参见 http://www.ukcrc.org/research-coordination/health-research-analysis/uk-health-research-analysis/。

6. 数据来源于 Kaiser Family Foundation Analysis of Medical Expenditure Panel Survey，参见 https://www.healthsystemtracker.org/chart-collection/health-expenditures-vary-across-population/#item-start。

7. 《财经》2019 年 11 月 12 日报道，格林斯潘（Alan Greenspan）表示，由于人口老龄化，美国、英国等的社会福利支出出现显著增长，福利的支出挤占了国内储蓄总额的空间，进而挤出了国内投资总额，后者正是生产力增长的主要决定性因素。

8. 哈佛商学院的教学案例参见 Kirby, William C., Shu Lin, John P. McHugh, Yuanzhuo Wang, "From Cradle to Heaven: Taikang Insurance Group," Harvard Business School Case 320-088, February 2020 (Revised March 2020)。

参考文献：

［1］〔美〕安格斯·迪顿：《逃离不平等：健康、财富及不平等的起源》，崔传刚译，中信出版社，2014。

［2］〔英〕保罗·莫兰：《人口浪潮：人口变迁如何塑造现代世界》，李果译，中信出版社，2019。

［3］蔡昉：《未来的人口红利——中国经济增长源泉的开拓》，《中国人口科学》2009 年第 1 期。

［4］曹献雨、睢党臣：《人口老龄化背景下我国养老问题研究趋势分析》，《经济与管理》2018 年第 6 期。

［5］〔加拿大〕达雷尔·布里克、约翰·伊比特森：《空荡荡的地球：全球人口下降的冲击》，闾佳译，机械工业出版社，2019。

［6］〔日〕大前研一：《低欲望社会：人口老龄化的经济危机与破解之道》，郭超敏译，机械工业出版社，2018。

［7］〔美〕德内拉·梅多斯、乔根·兰德斯、丹尼斯·梅多斯：《增长的极限》，李涛、王智勇译，机械工业出版社，2013。

［8］丁英顺：《日本老年贫困现状及应对措施》，《日本问题研究》2017 年第 4 期。

［9］董志强、魏下海、汤灿晴：《人口老龄化是否加剧收入不平等？——基于中国（1996~2009）的实证研究》，《人口研究》2012 年第 5 期。

［10］杜本峰、王旋：《老年人健康不平等的演化、区域差异与影响因素分析》，《人口研究》2013 年第 5 期。

［11］都阳：《中国低生育率水平的形成及其对长期经济增长的影响》，《世界经济》2005 年第 12 期。

［12］〔美〕克莱顿·克里斯坦森：《创新者的窘境》，胡建桥译，中信出版社，2014。

［13］胡苏云：《新技术：拉升医疗费用的主力》，《医药经济报》2013 年 6 月 12 日。

［14］梁建章、黄文政：《人口创新力：大国崛起的机会与陷阱》，机械工业出版社，2018。

［15］李剑阁：《我国社会保障制度改革的几个问题》，《经济社会体制比较》2002 年第 2 期。

［16］李军、刘生龙：《人口老龄化对经济增长的影响——理论与实证分析》，中国社会科学出版社，2017。

［17］陆旸、蔡昉：《人口结构变化对潜在增长率的影响：中国和日本的比较》，《世界经济》2014 年第 1 期。

［18］〔英〕琳达·格拉顿、安德鲁·斯科特：《百岁人生：长寿时代的生活和工作》，吴奕俊译，中信出版集团，2018。

［19］马学礼、陈志恒：《老龄社会对日本经济增长与刺激政策的影响分析》，《现代日本经济》2016 年第 4 期。

［20］宋新明：《流行病学转变——人口变化的流行病学理论的形成和发展》，《人口研究》2003 年第 6 期。

［21］施锦芳：《人口少子老龄化与经济可持续发展——日本经验及其对中国的启示》，《宏观经济研究》2015 年第 2 期。

［22］孙博：《个人税延养老金对资产管理行业的影响及其应对》，载董克用、姚余栋主编《中国养老金融发展报告（2018）》，社会科学文献出版社，2018。

［23］王梅:《老年人寿命的健康状况分析——老年人余寿中的平均预期带病期》,《人口研究》1993 年第 5 期。

［24］杨晓奇、王莉莉:《我国老年人收入、消费现状及问题分析——基于 2015 年第四次中国城乡老年人生活状况抽样调查》,《老龄科学研究》2019 年第 5 期。

［25］杨昕:《低生育水平国家或地区鼓励生育的社会政策及对我国的启示》,《西北人口》2016 年第 1 期。

［26］杨英、林焕荣:《基于理性预期的第二人口红利与储蓄率》,《产经评论》2013 年第 2 期。

［27］张士斌、杨黎源、张天龙:《债务危机背景下的老龄化成本与公共财政困境——基于日本和欧美国家比较的视角》,《现代日本经济》2012 年第 5 期。

［28］周祝平、刘海斌:《人口老龄化对劳动力参与率的影响》,《人口研究》2016 年第 3 期。

［29］Acemoglu, D., Restrepo, P., 2017, "Secular Stagnation? The Effect of Aging on Economic Growth in the Age of Automation," *American Economic Review*, 107 (5).

［30］Acemoglu, D., Restrepo, P., 2017, "Robots and Jobs: Evidence from US Labor Markets," NBER Working Paper, No. 23285.

［31］Ando, A., Modigliani, F., 1963, "The 'Life Cycle' Hypothesis of Saving: Aggregate Implications and Tests," *The American Economic Review*, 53 (1).

［32］Barbi, E., Lagona, F., Marsili, M. et al., 2018, "The Plateau of Human Mortality: Demography of Longevity Pioneers," *Science*, 360 (6396).

［33］Becker, G. S., 1960, "An Economic Analysis of Fertility, Demographic and Economic Change in Developed Countries: A Conference of the Universities," *National Bureau Commitee for Economic Research*.

［34］Bloom, D. E., Canning, D., Graham, B., 2003, "Longevity and Life-cycle Savings," *Scandinavian Journal of Economics*, 105 (3).

［35］Bloom, D., Canning, D., Sevilla, J., 2003, *The Demographic Dividend: A New Perspective on the Economic Consequences of Population Change*, California:Rand Corporation.

［36］Bloom, D. E., Williamson J. G., 1998, "Demographic Transitions and Economic Miracles in Emerging Asia," *The World Bank Economic Review*, 12 (3).

［37］Brown, G. C., 2015, "Living Too Long," *EMBO Reports*, 16 (2).

［38］Caplan, L., 2014, "The Fear Factor," *The American Scholar*.

［39］Catillon, M., Cutler, D., Getzen T., 2018, "Two Hundred Years of Health and Medical Care: The Importance of Medical Care for Life Expectancy Gains," NBERWorking Paper, No. 25330.

［40］Cervellati, M., Sunde, U., 2013, "Life Expectancy, Schooling, and Lifetime Labor Supply: Theory and Evidence Revisited," *Econometrica*, 81 (5).

［41］Chen, X., Huang, B., Li. S., 2017, "Population Aging and Inequality: Evidence from the People's Republic of China," Tokyo: Asian Development Bank Institute, ADBI Working Paper,No. 794.

［42］Coughlin, J. F.,2017, *The Longevity Economy: Unlocking the World's Fastest-Growing, Most Misunderstood Market*, New York: Public Affairs.

［43］Cutler, D., Miller, G.,2005, "The Role of Public Health Improvements in Health Advances: The Twentieth-century United States," *Demography*, 42 (1).

［44］Deaton, A. S., Paxson, C. H., 1997, "The Effects of Economic and Population Growth on National Saving and Inequality," *Demography*, 34 (1).

［45］Dicker, D., Nguyen,G., Abate, D. et al., 2018, "Global, Regional, and National Age-sex-specific Mortality and Life Expectancy, 1950－2017: A Systematic Analysis for the Global Burden of Disease Study 2017," *The Lancet*, 392(10159).

［46］Disney, R., 2000, "Declining Public Pensions in an Era of Demographic Aging: Will Private Provision Fill the Gap?" *European Economic Review*, 44(4).

［47］Dong, X., Milholland, B., Vijg, J., 2016, "Evidence for a Limit to Human Lifespan," *Nature*, 538.

［48］Fogel, R. W., 2004, *The Escape from Hunger and Premature Death, 1700-2100: Europe, America, and the Third World*, Cambridge University Press.

［49］Foreman, K. J., Marquez, N., Dolgert, A. et al. ,2018, "Forecasting Life Expectancy, Years of Life Lost, and All-cause and Cause-specific Mortality for 250 Causes of Death: Reference and Alternative Scenarios for 2016－40 for 195 Countries and Territories," *The Lancet*, 392(10159).

［50］Gehringer, A., Prettner, K., 2019, "Longevity and Technological Change," *Macroeconomic Dynamics*, 23 (4).

［51］Ho, J. Y., Hendi, A. S., 2018, "Recent Trends in Life Expectancy across High Income Countries: Retrospective Observational Study," *BMJ*, 362, k2562.

［52］Haub, C., 2013, *From Population Pyramids to Pillars*, Washington, D.C.: Population Reference Bureau.

［53］Hansen, C. W., Lønstrup, L., 2012, "Can Higher Life Expectancy Induce More Schooling and Earlier Retirement?" *Journal of Population Economics*, 25 (4).

［54］Kyu, H. H., Abate, D., Abate, K. H. et al., 2018, "Global, Regional, and National Disability-adjusted Life-years (DALYs) for 359 Diseases and Injuries and Healthy Life Expectancy (HALE) for 195 Countries and Territories, 1990-2017: A Systematic Analysis for the Global Burden of Disease Study 2017," *The Lancet*, 392 (10159).

[55] Lee, R., Mason, A., 2006, "What Is the Demographic Dividend?" *Finance and Development*, 43(3).

[56] Lucas, R.E., 1988, "On the Mechanics of Economic Development," *Journal of Monetary Economics*, 22.

[57] Maestas, N., Mullen, K. J., Powell, D., 2016, "The Effect of Population Aging on Economic Growth, the Labor Force and Productivity," NBER Working Paper, No. 22452.

[58] Mankiw, N. G., Romer, D., Weil, D. N., 1992, "A Contribution to the Empirics of Economic Growth," *The Quarterly Journal of Economics*,107(2).

[59] Mason, A., Lee, R., 2004, "Reform and Support Systems for the Elderly in Developing Countries: Capturing the Second Demographic Dividend," *Genus*.

[60] McKeown, T., Record, R. G., 1962, "Reasons for the Decline of Mortality in England and Wales during the Nineteenth Century," *Population Studies*, 16(2).

[61] Migliaccio, J. N., 2019, "Diving into Longevity Economics: A Financial Services Backgrounder," *Journal of Financial Service Professionals*, 73(4).

[62] Murray, C. J.,1994, "Quantifying the Burden of Disease: The Technical Basis for Disability-adjusted Life Years," *Bulletin of the World health Organization*, 72(3).

[63] Murray, C. J., Callender, C. S., Kulikoff, X. R. et al.,2018, "Population and Fertility by Age and Sex for 195 Countries and Territories, 1950 - 2017: A Systematic Analysis for the Global Burden of Disease Study 2017," *The Lancet*, 392 (10159).

[64] Oeppen, J., Vaupel, J. W., 2002, "Broken Limits to Life Expectancy," *Science*, 296 (5570).

[65] Omran, A. R., 1977, "Epidemiological Transition in the United States: The Health Factor in Population Change," *Population Bulletin*, 32(2).

[66] Psacharopoulos, G., 1994, "Returns to Investment in Education: A Global Update," *World Development*, 22(9).

[67] Roth, G. A., Abate, D., Abate, K. H. et al., 2018, "Global, Regional, and National Age-sex-specific Mortality for 282 Causes of Death in 195 Countries and Territories, 1980-2017: A Systematic Analysis for the Global Burden of Disease Study 2017," *The Lancet*, 392(10159).

[68] Soares, R. R., 2007, "On the Determinants of Mortality Reductions in the Developing World,"

Population and Development Review, 33(2).

[69] Siegel, R. L., Miller, K. D., Jemal, A., 2020, "Cancer Statistics, 2020," *CA: A Cancer Journal for Clinicians*, 70(1).

[70] Trolander, J. A., 2011, *From Sun Cities to the Villages: A History of Active Adult, Age-restricted Communities*, University Press of Florida.

[71] Van de Kaa D. J. 1987, "Europe's Second Demographic Transition," *Population Bulletin*, 42(1).

[72] Vaupel, J. W., Kistowski, K. G., 2005, "Broken Limits to Life Expectancy," *Life*, 50.

[73] Wang, H., Abajobir, A. A., Abate, K. H. et al.,2017, "Global, Regional, and National under-5 Mortality, Adult Mortality, Age-specific Mortality, and Life Expectancy, 1970-2016: A Systematic Analysis for the Global Burden of Disease Study 2016," *The Lancet*,390(10100).

[74] Zhou, M., Wang, H., Zeng, X. et al.,2019, "Mortality, Morbidity, and Risk Factors in China and Its Provinces, 1990-2017: A Systematic Analysis for the Global Burden of Disease Study 2017," *The Lancet*,394(10204).

163

● 中国养老模式的金融视角分析
——兼论光大"保养结合"协同优势

魏爱臣　中国光大养老健康产业发展有限公司党委委员、总裁助理

一　初步认识中国养老状况及养老、金融政策

（一）中国面临"百年未有之大变局"

当今的中国正面临"百年未有之大变局"。自党的十八大以来，习近平总书记在多个重要论述中反复提到我国发展即将面临的"三个陷阱"，即修昔底德陷阱、中等收入陷阱和塔西佗陷阱。"三个陷阱"的出现意味着中国已经发展壮大到一定阶段，而"三个陷阱"是任何一个大国快速发展必然面对的历史性课题。特别是当下新冠疫情肆虐，疫情的冲击也在不断加速"百年变局"。无论是国际之变、经济之变还是社会之变，都给中国不断带来新的挑战。国际之变与经济之变体现在中国当前的发展中：外部受制于中美关系紧张带来的科技、金融、贸易三重威胁以及全球能源危机造成的能源威胁，内部则是继续面临经济转型的压力——实体经济遭压、高端产业虚弱、低端产业流失、中端产业承重以及农业基础薄弱；金融方面，地方、家庭、个人面临负债危机；消费方面，零售总额、消费增速下降。而人口老龄化、出生率下降及"三胎"政策的逐步放开所带来的社会之变，则需要更多地聚焦未来如何养老的问题，这是难关，但也是新的契机。

（二）老龄化加剧、出生率下降、社保基金亏损、延迟退休政策面临的形势严峻

中国人口老龄化已经不可避免地成为发展面临的一大挑战。第七次全国人口普查数据显示，2020年，我国60岁以上老人为2.64亿人，占总人口的18.7%，根据1982年维也纳老龄问题世界大会设定的划分标准，当一个国家或地区60岁及以上老年人口占总人口的比例超过10%时，则意味着这个国家

或地区进入严重老龄化社会。与此同时，我国人口出生率呈现断崖式下跌，中国人口总和生育率跌破 1.5 的警戒线。2020 年，我国出生人口为 1200 万人，比 2019 年减少 265 万人，人口出生率为 8.50‰，出生人口三年滑落。2020 年公安部发布的新生人口户籍登记数字指出，2020 年，新生儿户籍登记数量仅为 1003 万人，较上一年下跌超过 15%。人口警报已经拉响，"十四五"阶段的中国将出现史无前例的人口下降。人口老龄化和人口下降的双重危机如果不能及时应对，那么未来必然将给中国整体的发展带来严重影响。

除此以外，未来我国的基本养老金缺口将进一步扩大，亟待破局。在全国社保基金连续 6 年出现收支缺口的同时，养老金发放实现 14 连涨。2019 年，中国社会科学院发布的《中国养老金精算报告 2019~2050》预测，我国养老金将在 2035 年完全耗尽。目前，国家财政补贴养老金缺口已接近 1/4。除此以外，党的十九届五中全会、"十四五"规划都在拟定出台实施渐进式延迟法定退休年龄的相关政策。同时，加强养老"第三支柱"的建设对于我国未来经济发展有着重要的战略意义。

（三）养老保障"三支柱"极不均衡，养老床位存在缺口

我国养老保障"三支柱"目前的发展状况是极不均衡的。目前，我国养老"三支柱"金融市场的发展状况是：第一支柱——政府养老保障制度健全但供需矛盾日益突出；第二支柱——企业年金发展迅速但覆盖面不平衡；第三支柱——个人养老金处于起步阶段，发展潜力巨大。参考发达国家保险市场，英、美、加等国具有养老保险功能的人身保险保费收入在全部保费收入中的占比约为 50%，个人养老金保险保费收入占比超过 35%。截至 2020 年第三季度末，我国个人养老金保险原保费收入仅为 551 亿元，在人身保险原保费收入中仅占 2.1%，与欧美国家养老保险市场仍存在一定距离。

尽管近年来全国各类养老服务机构和设施持续增加，但养老床位数量仍存在缺口。民政部的统计数据表明，截至 2020 年底，全国共有各类养老机构和设施 32.9 万个，养老床位合计 821.0 万张，较上年增加 5.9%，每千名老年人仅拥有养老床位 31.1 张，这距离《关于加强推进健康与养老服务工程建设的通知》中提出的"每千名老年人拥有养老床位数达到 35~40 张"的预定目标还有差距。

（四）实施积极应对老龄化的国家战略的红利

针对我国日益严峻的人口老龄化问题，国家正在积极应对，人口老龄化和养老问题已成为党中央高度重视的国家战略性问题。党的十九大之后，中央明确了积极应对人口老龄化，推进医养结合，加快老龄事业和产业发展的定位；党的十九届五中全会提出"实施积极应对人口老龄化国家战略"，"健全多层次社会保障体系"；"十四五"规划明确提出，"促进人力资源充分利用。发展银发经济，开发适老

化技术和产品"。

2020 年 12 月 9 日，国务院总理李克强主持召开国务院常务会议时指出："将商业养老保险纳入养老保障第三支柱加快建设……积极发展年金化领取的保险产品……鼓励保险公司提供老龄照护、养老社区等服务。鼓励保险业参与长期护理保险试点。"从中可以看出，国家正在积极布局、稳步推进应对老龄化的国家战略，并明确了未来一段时间险资养老的整体发展方向，以助力养老行业发展。

（五）房地产业被迫向养老产业转型

中国人民银行党委书记、中国银保监会主席郭树清在《完善现代金融监管体系》一文中指出："承诺低风险高收益就是诈骗……房地产是现阶段我国金融风险方面最大的'灰犀牛'……房地产相关贷款占银行业贷款的 39%，还有大量的债券、股本、信托等资金进入房地产行业。"

2020 年 12 月，中国人民银行、中国银行保险监督管理委员会发布《关于建立银行业金融机构房地产贷款集中度管理制度的通知》，明确金融机构的房地产贷款和个人房贷占比上限自 2021 年 1 月 1 日起实施。

习近平总书记在《求是》2021 年第 20 期发表的重要文章《扎实推动共同富裕》中指出："要积极稳妥推进房地产税立法和改革，做好试点工作。"

这些重要指示及政策都表明，随着房地产市场逐步饱和以及我国经济发展战略的调整，房地产业必然面临转型。从产业看，受制于勾地成本、去化难、流动性紧张等问题，很多房地产公司被迫向养老产业转型。一方面，养老符合国家政策支持方向，在协助勾地方面具有行业优势；另一方面，利用建好的房产优势，调整相关项目以做养老机构或高端 CCRC 项目，用会员制或押金制解决去化和流动性问题，老人的居住时间越长，资金沉淀在开发商的时间就越长，长远来看，这盘活了地产。

二 正确认识中国养老市场的格局与模式

（一）警惕民间养老乱象

中国的养老产业发自民间，我国从 2000 年进入老龄化社会，也是从那时起，很多地方中有实力的资本开始尝试进入养老产业。尽管我国目前养老市场亟待资本助力以实现快速发展，但民间投入养老产业的资本大都只追求短期快速的利益，甚至将其做成仿 P2P 的类金融产品，导致老百姓一辈子的血汗钱血本无归。这与养老产业的发展需要完全背道而驰。非法集资、高额预付费、床位买断、承诺高额回报等民间养老乱象层出不穷，全国各地区养老产业爆雷的新闻一桩又一桩：2016 年，武汉东卫仁心养老机构爆雷；2017 年，湖南永州市老年公寓爆雷；2018 年，上海康乐福养老院涉嫌非法吸收公众存款；2019 年，湖南长沙市天心区爱之心老年公寓因涉嫌非法吸收公众存款被警方立案调查；2020 年 4 月，江西中华情老年公寓爆雷；2021 年 1 月，湖南益阳纳诺老年公寓爆雷……

随着老龄化的深入，养老产业发展乱象引发国家关注。2021 年 5 月 17 日，全国老龄办、公安部、民政部及银保监会共同发布关于养老领域非法集资的风险提示，即"以提供'养老服务'为名非法集资；以投资'养老项目'为名非法集资；以销售'老年产品'为名非法集资；以宣称'以房养老'为名非法集资；高额利息无法兑现；资金安全无法保障；养老需求无法满足"。

（二）初步认识中国养老的五类模式

从养老运营市场和产融结合模式两个方面进行分析，笔者认为，目前，中国养老产业市场存在五类基本运营模式。

（1）政府养老：县市以下政府公建的敬老院，主要客群为兜底老人、鳏寡孤独者，由政府补贴老人费用。

（2）民间实业养老：代表性方式为地方资本投入，"重资产＋轻资产"运营结合，标准不一，各地区跨度较大。

（3）房地产转型养老：其实质是为了去化房子。"重资产＋轻资产"运营结合，多数改为以 CCRC 养老模式（指专为老人打造的，提供娱乐、照料、护理等综合服务的全日制式付费养老社区）为主，定位为高端客户，采用押金方式或者销售使用权，盘活资金。

（4）险资养老：解决负债端销售保险难题，通过资产负债联动撬动养老产业。采用以泰康 CCRC 美国模式为主的重资产经营方式，定位高端客户，主要通过保险销售、保险投资拉通算账实现整体运营。

（5）央企养老：央企养老国家队解决民生问题，实实在在做养老运营。定位以中高端客户为主，老百姓消费得起。运营城市广、覆盖面大、按月收费，以机构养老为主，三级联动，以基础照护、医疗照护、失能失智等特色照护为主。光大养老就是典型的轻资产的央企养老的专业运营商的代表，此外，华润、通用、诚通集团等国资委企业也涉足养老产业。

（三）险资布局养老市场的发展情况

受益于养老国家战略和相关金融政策，保险和养老产品的久期匹配性特点，保险公司如雨后春笋般纷纷布局养老市场。险资布局养老市场可分为三个阶段。

第一阶段：2006~2012 年，借鉴探索阶段。
第二阶段：2012~2015 年，建设起步阶段。
第三阶段：2015 年至今，加快布局阶段。

得益于充沛的资金以及客户资源，险资在养老市场中不满足于进行单一的养老机构运营。通过市场的不断培育和发展，大部分险资企业从最初的进行重资产布局发展转型为现在采用重资产和轻资产并存的方式进入养老市场。统计数据显示，截至 2021 年 9 月，当前市场上共有 13 家保险机构投资了近 60 个养老社区项目，为全国 20 余省区市提供超 8 万张床位。

（四）险资营销对养老认识的误区

保险销售队伍真正深入接触养老院的情况并不多，人们看得更多的是宣传。持续长期在养老机构观察，你会发现，你对养老的认知是有误区的：（1）唯他独尊；（2）养老就是琴棋书画；（3）养老就是高大上环境；（4）养老就是旅居；（5）养老就是朋友快乐；（6）把活力老人养老当成养老。

笔者认为，对于养老的认知应该是：（1）养老不是"琴棋书画"；（2）作为养老院的软性条件，好的养老运营和管理机制才是一个养老院的核心优势，非单一硬件是关键；（3）要深入了解入住养老院的真正年龄和评估状况；（4）要换位思考，多数人习惯于把"自己的想法"当作老人考虑的养老需求。

（五）险资养老——做大养老保险是一条可能的道路

结合当前市场和政策来看，险资养老是做大养老保险的一条可能的道路。银保部门的相关政策主要涉及理财子公司、收益下降（存款利率下降）的情况；银保监会发布四家银行养老理财产品试点；此外还有影子银行治理、互联网金融治理、转向实体经济等方面的政策。种种政策指向险资养老，它的发展充满无限潜力。

险资养老主要具有以下几个特点：保险产品与养老需求具有久期匹配性，国家倡导保险积极参与解决养老"第三支柱"问题；保险养老年金产品新业务内涵价值高；医养结合，养老与健康险、年金险的契合度高；消费者有"资产配置 + 养老服务"的需求。险企做大养老保险有天然的优势。

三　充分了解中国光大"保养结合"的协同优势

（一）光大集团及光大养老简介

中国光大集团股份公司简称"中国光大集团"，是直属国务院的特大型企业集团，注册资本为 600 亿元，连续多年被评为《财富》全球 500 强企业，经过 36 年的发展，已成为横跨金融与实业、香港与内地，机构与业务遍布海内外，拥有金融全牌照和环保、旅游、健康、高科技等特色实业，具有综合金融、产融合作、陆港两地特色优势的国有大型综合金融控股集团。

为响应习近平总书记提出的"贯彻落实积极应对人口老龄化国家战略，把积极老龄观、健康老龄化理念融入经济社会发展全过程，加大制度创新、政策供给、财政投入力度，健全完善老龄工作体系，强化基层力量配备，加快健全社会保障体系、养老服务体系、健康支撑体系"的理念，近年来，光大集团把养老产业作为重要战略性产业，持续加大投入力度，努力增强老年人的幸福感、获得感与安全感。

2019 年 11 月，光大养老健康产业公司（简称"光大养老"）由光大集团重组成立，作为光大集团旗下子公司。光大集团实施"大财富"和"大民生"两大战略。"大财富"是金融全牌照方向；"大民生"包括大环境、大旅游、大健康方向。"养"是大健康板块核心业务。光大养老打造以机构养老为体系支撑，以康复医疗、护理医疗为服务核心，以社区服务、居家服务、旅居服务为产品补充，以并购基金资产管理为驱动抓手的康养产业集团。业务力争覆盖养老产业链上下游。

在光大集团将健康养老列为重点实业方向之一的背景下，光大养老通过投资并购，把握中国康养产业发展机遇，迅速发展，目前已成为国内领先的养老健康产业企业。公司以智慧养老、普惠养老为特色，引领新型老年生活方式，秉持"提升长者及家属生活品质"的企业使命。目前，光大养老已实现在京津冀、中原、长三角、粤港澳大湾区、西南等 50 多个重点核心城市的布局。在民政部注册养老床位数共计 3.1 万余张，拥有 180 余家养老机构，拥有服务 30 余万人次长者的经验，得到长者及其家属的广泛好评。

（二）光大养老的运营核心竞争力

光大养老的运营核心竞争力是光大养老标准化运营管理体系，这是真正的软实力。光大养老标准化运营管理体系包括八大体系业务指导手册、2000 条运营管理标准细则。正是光大养老完善的标准化运营管理体系保证了全国 170 余家养老机构具有如一的高质量服务水准。目前，养老运营处于行业领先位置，已经完成行业管理高标准认证的五项内容：养老服务（RB/ T 303—2016）认证 5A、企业标准化

（GB/T 15496—2017）等级认证 4A、ISO9001 质量管理体系认证、ISO14001 环境管理体系认证和 ISO45001 职业健康安全管理体系认证。

（三）光大"保养结合"协同——"光大安心养老计划"

光大集团实施"六大 E-SBU"协同发展战略。产融协同是光大集团发展的鲜明特征。近年来，光大集团依托产融合作优势，大力推动养老产业与旗下旅游、银行、保险、信托等产业结合，持续探索养老产业高质量发展的新路径。

"光大安心养老计划"是光大集团整合内部资源、促进产融结合的创新举措，由光大永明保险与光大养老合作推出"保险＋养老"产品计划，服务提供方式为：光大永明人寿用保险产品向客户提供保险保障与财富储备，光大养老公司向客户提供养老服务。

从市场上看，"光大永明保险＋光大养老"的"保养结合"已经形成明显特色和协同优势：养老运营服务价格优，央企担当，百姓消费得起；养老运营服务范围广，央企布局覆盖全国；养老运营服务产品足，央企供给业态涵盖全；养老运营服务保障强，是央企责任养老国家队；养老运营服务标准高，在国家 ISO 认证行业领先。

基于上述优势，"光大安心养老计划"日益受到市场和消费者的肯定。2021 年 1 月 1 日至 9 月 30 日，"光大安心养老计划"首年保费收入为 17.33 亿元，同比增长 367%，已超过上年全年保费收入；保单件数为 15551 件，2021 年新增养老储备潜在客户超过 93000 人。

四 深度认知中国光大养老全方位照护体系

光大养老全方位照护体系由基础照护、医疗照护和特色照护三大板块共同组成。

目前，光大养老所有社区均可提供基础照护服务，包括：生活照料、健康管理、健康饮食和休闲娱乐等。基础照护服务对象为需要生活协助、生活照护及简单护理级别的长者。

除基础照护外，光大养老护理院还可以提供专业的医疗照护服务，包括：术后康复、导管护理及慢病照护等。医疗照护服务对象为需要医疗级别护理的长者，例如，术后长者，脑瘫患者，造瘘、导尿管、鼻饲管、气切护理等情况的患者。

光大养老的特色照护主要为认知症照护和安宁疗护。光大养老大力整合内外部资源，引进国际先进认知症照护方法——蒙台梭利照护法，结合三大科技平台——物联网智护平台、AI 大数据平台和光云怡养平台共同助力智能照护服务，倾力打造光大养老阿尔茨海默病照护中心。2019 年，光大养老成立了国内首家按照国际蒙台梭利协会（AMI）老年照顾之家认证标准建设的阿尔茨海默病专业照护中心，以专业科学的应对方法，为老人提供高质量的照护服务，降低家庭与社会的负担。通过专区化管理，依托医养结合特色服务，建立分级分区照护体系，高度重视对阿尔茨海默病照护团队的培训工作，打造了支持阿尔茨海默病患者的生活环境。

此外，区别于传统临终关怀服务，光大养老的安宁疗护是通过早期识别、积极评估，治疗疼痛和其他不适症状（包括躯体、心理和精神方面的问题），来预防和缓解长者身心痛苦的一种有效方式，旨在提高罹患不可治愈疾病患者及家属的生活质量。

在智能化方面，光大养老从健康、安全、护理、辅助服务等方面，依靠科技手段全方位提升养老管理水平，守护老人健康。如今，这已被全面应用到光大养老产业体系中。以光大居家智能监测设备为例，养老机构可通过该设施实时获悉老人的睡眠质量、心率、呼吸、体温以及离床状态，对有潜在健康及安全风险的老人进行实时监护。

注释：

1. 参见陈星宇《人口老龄化背景下我国养老信托发展空间巨大》，中融信托研报，2021。

● 发挥养老信托优势 促进我国养老体系建设

王 卓 五矿国际信托有限公司总经理

受卫生条件改善、人口寿命增长以及全球人口增长率下降等多重因素影响，几乎所有经济发达国家和经济快速增长国家均面临人口老龄化这一挑战。人口老龄化可能导致经济增长放缓与低通胀并存，同时急剧增加社会负担，应对人口老龄化迫在眉睫。人口老龄化是社会发展的重要趋势，也是今后较长一段时期我国的基本国情。这既是挑战，也存在机遇。对于正在经历转型的信托行业来说，借鉴国际成熟经验，积极参与我国养老体系建设，大力发展养老信托业务，既是勇担服务国家经济社会发展大局责任的体现，也是促进经济增长新动能的战略抉择。顺应"银发浪潮"趋势，促进"长寿红利"产生，进而实现共享共赢，或将成为下一阶段信托行业发展新的增长点。

一 养老信托的内涵

梳理养老信托，首先要提及养老金融。养老金融在发达经济体中并不是一个新兴概念，它存在广义和狭义的区分。广义的养老金融被看作是为满足全体社会成员养老需求而开展的活动的统称，涉及一个国家几乎全部金融机构；狭义的养老金融则是由有关金融监管机构统一管理、以解决养老问题为目标、以养老产业为依托的活动，由社会基本养老保险、企业年金、商业养老保险、养老储蓄、养老住房反向抵押贷款、养老信托、养老基金等金融服务方式组成。

作为养老金融中的重要一环，养老信托是指委托人将其所有的财产设立一个信托，由受托人帮助其管理财产，受托人在委托人生前有效承担其养老功能，在其去世后信托财产按其生前意愿进行使用的信托安排。信托业作为我国金融体系的重要组成部分，可以通过发挥信托资金融通、功能配置、财富管理等功能，在养老金信托、养老服务信托、养老产业信托、养老慈善信托等领域不断探索实践。养老信托的大力开展，既可以盘活老年人手中的大量金融资源，提高老年生活品质，又可以助力金融支持实体经济，有效弥补目前国家社会投资的缺口。更进一步讲，未来信托机制还可以成为更为广泛的支持养老经济的平台。

二 国际养老信托的通行经验

在养老金融发展方面，目前国外主要有三类社会保障基金模式，第一类是待遇确定型现收现付制或称受益基准制（简称 DB 型），第二类是完全积累制或称缴费确定制（简称 DC 型），第三类为前两种的混合模式。

日本模式。日本是一个高度老龄化的国家，其重视老年人口及其家庭财产的维护，有着比较健全的保障制度。日本的养老信托产品包括企业年金信托、个人养老金信托以及个人财产传承及遗嘱信托。个人养老金信托方面，日本信托银行设有国民年金基金、个人年金信托、财产形成年金信托等各类业务，方便个人为养老储备资金。以财产形成年金储蓄制度为例，该业务旨在通过制定职工在职时对应的储蓄制度，帮助退休职工领取年金，进而过上安定富足的晚年生活。

美国模式。美国社会保障体系中的养老信托基金最早出现在 1935 年 8 月 14 日，当时的养老体系是最传统的 DB 型。作为政府养老金重要补充的私营养老保险体系逐步发展起来，现已成为美国社会保障体系第二大支柱，也是最为重要的一个组成部分。第二支柱的模式设计立足于信托制度。

瑞典模式。1913 年瑞典全国养老金法案颁布，首次提出了"养老金"的概念，瑞典养老金体系框架包括保证养老金、收入型养老金、基金制养老金、补充养老金以及私人养老金，但仅有基金制养老金、补充养老金与私人养老金可以进行投资行为。养老金管理局直接管理的总资金额度仅为总资产的约 1/4，主要负责投资债券和本国股票市场，其余 3/4 的资产委托给专业投资机构。

从海外经验来看，信托制度在第二和第三支柱发展中起到了重要作用，信托资产在全球养老资产中的占比已经超过 60%，并呈现以下特点。

一是产品和服务丰富。以日本为例，为满足老年人对于资产保全和增值的需求，日本的信托银行推出了许多兼具长期性和低风险特性的信托产品，并提供财产管理、继承办理、遗嘱执行、遗产处理等服务，使老年人得以安享晚年。

二是可以满足个性化定制需求。如三菱 UFJ 信托银行推出的代理支付信托，当委托人本人患阿尔茨海默病或其他疾病时，通过该信托可以实现代理银行取现、代理支付医护费用等目的。瑞穗信托银行的认知支援信托也有类似功能，可为患病委托人支付医护费用和生活费用，解决老年人患病后无人看护这一社会问题。

三　中国养老市场的发展现状

根据国际通常认定标准，当一个国家或地区 60 岁及以上老年人口占人口总数的 10%，或 65 岁及以上老年人口占人口总数的 7%，即意味着这个国家或地区的人口处于老龄化社会。2021 年 5 月 11 日，我国第七次全国人口普查数据显示，我国 60 岁及以上人口已达 2.64 亿，占比超过 18%，人口老龄化程度进一步加深。老年人口数量最多，老龄化速度最快，应对人口老龄化任务最重——三个"最"字，勾勒出我国当下及未来一段时期人口结构的基本国情。养老问题已无法回避，解决老龄化问题也正式被提上日程。2017 年，"积极应对人口老龄化"被写入党的十九大报告；2019 年，《国家积极应对人口老龄化中长期规划》印发；2020 年，党的十九届五中全会明确提出，要实施积极应对人口老龄化国家战略。银保监会也明确指出，争取尽快出台养老信托有关税收优惠政策，推动养老信托规范、健康发展。

目前，我国养老保险融资过多地依赖基本养老保险和现收现付的融资方式，导致"第一支柱"责任过重，结构性问题突出。2020 年，作为"第一支柱"的基本养老保险基金占比达到 70.7%，"第二支柱"企业年金和职业年金占比为 29.2%，"第三支柱"商业保险占比仅为 0.1%。解决养老保险"三支柱"的结构性失衡，就要实现养老工作由原来政府主导向社会养老、个人养老的转变，使"三支柱"模式中的"第一支柱"占比逐渐变小，"第二支柱"及"第三支柱"逐渐发展。为此，金融业应在灵活运用信贷、债权、股权、基金等直接或间接的融资工具，为优质养老机构和养老服务商提供快捷金融服务的同时，积极拓展"养老金融 +"等服务领域。

从信托角度来讲，养老产业方兴未艾，既符合政府政策引导，整个行业产业链尚未定型，同时市场需求极为庞大，完全可能成为信托行业的重要业务蓝海。做出经营特色，致力于细分市场的专业化发展，已经成为信托公司未来增长的必然选择。近年来多家信托公司推出了养老信托产品。比如中融信托推出的承裔颐和系列养老信托，重点在为老年人提供内涵丰富的养老服务，兼顾实现家族财富的传承；中航信托推出的鲲瓴养老信托，也将重点落在养老服务、受托传承、投资保值三位一体的有机结合方面，强调为客户提供"养老 + 传承 + 投资"一站式综合服务。

四　养老信托的独特优势

养老信托由于具备信托财产独立、信托收益确定以及信托财产保障性强等金融特性，能够为应对老龄化挑战、发展养老金融产业提供可行的解决方案，相比银行、证券、保险，信托制度在家庭养老资产规划管理方面优势明显。

一是养老信托存在清晰的受托人信托责任。《信托法》规定了信托受托人必须忠实于其受托人义务，不损害委托人和受益人利益，这就可以在法律框架下，最大限度地保护老年人的利益，使其安度晚年。

二是养老信托能够实现安全隔离资产。养老信托成立后，信托财产独立于委托人的自有财产，安全的养老信托财产隔离制度确保了信托财产既不受受托人破产影响，也不受受托人债权人的债权追及，明确的养老目的又能够确保养老财产为养老服务，防止财产被侵占或挪作他用。

三是养老信托财产运用广泛、灵活。与其他提供的金融服务较为单一的养老理财产品不同，养老信托通过利用信托账户中的资金，以其灵活运用信托财产等特性，为老年人提供内涵丰富的养老服务。不仅能够如前所述实现个人特定的养老服务需求，还能够以设立专项养老服务产业发展信托计划等方式推动我国养老产业的发展。

四是养老信托关系具有持续性。信托是一种长期、稳定的财产管理制度，一旦设立委托人就不能随便撤销信托，这种信托关系的持续性与养老金支付的周期相适应。

五是信托设有监察人制度。《信托法》要求公益信托必须设立监察人制度，在具体的养老项目实施过程中，为确保和监督养老信托受托人适当管理和处分信托财产，即使老年人失去民事行为能力或不能行使自己的权利，信托监察人仍可以行使受益人享有的监督权，监督受托人是否依照信托文件履行信托义务。

五　五矿信托的养老信托探索

深入开展养老信托研究。为助力老龄化社会问题的应对与改善，打破老龄人与养老服务机构之间的信息壁垒，充分发挥受托服务能力，有效解决高净值客户的养老及传承需求，五矿信托"旷世"家族办公室专门成立养老信托专项小组，深入开展养老信托产品研究及设计工作。同时，五矿信托联合国家金融与发展实验室，对养老信托市场、养老服务体系以及养老信托市场策略进行分析与展望，希望在总结海外经验的基础上，结合目前我国养老市场发展现状，探索出一条符合我国国情的发展之路。

创新推出养老信托产品。2021年9月，在充分总结此前市场发展得失的基础上，通过多维度评价并实地考察，建立公司养老服务机构库，五矿信托创新推出"颐享世家养老信托"产品系列，搭建养老社区、高端医疗、居家改造、临终关怀、意定监护五位一体的高品质养老服务平台。五矿信托"颐享世家养老信托"以"专业财富管理＋优质养老服务平台"为核心优势，配备资深财富顾问团队，提供综合性、全周期养老及信托服务，体现了五矿信托"金融助力解决养老问题"的决心。该产品以养老保障为核心目标，可提前规划部分财产用于养老支出，同时能够提供资产隔离、投资管理、传承分配、养老消费款项受托支付等综合服务，力争成为高净值客户的养老新选择。对于迷茫于选择何种养老方式，或者对市场中各类养老服务机构了解不足、缺乏筛选能力的客户，该养老信托更是打通了养老产业供需端，受托人将提供全面、客观的服务信息,并定期跟踪养老机构的市场口碑及经营动态,真正协助客户实现"老有所养、安心养老"。

六　未来养老信托发展建议

目前,我国养老行业面临投入资源严重不足的困局,大量市场化养老机构长期处于微利状态,回报不高,养老金融产品供给不足,规模有限,社会资本投资兴趣较低。尽管信托架构在独立性、灵活性等方面的制度优势,对养老产业的规范化、立体化经营有很大的促进作用,但仍面临一些问题,建议从以下几个方面推动养老信托的发展。

一是明确养老信托服务边界。譬如养老信托是否能够归类于服务信托,这关系到信托资金可投资产品的选定;养老信托是否能够成立集合信托,这关系到信托产品标准化程度的确定;特别是,成立养老信托的门槛应该定在哪里,才能在更有普惠意义的同时做大养老信托规模,从而更好地为客户向养老服务供应商争取权益。

实践中,如果养老信托能够在属性上与资金信托相区分,就可以规避 2020 年《信托公司资金信托管理暂行办法(征求意见稿)》提出的资金信托受益人不得超过 200 人的限制;如果允许养老信托设立集合信托而非只能够成立单一信托,就可以大大增加养老信托的设立规模;如果允许养老信托的门槛突破当前私募基金每笔不得低于 100 万元的限制,就可以让信托公司在养老金融产业市场上有更大的作为。此外,能否拓宽养老信托财产的来源和缴付方式,引入期缴安排,这些都有待于监管部门规则的进一步明确和细化。

二是期待税收政策支持尽快出台。2020 年 11 月,银保监会在关于政协委员提案的答复意见中提出:争取尽快出台养老信托有关税收优惠政策,推动养老信托规范、健康发展。目前我国税务实践中,将信托财产过户"视同交易",非必要的税费导致将房屋、艺术品等特定资产置入养老信托成本高昂,不利于以房养老与养老信托的结合,建议应允许非交易过户。

三是解决特殊群体的服务困境。面对失能失智人群,意定监护制度的不完善和意定监护机构的匮乏给我们后期推出相关信托服务带来了较大困难。按照规划,意定监护类养老信托在客户具备完全民事行为能力时可以提供财产隔离、保护、稳健增值,养老规划,合理分配等多方面金融服务。一旦失能失智情况发生,监护制度随之起效,除了能够提供财产专业管理外,还可以实现特定费用受托支付(监护费用、养老机构入住费等)、人身照料、保护与监督等功能,同时避免由监护人道德风险或意外事件而导致的客户财产外流。对于此类非金融供给,养老信托并不具备补位的能力。

尽管养老信托优势突出、前景光明,但是这一领域对于我国信托行业仍然相对陌生,大多数信托公司在业务模式、盈利标准、人才储备等方面都面临较大挑战。行业发展向养老领域转型，有赖于监管机构的充分支持，也有赖于信托人的不懈努力。道阻且长，行则将至；行而不辍，未来可期。我们无畏于负重前行，希望尽到自身应有的责任，为从"银发浪潮"向"长寿红利"过渡贡献信托力量。

图书在版编目(CIP)数据

家族财富管理调研报告. 2021：老龄化进程中信托
的普惠担当与破局 / 家族财富管理调研报告课题组著
. -- 北京：社会科学文献出版社, 2021.12
ISBN 978-7-5201-9402-0

Ⅰ.①家… Ⅱ.①家… Ⅲ.①家族-私营企业-企业
管理-财务管理-研究报告-中国 Ⅳ.①F279.245

中国版本图书馆CIP数据核字（2021）第238802号

家族财富管理调研报告2021：老龄化进程中信托的普惠担当与破局

著　　者 / 家族财富管理调研报告课题组

出 版 人 / 王利民
组稿编辑 / 恽　薇
责任编辑 / 孔庆梅　冯咏梅
文稿编辑 / 陈　荣
责任印制 / 王京美

出　　版 / 社会科学文献出版社·经济与管理分社（010）59367226
　　　　　地址：北京市北三环中路甲29号院华龙大厦　邮编：100029
　　　　　网址：www.ssap.com.cn
发　　行 / 市场营销中心（010）59367081　59367083
印　　装 / 三河市东方印刷有限公司

规　　格 / 开　本：889mm×1194mm 1/16
　　　　　印　张：11.75　字　数：270千字
版　　次 / 2021年12月第1版　2021年12月第1次印刷
书　　号 / ISBN 978-7-5201-9402-0
定　　价 / 158.00元

本书如有印装质量问题，请与读者服务中心（010-59367028）联系